티베트
달라이라마의 나라

티베트
달라이 라마의 나라

이시하마 유미코 편저 / 김한웅 옮김

이산

티베트, 달라이라마의 나라

2007년 8월 12일 초판 1쇄 인쇄
2007년 8월 18일 초판 1쇄 발행
편저자 이시하마 유미코
옮긴이 김한웅
펴낸이 강인황·문현숙
도서출판 이산
서울특별시 마포구 서교동 399-11
Tel: 334-2847/Fax: 334-2849
E-mail: yeesan@yeesan.co.kr
등록 1996년 8월 8일 제2-2233호

편집 문현숙
인쇄 한영문화사/제본 한영제책
ISBN 978-89-87608-62-4 03910
KDC 912.8(티베트)

가격은 뒤표지에 있습니다.

CHIBETTO WO SHIRU TAME NO 50 SHO edited by ISHIHAMA Yumiko
Copyright ⓒ 2004 by ISHIHAMA Yumiko
All rights reserved.
Originally published in Japan by Akashi Shoten Co., Ltd., Tokyo.
Korean translation rights arranged with Akashi Shoten Co., Ltd.
through BESTUN KOREA AGENCY.
Korean translation rights ⓒ 2007 Yeesan Publishing Co.

이 책의 한국어판 저작권은 베스툰 코리아 에이전시를 통해 일본 저작권자와 독점 계약한 '도서출판 이산'에 있습니다.
저작권법에 의해 보호를 받는 저작물이므로 무단전재와 무단복제, 광전자 매체 수록 등을 금합니다.

www.yeesan.co.kr

차례

필자 소개 … 12
머리말 … 13

1부 성자들의 티베트

1장 관세음보살의 축복을 받은 사람들 … 19
2장 '세계의 지붕' 티베트 고원 … 25
3장 고대 티베트 왕국과 불교 … 30
4장 티베트의 가장 오래된 종파 닝마파 … 35
5장 성스러운 수도 라싸 … 40
6장 세계종교로의 길: 후기전파불교 총론 … 48
7장 몽골제국을 사로잡은 티베트 불교: 사꺄파 … 54
8장 밀교 수행자의 커뮤니티: 까귀파 … 60
9장 정연한 승단질서: 겔룩파 … 65
10장 달라이라마 5세와 뽀딸라 궁 … 71
11장 중국과 티베트 800년사 … 78

2부 설국의 불교

12장 티베트에서 본 인도불교 … 87
13장 지혜의 보고 티베트 불교의 경전들 … 93
14장 시간을 초월한 딴뜨라 수행자 빠드마삼바바 … 99
15장 음유하는 요가 수행자 밀라레빠 … 105
16장 문수보살의 계시를 받은 대학승 쫑카빠 … 111
17장 깨달음의 길에 대한 안내서 『람림』 … 116
18장 논쟁의 즐거움 … 122

19장 '나'는 어디에도 존재하지 않는다 128
20장 부처가 되기 위한 등용문 134
21장 생성의 과정과 완성의 과정 139
22장 티베트 밀교의 판테온 분노존 144
23장 환신과 함께 출현하는 부처가 사는 곳 만다라 150
24장 전생하는 고승들 155
25장 성지순례 네꼬르 161

3부 삶의 문화

26장 라싸 근교 어느 농가의 생활 169
27장 해탈에 가까워지기 위한 승원생활 176
28장 '기도'의 상징들로 수놓은 티베트 건축 183
29장 뽀딸라 궁정음악 낭마 190
30장 티베트 가극 아체라모 195
31장 양산의 살로 펜을 만든다: 말과 문자 201
32장 구전문학「게사르 왕 이야기」와 그 계승자 207
33장 약사불의 정토: 티베트 의학 입문 212
34장 세상을 해독하는 실마리, 티베트의 점(占) 218
35장 딴뜨라에 기초한 역(曆) 224
36장 제천이 주재하는 미래와 호법신 231
37장 불교의 나라에서 살아남은 주변적인 종교 뵌교 238

4부 티베트와 오리엔탈리즘

38장 티베트를 지향한 탐험가들 … 247
39장 숨은 성지 샹그리라의 전설 … 252
40장 죽음에 이른 자에 대한 안내서 『티베트 사자의 서』 … 257
41장 할리우드의 티베트 마니아들 … 262
42장 티베트를 지지하는 록 음악 … 267
43장 '신비의 땅'을 찾는 이들을 위해 … 272

5부 티베트의 현재

44장 티베트 고원의 보호구역화 계획의 실상 … 281
45장 자유와 진실을 찾아서: 티베트인의 현재 … 287
46장 다람살라와 티베트 망명정부 … 293
47장 달라이라마의 슬픈 네거티브상: 빤첸라마 … 298
48장 밀레니엄의 망명극: 두 명의 까르마빠 … 304
49장 몽골에서 부활하는 티베트 불교 … 309
50장 '세계의 성자' 달라이라마: 그 인물과 사상 … 314

용어해설 … 319
참고문헌 … 329
찾아보기 … 333

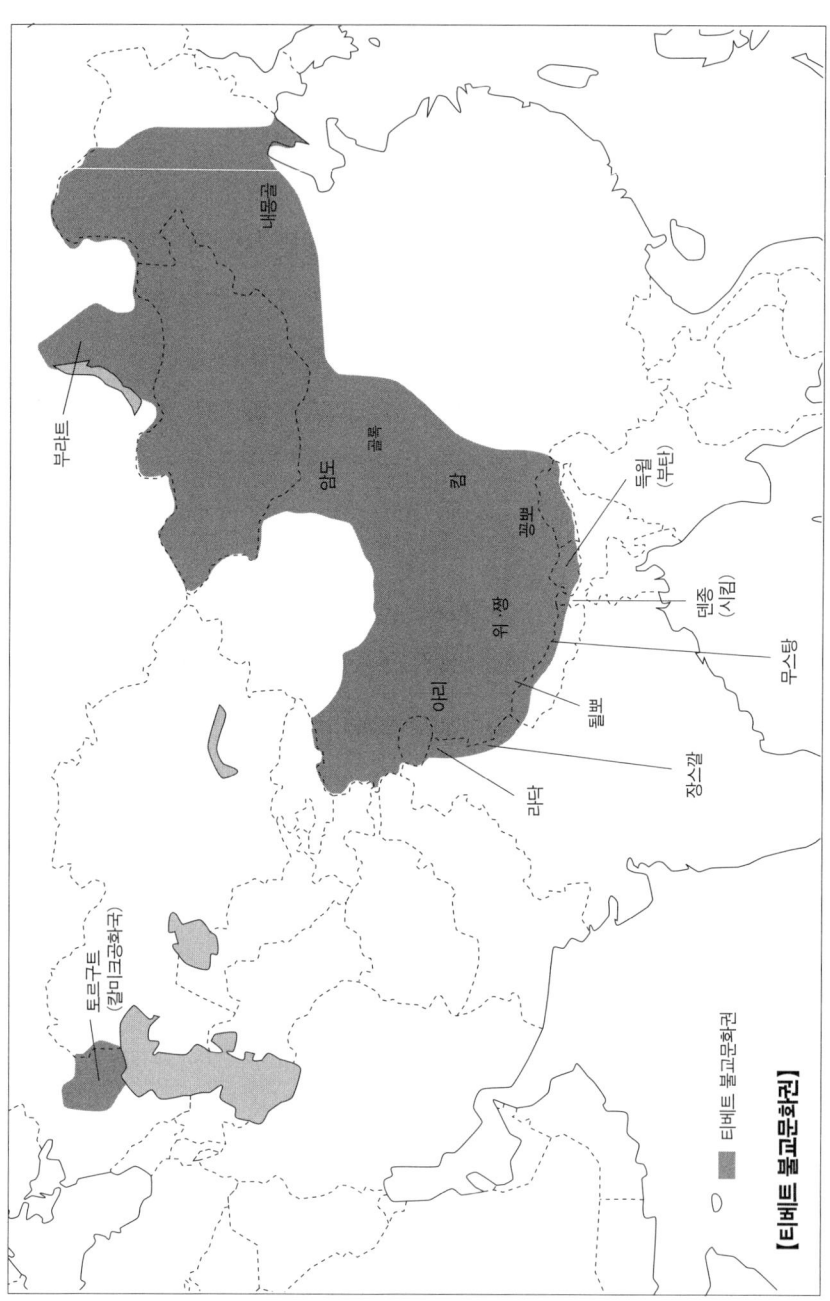

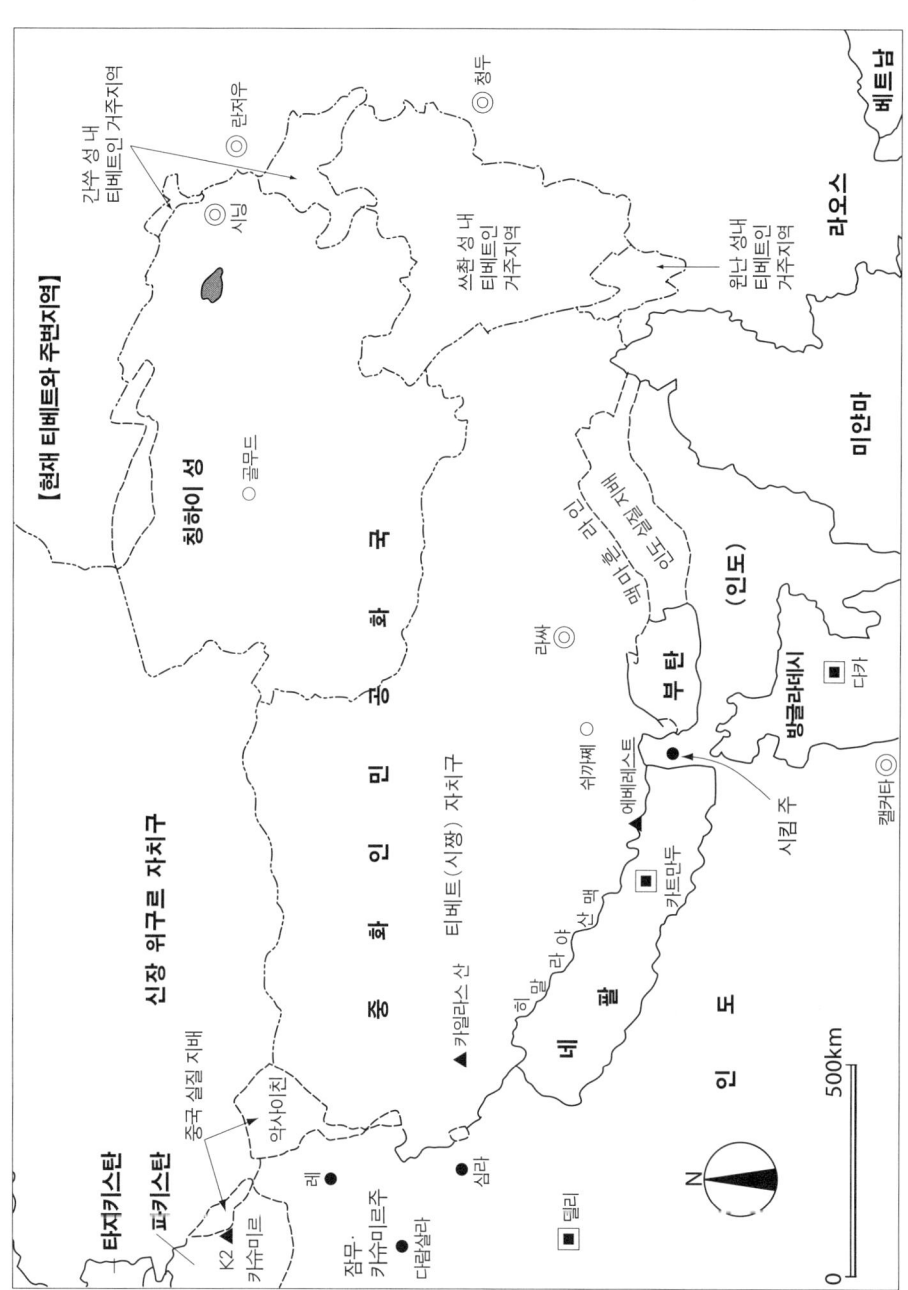

일러두기

1. 이 책은 石濱裕美子 編著, 『チベットを知るための50章』(明石書店, 2004)을 완역한 것이다.
2. 티베트어 단어는 티베트어 원음에 가깝게 표기하는 것을 원칙으로 하되, 옮긴이가 정리한 아래의 티베트어–한글 음가대조표에 따라 표기했다. 단, 딸라이라마는 관용대로 달라이라마라고 표기했다.
3. 산스크리트어 단어는 옮긴이가 정리한 아래의 산스크리트어–한글 음가대조표에 따라 표기했다.
4. 티베트어 고유명사에서는 원래 음절단위의 띄어쓰기가 없지만, 원서에서 중점을 찍어 음절을 구분한 경우에는 중점 대신 띄어쓰기를 했다.
5. 티베트어와 산스크리트어 이외의 외래어는 모두 외래어표기용례를 따랐다.
6. *, † 등으로 표시한 각주는 옮긴이가 덧붙인 것이다.

【티베트어-한글 음가대조표】

[30자음]

티베트어	ཀ	ཁ	ག	ང	ཅ	ཆ	ཇ	ཉ
한글	까	카	가	아	짜	차	자	냐
티베트어	ཏ	ཐ	ད	ན	པ	ཕ	བ	མ
한글	따	타	다	나	빠	파	바	마
티베트어	ཙ	ཚ	ཛ	ཝ	ཞ	ཟ	འ	ཡ
한글	짜	차	자	와	샤	사	아	야
티베트어	ར	ལ	ཤ	ས	ཧ	ཨ		
한글	라	라	샤	사	하	아		

[4모음]

티베트어	ི	ུ	ེ	ོ
한글	이	우	에	오

【산스크리트어-한글 음가대조표】

산스크리트	한글	산스크리트	한글	산스크리트	한글	산스크리트	한글
a	아	o	오	ṭa	따	ba	바
ā	아	au	아우	ṭha	타	bha	바
i	이	ka	까	ḍa	다	ma	마
ī	이	kha	카	ḍha	다	ya	야
u	우	ga	가	ṇa	나	ra	라
ū	우	gha	가	ta	따	la	라
ṛ	리	ṅ	응아	tha	타	va	바
ṝ	리	ca	짜	da	다	śa	샤
ḷ	리	cha	차	dha	다	ṣa	샤
ḹ	리	ja	자	na	나	sa	사
e	에	jha	자	pa	빠	ha	하
ai	아이	ñ	냐	pha	파	ḥ	하
						ṃ	-ㄴ

필자 소개

*편저자를 제외한 나머지 필자는 가나다순. 〔 〕 안은 집필을 맡은 장이다.

편저자 이시하마 유미코(石濱裕美子)
와세다 대학 대학원 사학과에서 동양사학을 전공하고 박사학위를 받았다. 일본학술진흥회 특별연구원을 거쳐 현재 와세다 대학 교육학부 조교수로 재직 중이다. 일본의 대표적인 티베트 연구가이며, 티베트 불교세계에 속하는 티베트, 몽골, 만주, 중국 간의 관계를 주로 연구하고 있다. 『티베트 역사기행』, 『중앙유라시아의 역사』(공저), 『티베트 불교세계의 역사적 연구』 등의 저서와 다수의 연구논문이 있다.
〔1장, 2장, 3장, 4장, 5장, 6장, 7장, 8장, 9장, 10장, 11장, 14장, 15장, 16장, 24장, 25장, 33장, 38장, 39장, 40장, 41장, 42장, 44장, 47장, 48장, 49장, 50장〕

노무라 쇼지로(野村正次郎)
1971년생. 일본학술진흥회 특별연구원. 문수사리대승불교회 사무국장.
〔27장, 36장, 45장, 46장〕

니시와키 마사히토(西脇正人)
1960년생. 교토 대학 문학부 졸업. 불교학 전공.
〔34장, 35장〕

미야케 신이치로(三宅伸一郎)
1967년생. 오타니 대학 교원. 티베트학 전공.
〔26장, 31장, 32장, 37장〕

쓰보노 가즈코(坪野和子)
보이스 퍼포머. 사이타마 대학 시간강사. 티베트문화연구소 촉탁연구원. 음악사회인류학 전공.
〔29장, 30장〕

오사다 유키야스(長田幸康)
1965년생. 프리랜서 작가. 1987년 이래 티베트로 여행을 계속했으며, 여름철에는 현지 주재 여행 가이드로 활약하기도 한다.
〔28장, 43장〕

후쿠다 요이치(福田洋一)
1956년생. 오타니 대학 문학부 조교수. 티베트 불교철학 전공.
〔12장, 13장, 17장, 18장, 19장〕

히라오카 고이치(平岡宏一)
1961년생. 세이후 고등학교 부교장. 오사카상업대학 비상근강사. 밀교학 전공.
〔20장, 21장, 22장, 23장〕

머리말

티베트라고 하는 '나라'가 이 세상에서 모습을 감춘 지 거의 반세기가 지났다. 그러나 티베트는 지금도 여전히 사람들에 회자되고 있으며, 그 문화는 계속해서 사람들을 매료시키고 있다. 티베트 문화가 유지되기를 간절히 바라는 사람은 해마다 늘어나고 있으며, 그것에 대한 이해의 폭은 전에 없이 커지고 있다.

나라를 잃어버렸어도 그 정체성은 무너지지 않고 오히려 훨씬 뚜렷해지고, 더구나 외국인들까지 그것에 동화되는 까닭은 무엇일까? 굳이 설명할 필요도 없지만 티베트 문화, 그 중에서도 불교문화에는 국경과 민족을 초월하여 통하는 보편성이 있기 때문이다.

이 책은 이런 세간의 평가를 받고 있는 티베트 문화의 여러 측면을 과거에서부터 현재에 이르기까지, 또한 내부와 외부의 시각에서 종합적으로 소개하기 위해 기획되었다. 따라서 지금까지의 티베트 입문서들과 비교하여 장의 구분이나 내용이 전반적이고 전문적이 되도록 노력했다.

1부 '성자들의 티베트'에서는 건국으로 시작하여 중국의 침략에 의해 끝나는 전통적인 티베트 세계의 역사를 티베트인이 믿고 있는 대로 소개했다. 왜 역사직 사실을 객관적으로 서술하지 않고 디베트인의 생각을 그대로 옮겼는가라고 묻는다면, 티베트인은 고대왕조를 이상적인 시대로 생각하고 그것을 현대에 재현하고자 하는 민족이어서, 그들이 믿고 있는 이야기는 역사적 사실 여부와는 별개로 사람들을 움직이고 티베트의 역사를 만들어 나가고 있기 때문이라고 대답하겠다. 따라서 이런 믿음이 현실적인 영향력을 지닌 이미지인 이상 이를 무시할 수 없는 것이다.

2부 '설국의 불교'에서는 티베트 불교를 주제로 다루었으며, 3부 '삶의 문화'에서는 불교 이외의 생활문화·뵌교·의학·음악·점성술 등에 대해 소개했다. 요컨대 1부가 시간의 흐름에 따라 전통적인 티베트를 소개한 것이라면, 2부와 3부는 티베트 문화를 정지된 시각에서 다룬 것이다.

또한 1·2·3부가 티베트의 역사와 문화를 티베트인의 관점, 즉 내부의 시각에서 본 것이라면, 이어지는 4부 '티베트와 오리엔탈리즘'은 '외부에서 본 티베트'의 모습이다. 아무리 정신문화에 비중을 둔다고 해도 티베트 역시 사람 사는 나라인 만큼 전쟁이나 부패 등과 무관할 수는 없다. 그러나 서양인의 눈으로 본 티베트는 언제나 속세의 티끌이 닿지 않은 '비경' 혹은 '신비의 나라'였다. 이와 같은 '서양인이 본 티베트와 그 이미지'가 4부의 주제이다.

또한 마지막 5부 '티베트의 현재'는 달라이라마, 까르마빠, 빤첸라마 등 현대를 살고 있는 고승들에게 초점을 맞추어 티베트인이 현재 직면하고 있는 문제들을 다루었다.

5부의 마지막 장인 동시에 이 책 전체의 마지막 장인 50장은 달라이라마 14세 개인과 그 사상에 대한 내용이다. 달라이라마는, 까마득한 옛날에 티베트를 축복한 관세음보살의 화신이며 개국의 왕 송쩬감뽀의 전생(轉生)이라고 하는 의미에 있어서는, 1부에서 다룬 신화를 체현한 자가 된다. 또한 달라이라마가 불교철학의 대가라고 하는 점에서는 2부에서 다룬 티베트 불교를 구현한 이가 되며, 전통적인 승원사회

머리말

(僧院社會)를 살아가는 현대 티베트인으로서는 3부에서 다룬 티베트 일상문화의 구현자라고 할 수 있다. 또한 달라이라마의 성자로서의 생활방식이 서양인들이 갖고 있는 티베트에 대한 이미지와 일치해왔다는 점에서 보면, 4부에서 설명한 티베트와 오리엔탈리즘의 구현자로서 자리매김 할 수 있다. 요컨대 달라이라마야말로 바로 신화와 현실이 만나는 티베트 문화의 모든 측면을 절묘하게 구현하고 있는 인물인 것이다. 이런 의미에서 이 책을 끝맺는 50장에서 달라이라마 14세를 소개한다.

이상의 구성에서도 알 수 있듯이 이 책은 티베트 문화의 매혹적인 다양한 모습을 선명하게 전달해주는 생동감 있는 책이 되도록 엮었다. 그런 까닭에 각 장마다 한 방울씩 떨어지는 티베트 문화의 정수가 달라이라마('바다의 고승'을 의미)라고 하는 큰 바다에 모여드는 과정을 독자 여러분이 즐길 수 있다면 더할 나위 없이 기쁠 것이다.

마지막으로 사진·지도·계보 등이 풍부한 책이 되도록 힘써 준 아카시 쇼텐(明石書店) 편집부에게 여러 집필자들을 대표하여 감사드린다.

2004년 4월
이시하마 유미코

※ 이 책에는 많은 불보살과 경전의 이름이 등장하는데, 티베트어, 산스크리트어, 한자어 중 어느 표기글 사용하는가에 대해서는 원칙적으로 각 장 집필사의 뜻에 따랐다. 다만 너빈 닝칭이 집필사가 각기 다른 여러 장에 나오는 경우에는 혼란을 피하기 위해서 한자어나 괄호안에 부연설명을 덧붙여 표기는 달라도 같은 명칭임을 누구나 알 수 있도록 했다.

1부 성자들의 티베트

1장
관세음보살의 축복을 받은 사람들

티베트인에게 관세음보살은 더할 나위 없이 특별한 존재이다. 관세음보살은 티베트 민족의 창조자이자 수호자이며, 티베트 역사에 등장하는 많은 왕들과 성인들은 관세음보살의 화신으로 여겨진다. 티베트를 처음으로 통일시켜 고대왕조를 열었던 송쩬감뽀 왕은 후대에 관세음보살의 화신으로 간주되고 있으며, 티베트인은 현재 티베트를 실질적으로 이끌고 있는 달라이라마 14세 또한 이런 송쩬감뽀 왕이 다시 태어난 것이라고 믿고 있다. 티베트는 역사를 통해 관세음보살의 축복을 받아왔다고 이야기되기 때문에, 티베트인은 항상 관세음보살의 육자진언(六字眞言)인 '옴 마니 팟메 훔'을 읊조리며 보살의 자비에 감사드린다.

관세음보살은 부처의 의식 중에서 자비를 구현한 보살로 인간의 구원을 바라는 목소리(世音)를 확인(觀)하고 시간과 공간을 초월하여 인간을 구제하는 초월적인 힘 그 자체를 가리킨다. 관세음보살이 천 개의 팔과 눈을 가진 특이한 모습으로 표현되는 것도 그 인간구제의 강력한 힘을 나타내기 위한 것이다. 티베트가 까마득한 옛날부터 어떻게 관세음보살의 자비에 의해 구원을 받아왔는가는 티베트 연대기인 『왕들의 역사를 밝힌 거울』(王統明示鏡) 등에 등장하는 건국설화를 통해

옴 마니 팟메 훔. 티베트 문자가 만들어지고 최초로 쓰인 글자라고 한다.

엿볼 수 있다.

　옛날 옛적에 관세음보살은 아미타불 앞에서 생명이 있는 모든 존재, 특히 티베트의 모든 존재를 구제할 것을 맹세했다. 그리고 그 맹세를 이루기 전에는 자신의 행복은 한순간도 생각지 않기로 다짐하고, 만약 한순간이나마 자신의 행복을 생각한다면 벌로써 자기 몸이 천 갈래로 부서지게 해달라고 빌었다. 그때부터 관세음보살은 밤낮으로 티베트의 생명 있는 존재를 구제해 나갔다. 어느 날 "이제 많은 사람들이 열반에 들었겠지"라고 생각하며 뽀딸라 산 정상에서 티베트 땅을 내려다보았는데, 그곳에는 아직 많은 존재들이 괴로움에 치떨고 있는 모습이 보였다. 이때 관세음보살은 단 한순간 자신의 행복을 추구하고픈 기분이 들었다. 그러자마자 옛적에 아미타불 앞에서 한 맹세로 인해 관세음보살의 몸은 천 갈래로 부서져 흩어져버렸다. 아미타불은 즉시 그곳으로 와서 관세음보살의 부서진 몸의 파편들로 열 개의 얼굴과 천 개의 팔을 새롭게 만들어 시공을 초월하여 많은 생명 있는 존재들을 동시에 구제할 수 있도록 했다.

　얼마 후에 관세음보살은 한 마리의 원숭이에게 보살의 계(戒)를 주어 티베트로 보냈다. 그 원숭이가 검은 바위 위에서 명상을 하고 있는

데, 나찰녀(羅刹女, 불교경전에 나오는 요괴 중 하나)가 다가와 유혹을 해왔다. 원숭이가 그녀를 무시하자 나찰녀가 화를 내며 말했다.

"원숭이야! 만약 네 아내가 되지 못하면 나는 나찰남(羅刹男)과 혼인하게 되어 밤낮으로 1만의 생명이 있는 존재를 잡아먹어야 한단다."

곤란해진 원숭이가 관세음보살에게 상담을 하러 가니, 관세음보살과 타라보살은 나찰녀와

십일면관세음보살(十一面觀世音菩薩). 가장 위에 있는 얼굴이 아미타불의 화불(化佛)이다.

함께 할 것을 권유하며 둘의 결혼을 축복했다. 원숭이와 나찰녀 사이에는 육도(六道, 의식이 전생하는 여섯 가지 영역, 즉 하늘·아수라·사람·아귀·축생·지옥)로부터 전생한 여섯 마리의 새끼 원숭이가 태어났다(육도윤회도, ☞ 용어해설22 참조). 3년 후에 아버지 원숭이가 새끼 원숭이들을 만나기 위해 돌아와 보니 원숭이들은 500마리로 늘어나 먹을 것이 떨어져 굶고 있었다. 아버지 원숭이가 관세음보살에게 상의를 하러 가니 관세음보살은 "너희 일족은 내가 지켜주겠다"라고 하며 경작을 하지 않아도 먹고 살 수 있는 작물을 새끼 원숭이들에게 주어 굶지 않도록 해주었다. 그 작물을 먹다 보니 새끼 원숭이들은 털과 꼬리가 짧아지고 말을 알게 되어 사람이 되었다. 결국 눈의 나라 티베트의 사람들은 아버지는 원숭이, 어머니는 나찰녀로부터 시작되어 퍼져 나간 것이었다.

이처럼 진화론을 연상시키는 티베트 민족의 기원에는 여러 가지 상징

들이 사용되었다. 보살과 원숭이는 아마도 인도에서 히말라야로 수행을 하러 온 불교 고행자들일 것이며, 나찰녀라고 하는 것은 불교가 아직 전파되지 않은 지역의 토착민 여성을 가리킨다고 할 수 있다. 또한 티베트의 연대기는 이후 티베트를 통일한 야르룽 왕가의 기원에 대해서 다음과 같이 이야기하고 있다.

인도의 왕실에 이상하게 생긴 왕자가 태어났다. 왕은 그 아들을 갠지스 강에 버렸는데, 이를 어부가 거두어 길렀다. 그 왕자가 성장하여 부모로부터 버림받은 자신의 과거를 알게 되었고, 슬픔에 젖어 갠지스 강을 거슬러 올라가 눈 덮인 산(히말라야)으로 향했다. 라리롤뽀 정상에 도달하여 가만히 내려다보니 "산은 야르라샴뽀가 좋고, 땅은 야르룽이 좋다"는 것을 알고는 체탕의 야르라샴뽀 산에 이르렀다. 그를 본 지역의 수령들이 "당신은 어디서 왔는가"라고 묻자 그 아이는 하늘을 가리켰기 때문에, "이 아이는 하늘에서 내려온 신의 아들이니 우리들의 왕으로 삼자"고 하여 신성한 가마에 태워 모두의 어깨에 메고 데려가니, 최초의 티베트 왕은 "냐티쩬뽀(목의 권좌에 오른 왕)"라고 불렸다. 그로부터 이름에 티('권좌'라는 뜻)자가 들어가는 일곱 명의 왕들이 이어졌다. 그들은 모두 자식이 말을 탈 수 있는 나이가 되면, 정수리로부터 하늘을 향해 솟아 있는 끈 속으로 몸이 마치 무지개처럼 녹아 들어가 사라져버렸다. 이렇게 "하늘의 일곱 '티'들"의 무덤은 천상에 모시게 되었지만, 다음으로 등장한 디굼쩬뽀 왕 시기에 하늘과 연결되는 끈이 끊어져 그 이후의 왕들은 지상에 시신을 묻을 수밖에 없게 되었다.

이상의 전설에서 티베트 최초의 왕이 하늘의 아들로 추대되었으며, 최초의 일곱 왕들이 모두 하늘로 돌아갔다고 하는 것은 하늘에 제사를

1장 관세음보살의 축복을 받은 사람들

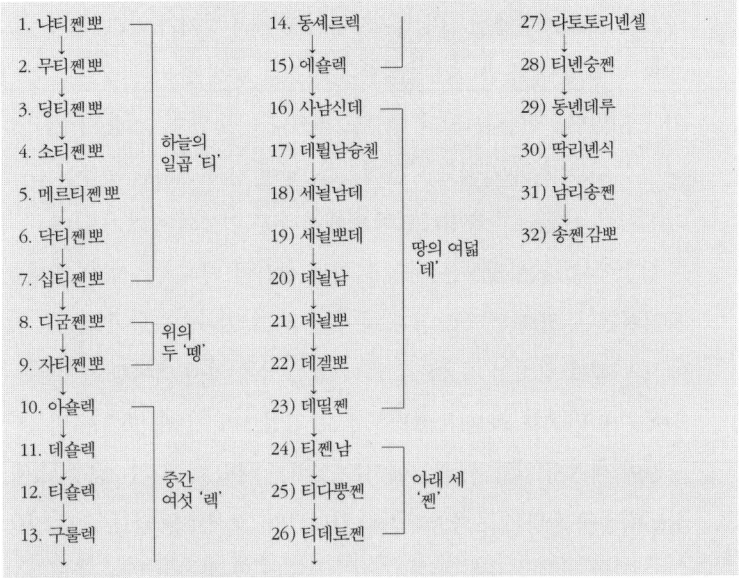

* 『왕들의 역사를 밝힌 거울』(王統明示鏡)에 근거하여 작성했다.

드리는 샤머니즘의 영향을 반영한 것이다. 또한 최초의 왕이 인도 왕가 출신이라는 것은 불교가 티베트에서 세력을 형성하려 했기 때문에 왕가의 기원을 불교의 발상지인 인도에까지 연결시켜 부연해서 설명하려는 것으로 보인다. 전승에 의하면 이 야르룽 왕가의 32대째에 송쩬감뽀 왕이 나타나 티베트에 처음으로 통일정권을 수립했으며, 네팔과 중국의 공주들을 맞아들여 두 나라의 불교문명을 티베트에 도입했다고 한다. 그가 태어날 때의 일화를 연대기에서 살펴보자.

관세음보살은 티베트의 생명 있는 존재들을 부처의 가르침으로 인도해야 할 시간이 다가왔음을 알고 몸에서 빛살을 내뿜었다. 오른쪽 눈에서 발사된 빛살은 네팔이라는 나라로 향하여 그곳을 빛으로 가득 채웠다. 카트만두의 궁전도 빛으로 가득했다. 그때 빛이 하나로 모여 네팔 왕비의 자궁으로 들어갔다. 달이 차서 태어난 공주는 피부가 하얗고 아름답고 총명했으며 입에서는 백단향의 향기가 났다. 관세음보살의 왼쪽 눈에서 발사된 빛살은 중국으로 향해 중국이 빛으로 가득 차게 되었다. 장안(長安)의 궁전도 빛으로 가득했다. 그때 광선이 하나로 모여 황후의 자궁으로 들어갔다. 달이 차서 태어난 공주는 순백의 피부에 아름답고 총명했으며 입에서 푸른 연꽃의 향기가 났다.

심장에서 나온 빛살은 눈의 나라를 향하여 티베트는 밝은 빛으로 둘러싸였다. 잠빠 민규르 궁도 빛이 났다. 그로부터 빛살이 하나로 모여서 티베트 왕비의 자궁으로 들어갔다. 달이 차서 태어난 왕자는 머리에 아미타불의 화불(化佛)*을 쓰고 있었으며, 손과 발에는 법륜의 모양이 새겨져 있었다. 하늘에서는 꽃비가 내렸고 대지는 육종(六種, 불교경전에서 말하는 육종진동을 가리킨다. 상서로운 징표)으로 진동하여 그의 탄생을 축하했다. ……그로부터 열세 살이 되어 즉위하고 라싸의 마르뽀리(붉은 산, 5장 참조) 정상에 궁전을 세웠다.

이 전설은 송쩬감뽀 왕이 관세음보살의 화신이며, 그의 두 왕비가 관세음보살의 분신인 타라보살(흰 타라, 녹색 타라)이라는 것을 나타낸다. 송쩬감뽀 왕이 궁전을 세웠다고 하는 마르뽀리 언덕은, 옛날 옛적 관세음보살이 티베트를 내려다보며 제도(濟度)의 맹세를 했던 곳이다. 이후 티베트의 역대 군주들이 라싸 교외에 받들어 세운 이 언덕은 티베트의 수호신인 관세음보살과 개국의 군주를 기리는 티베트의 최고 성지가 되었다.

▲이시하마 유미코

---

* 보살 등이 그 근본이 되는 부처를 나타내기 위하여 머리 혹은 신체의 다른 부분에 장식하는 작은 불상.

2장
'세계의 지붕' 티베트 고원

티베트어를 말하고 티베트 불교 혹은 토착종교인 뵌교를 믿는 사람들 다수가 거주하는 지역을 '티베트'라고 규정한다면, 이는 남쪽으로는 히말라야 산맥, 북쪽으로는 쿤룬(崑崙) 산맥으로 둘러싸인 평균고도 3,800m의 이른바 '세계의 지붕'—티베트 고원—과 대략 일치한다.

티베트인은 자기네 나라를 '뵈'라고 부르며, '눈의 나라'라는 뜻의 '카와쩬'을 비롯한 많은 미칭들을 사용하기도 한다. 한편 티베트의 각 지방은 암도(동북 티베트), 캄(동부 티베트), 위·짱(중앙 티베트), 꽁뽀(동남 티베트), 아리(서부 티베트) 등으로 나누어 부르고, 티베트 계열의 언어를 사용하고 티베트 불교를 믿는 사람들이 거주하지만 중앙 티베트와 다른 정치체제에 속한 지역인 부탄을 '용의 나라'(득월), 시킴을 '쌀의 나라'(덴종) 등으로 부른다.

험준한 산맥이 다른 나라들과의 사이에 천연의 경계를 이룬 덕에 외적의 침입을 거의 당하지 않았으므로, 역사를 통틀어 티베트에서는 '국경'으로 자신들의 '영토'를 둘러싼다고 하는 개념이 없었다. 하지만 비좁은 유럽이라는 땅에서 작은 나라들끼리 서로 싸우면서 생겨난 '영토' '국경' '조약' 따위의 개념이 서유럽의 식민지 확장과 함께 아시아에도 도입되었으며, 19세기에 들어와서는 '국제'법을 기준으로 소유자가 애매하다고 여겨진 아시아의 여러 나라들은 제국 열강들의 쟁탈대상이 되어버렸다. 이런 폭풍우는 티베트에까지 불어 닥쳐서 1904년에는 시킴 조약의 불이행을 구실로 영국의 영허스번드의 군대가, 1910년에는 중러조약에 명시된 권리를 이행한다는 명분으로 청(淸)이 티베트를 침공했다. 이 사태는 1911년 청의 붕괴로 일단 진정되었지만, 진짜 폭풍우는 서유럽 국가들이 아시아에서 물러가고 인도와 중국이 국민국가로 독립한 이후에 찾아왔다.

한 세기 이상 식민지로 짓밟혀 손상된 인도와 중국의 자존심은 독립을 하자마자 비정상적으로 과열되어 팽창주의가 시작되었다. 두 대국에 의해 티베트 문화권은 '최전선'이 되어 중국은 1951년 티베트를 점령하고 인도는 그에 대항하여 시킴과 카슈미르 등을 병합해 나갔다. 이렇게 티베트 문화권은 인도·중국 두 대국의 변경으로 편입되었으며, 두 대국의 국내정책에 의해 또다시 작은 행정단위로 분할되었다. 예전에 암도라고 불리던 동북 티베트의 대부분이 칭하이 성(青海省)이 되었으며, 캄의 동쪽 절반은 간쑤(甘肅)·쓰촨(四川)·윈난(雲南) 세 성(省)에 편입되었고, 꽁뽀와 아리의 남쪽 절반(라닥·장스칼·킨노르·될뽀)은 현재 인도나 네팔의 영토에, 시킴은 1975년 인도의 영토에 서서히 편입되어 사라졌다. 티베트 문화권에서는 현재 부탄 한 나라만이 독립을 유지하고 있는 상태이다.

또한 중국의 티베트 점령으로 티베트와 외부를 잇는 모든 유통로가 차단되어 인도나 중앙아시아, 간쑤·쓰촨·윈난 등지로부터 티베트의 금은을 구하기 위해 모여들었던 이슬람 상인들, 티베트에서 네팔로 소금을 운반했던 대상(隊商)행렬, 윈난에서 동부 티베트를 경유하여 버마(지금의 미얀마) 혹은 인도까지 차를 운반했던 중국상인 등이 생계수단을 잃고 자취를 감추어버렸다.

왜 중국은 티베트를 침공한 것일까. "인도와의 사이에 완충지대가 필요했다" "공산당의 입장에서 달라이라마 정권은 무너뜨릴 수밖에 없는 봉건사회였다" 등 이유는 얼마든지 들 수 있다. 하지만 현재 중국이 티베트를 포기할 수 없는 이유는 분명하다. 중국은 티베트를 점령함으로써 광대한 영토를 획득했고(현재 티베트인 거주지역은 중국영토의 4분의 1 정도에 달한다), 세계 최고봉인 에베레스트의 일부를 중국에 포함시켰으며, 대표적 희귀동물이라고 할 수 있는 판다를 중국의 상징적 동물이라고 내세우는 것 등이 가능해졌다. 만약 티베트가 독립을 하는 사태가 발생한다면 중국은 이 모든 것들을 잃게 될 것이다. 중국이 티베트 점유를 계속 집착하는 이유는 중국인 대국(大國)의식을 지탱하는 광대한 영토와 자연을 잃을까 두려워하기 때문이다.

중국의 티베트 점령으로 인한 중국과 인도의 국경분쟁은 지금까지도 해결되지 않고 있다. 양국 간의 국경은 아삼·카슈미르·악사이친, 세 지역을 두고 아직 확정되지 않았기 때문에 세계지도는 통례적으로 이 지역에 대해서 인도 측이 주장하는 국경과 중국 측이 주장하는 국경을 물결무늬로 병기하고 있다. 한편 중화인민공화국에서 발간한 지도를 보면, 이 미확정 국경이 주저 없이 중국 측에 유리하게 실선으로 그어져 있다. 이는 중국 측 지도가 사실을 반영하고 있다기보다는 '이랬으면 좋겠다'는 희망을 그려놓았기 때문이다. 중국의 지도는, 예컨대 인도가 흡수하여 소멸된 시킴이 지금도 독립국으로 표시되어 있고, 타이완은 타이완 성(臺灣省)으로 중국영토로 취급하고 있으며, 한반도는 남북분단 상태를 무시하고 그냥 '조선'(朝鮮)이라고 표기되어 있다.

2003년 티베트를 둘러싸고 중국과 인도 사이의 정세에 대변동이 있었다. 인도의 바지파이(Vajpayee) 총리가 베이징을 방문하여 정상회담을 가졌는데, 인도가 중국의 티베트 지배를 인정하는 것을 비롯하여 인도와 중국 간의 국경을 확정하는 것 등을 합의했다. 이 회담을 어떻게 평가해야 하는가에 대해서 티베트 전문가들의 견해는 두 가지로 나뉘었다. 긍정적인 견해로는, 인도와 중국이 현 상태를 인정하고 협상에 임하는 것이 티베트 문제해결을 위해서도 좋다는 것이다. 그러나 부정적인 견해는, 인도와 중국이 시킴과 티베트의 장례를 치러버린 '현대판 폴란드 분할'이라는 것이다.

마지막으로, 중국과 네팔 사이에 위치하는 세계 최고봉 에베레스트(8,850m)에 대해서 이야기해보자. 에베레스트라는 이름은 이 산을 측량한 영국인 조지 에베레스트 경의 이름에서 딴 것이며, 예로부터 이 산을 티베트인은 조몰랑마, 네팔인은 사가르마타라고 불러왔다. 에베레스트는 1852년 세계 최고봉임이 확인된 직후부터 세계의 주목을 받아왔는데, 북극·남극과 더불어 제3의 극지가 되어 이 산을 최초로 등정하는 것이 인류 공통의 위업으로 여겨지게 되었다. 중국은 티베트를 점령한 1951년 에베레스트의 영유권을 일방적으로 선포했다. 그런데 2년 뒤인 1953년 영국탐험대가 네 차례의 도전 끝에 마침내 에베레스트 정복에 성공했다. 힐러리 경과 티베트 계열 산악민족 셸파인 텐진이 에베레스트 정상에 올랐던 것이다. 그러자 7년 후인 1960년에는 중국이 영국과 네팔에 지지 않으려고 세계 세 번째로 에베레스트에 올랐다. 그러나 현재 공식적인 기록으로 인정되고 있는 이 등정도 당시에는 의심하는 목소리가 거셌다. 그 이유는, 중국탐험대가 산 정상에서 촬영한 사진이 없었으며, 또한 오성홍기(五星紅旗)를 걸고 마오쩌둥(毛澤東)의 흉상을 묻는 등 산 정상에서 행한 노골적인 영토 주장 퍼포먼스는 등정의 신빙성을 의심하게 만들었다. 여하튼 현재 에베레스트 정상은 네팔과 중국이 공유하고 있는데, 에베레스트의 남쪽 사면은 네팔에, 북쪽 사면은 중국에 귀속되어 있다.

중국이나 영국이 세계 최고봉을 먼저 정복하기 위해 경쟁하고 있을 때도, 중국과 네팔이 산의 영유권을 서로 주장하고 있을 때도, 이 사건들은 티베트인에게는 머나먼 세계의 일이었다. 왜냐하면 티베트인에게 높은 산들은 불교를 수호하는 신들의 보좌로서, 그 영토를 주장하거나, 등반을 하든지 해서 산을 더럽히는 행위 등은 생각할 수도 없는 것이었기 때문이다. 히말라야의 산들을 누군가 내 것이라고 주장하고, 또한 아무리 이상한 이름으로 부른다 해도, 티베트인에게 산은 신의 것일 뿐이다. 그것은, 티베트라고 하는 나라 혹은 그 사람들에 대해 어떤 국가가 어떤 영유권을 선포한다 해도, 또한 어떻게 부른다 해도, 전 세계 사람들의 마음속에 불교성지라고 하는 이미지가 사라지지 않는 것과 마찬가지라고 할 수 있다. ▲이시하마 유미코

3장
고대 티베트 왕국과 불교

티베트 고대 왕조에서 왕은 쩬뽀라는 명칭으로 불렸는데, 천신이 지상에 모습을 드러낸 것으로 간주되었다. 그런데 불교가 티베트 사회에 침투한 후에는 보살의 화신으로도 숭배되었다. 통일정권 수립 후 등장한 10명의 왕 가운데 티베트 역사에 위업을 남긴 초대 송쩬감뽀, 6대 티송데쩬, 9대 렐빠쩬 왕은 각각 관세음보살·문수보살·금강수보살의 화신이 되어 '메왼남숨'(祖父孫 3왕)이라는 존칭으로 불린다.

'메왼남숨'의 첫 번째 인물인 송쩬감뽀 왕은 티베트의 수호신이자 관세음보살의 화신으로 개국의 왕이라고 믿어지고 있다. 그는 13세에 즉위하여 마르뽀리 언덕에 궁전을 세웠으며, 티베트 문자를 만들고, 미최짱마쭈둑(16조의 도덕규범)을 제정하여 관료의 위계질서를 확립했다. 또한 불교의 십선계(十善戒, ☞ 용어해설13)를 본떠 법률을 제정했으며, 불경을 인도의 언어로부터 티베트어로 번역했고, 네팔과 중국으로부터 각각 티쮠과 문성공주(文成公主)를 왕비로 맞아 두 왕비와 더불어 들어온 불교를 통해 정치를 통합, 티베트를 통일하고 평화의 시대를 열었다고 평가받는다. 이런 송쩬감뽀 왕의 치세는 후대 티베트 위정자들의 본보기가 되어 모두들 이 시대의 재현을 목표로 내걸었다. 17세기 티베트를 통일했던 달라이라마 5세가 송쩬감뽀 왕의 궁전유적에 뽀딸라 궁을 짓고 송쩬감뽀 왕의 환생이라고 자칭하며 불교에 의한 치세를 강조한 것도, 바로 이런 고대 티베트의 번영을 재현하려는 의지에서였다(10장 참조).

티베트 연대기에 서술된 송쩬감뽀 왕의 업적 중 가장 생생한 묘사는 네팔과 당(唐)으로부터 두 명의 공주를 왕비로 맞이한 사건이다. 네팔과 당의 군주는 외딴 티베트 왕국에 공주를 보내고 싶지 않아, 이런 저런 어려움을 호소하며 티베트의 사자로 하여금 혼인을 단념하도록 했다. 그러나 송쩬감뽀 왕의 사자는 왕의 지시에 따라, 언급된 어려움들을 하나하나 반박하고 티쭌과 문성공주를 데려가게 되었다. 두 명의 공주는 고향을 떠나 낯선 땅에 살게 되는 것을 슬퍼하여, 네팔과 당에서 가장 영험이 있는 불상을 수호신으로 삼도록 하사해달라고 부왕들에게 부탁했다. 이렇게 하여 네팔과 당에서 각각 석가모니 불상이 만들어졌는데, 이들은 현재 라모체 사원과 조캉 사원에 봉헌되어 티베트인의 신앙 대상이 되었다(5장 참조). 문성공주는 그 밖에도 중국의 고전, 고급비단, 오행팔괘도, 한방(漢方) 등의 중국문화를 티베트에 전했다. 이런 이야기는 7세기 티베트에 네팔과 중국의 문화가 도입된 당시의 상황을 티베트 국왕과 네팔·중국의 두 공주의 혼인이라고 하는 설화를 통해 상징적으로 표현한 것이라고 할 수 있다.

역사적 사실에 의하면 문성공주의 혼인에는 설화와는 전혀 다른 내막이 있었다. 당시, 당은 주변국에 황실 여성을 시집보내 혈연관계를 맺고 우호관계를 유지하는 정책을 폈는데, 문성공주가 송쩬감뽀 왕에게 시집을 간 것도 그런 정책의 일환이었다. 당시 새롭게 흥기했던 당은 서쪽 변방으로 영토 확장을 꾀하고 있었는데, 칭하이 지방을 본거지로 하고 있던 토욕혼(吐谷渾)과 서쪽 교통로인 하서(河西)지방을 놓고 다투고 있었다. 당은 이런 토욕혼을 세압하기 위해서 토욕혼의 배후에서 발흥해가던 티베트를 주목하여 티베트와의 외교 수립을 도모하기 위해 문성공주를 시집보낸 것이다. 당나라 사료에 의하면 문성공주는 정관(貞觀)15년(641) 정월 15일에 당의 수도 장안을 출발하여 란저우(蘭州)를 거쳐 티베트 고원으로 향해 황허의 발원지에서 송쩬감뽀 왕의 영접을 받았다. 이때 공주가 붉은 흙을 얼굴에 바르는 티베트인의 관습인 자면(赭面)을 싫어하자 송쩬감뽀 왕이 이 관습을 금지시켰다고 한다. 송쩬감뽀 왕은 649년에 사망하여 문성공주와의 결혼생활은 겨우 3년 만에 끝났다고 하는데, 공주가 티베트에 와서 바로 송쩬감뽀와 혼인하지 않은 이유에 대해서는 여러 설이 있다.

문성공주의 혼인이야기는 티베트와 중국 간의 우호의 역사를 선전하는 좋은 소재이므로 중국정부는 드라마나 연극 등으로 상연하는 것을 장려하고 있다. 1989년 입적한 빤첸라마(47장 참조)의 중국인 부인 리제(李潔) 또한 문성공주로 불리는 등, 송쩬감뽀 왕과 문성공주의 이야기는 현재는 대부분 정치적인 뉘앙스를 풍기며 서술된다.

송쩬감뽀 왕으로부터 5대째 왕인 티송데쩬 왕 또한 송쩬감뽀 왕 다음으로 인기가 있는 왕이다. 이 왕의 시대에 고대 티베트 왕조의 군사적 영향력은 북쪽으로는 실크로드, 동쪽으로는 오늘날의 간쑤·쓰촨·윈난·산시(陝西) 등 서부지방까지 미쳤으며, 안사의 난(755~763)으로 당이 혼란스러웠던 756년에는 당의 수도 장안을 점령하여 꼭두각시 황제를 세울 정도였다. 뿐만 아니라 티송데쩬 왕은 후대에 티베트 밀교의 시조라고 여겨지는 빠드마삼바바를 인도에서 초빙하여 티베트 최초의 사원인 삼예 사원을 세운 것으로도 유명하다(14장 참조). 빠드마삼바바는 티베트의 토착신들을 하나씩 불교의 수호신으로 바꾸어갔으며, 티베트의 산과 호수 등을 모두 불법을 수호하는 신들이 사는 성지로 바꾸었다. 빠드마삼바바의 법력에 의해 삼예 사원이 완성되었고, 그곳에 티베트 최초의 승단이 만들어졌다. 세계의 중심인 수미산(須彌山)을 상징하는 중앙의 불당을 4대륙을 모형으로 한 4개의 불당이 동서남북에서 둘러싸고 있는 삼예 사원의 양식은, 티베트 불교권의 확장과 함께 그 밖의 지역으로 전파되었다. 유명한 곳으로는 베이징의 명승지인 이화원(頤和園)의 중심에 위치한 향암종인각(香岩宗印閣), 러허(熱河)의 보녕사(普寧寺) 등이 삼예 사원을 모방한 사원들이다. 티송데짼 왕의 왕비인 예세초겔은 후에 빠드마삼바바의 아내가 되어 밀교행자의 수호신으로 숭배를 받게 되었으며, 왕의 시의(侍醫)였던 유톡은 티베트 의학의 성전인 『귀쉬』(四部醫典, 33장 참조)의 원작자로서 티베트 의학의 아버지로 추앙받고 있다.

'메왼남숨'의 마지막을 장식하는 왕은, 송쩬감뽀로부터 8대째인 렐빠쩬이다. 그는 821~822년에 당과 맹약을 맺어 장기간 계속되었던 양국 간의 분쟁에 종지부를 찍었다. 그 맹약의 내용을 기록한 이른바 당번회맹비(唐蕃會盟碑)는 지금도 라싸의 조캉 사원 앞에 서 있다. 이 비문에는 우선 당과 고대 티베트 사이의 우호적 또는 적대적인 역사가 기록되어 있으며, 마지막에는 서로의 영토를 침략하지 말 것을 약속하는 맹세로 끝을 맺고 있다. 다음은 그 주요 내용의 일부이다.

> 티베트와 중국 양자는 현재 지배하고 있는 영토와 경계를 유지하여, 동쪽 전체는 중국의 영토, 서쪽 전체는 확실하게 대 티베트의 영토로 삼고 이제부터 서로 논쟁이나 전쟁을 하지 않으며, 경계를 침범하지 않고, 의심스러운 일 등이 있으면 관련자를 잡아서 심문하고 끝나면 풀어주어야 할 것이다. 지금, 두 나라는 하나가 되어 커다란 화해의 회맹(會盟)을 이와 같이 거행한다. ……티베트는 티베트 자신의 나라에서, 중국은 중국에서 평화로울지라. 이런 커다란 회맹을 한 후에 이 맹세를 절대로 어기는 일이 없도록 삼보(三寶, 즉 佛·法·僧)와 성자 그리고 일월성신(日月星辰)들께서 승인이 되어주실 것을 바라노라.(佐藤長, 『古代チベット史』, 同朋舍)

【고대 티베트 국왕의 계보】

1. 송쩬감뽀(생몰 569?~649)
2. 궁송궁쩬(재위 581~649)
3. 망송망쩬(재위 649~676)
4. 뒤송망뽀제(재위 676~704)
5. 티데쭉뗀(재위 704~754)
6. 티송데쩬(재위 754~797)
7. 무네쩬뽀(재위 797~798)   8. 티데송쩬(재위 798~815)
9. 티쭉데쩬=렐빠쩬(재위 815~841)   10. 폐불왕 랑다르마(재위 841~846)

이 비문은 중국과 티베트가 대등한 주권국가임을 서로 존중하며 우호적인 관계를 수립하기 위해 노력했던 평화로운 옛 시대의 증거이다. 그래서 1989년 달라이라마 14세가 노벨평화상을 수상했을 때, 수상연설에서 이 내용을 언급하며 티베트를 점령하고 있는 중국의 부당성을 세계에 호소하기도 했다.

   고대왕조는 10대 랑다르마 왕의 두 아들인 외숭과 윔뗀에 의해서 동서로 분열된 후 멸망했다. 이로 인해 랑다르마 왕에 대한 티베트인의 인식은 아주 좋지 않다. 티베트 연대기에서는 그가 뵌교를 신봉하고 불교를 탄압하여 비구와 비구니들을 환속시켜 승원을 파괴했으며, 갖은 욕설을 다했다고 한다. 랑다르마 왕이 실제 역사에서도 폐불(廢佛)을 시행한 왕이었는지는 알 수 없지만, 고대왕조의 멸망과 함께 불교가 급속히 쇠퇴의 길로 접어들게 된 것만은 확실하다.

▲이시하마 유미코

4장
티베트의 가장 오래된 종파 닝마파

닝마파는 티베트 불교의 가장 오래된 종파임을 자처하고 있는데, 9세기에 티베트로 포교하러 왔던 인도 밀교 수행자 빠드마삼바바(14장 참조)를 조사(祖師)로 섬기고 있다. 빠드마삼바바는 당시 티베트 왕 티송데쩬의 초청을 받고 티베트에 초능력으로 날아 와서 불교 전파를 방해하고 있던 토착 귀신들을 항복시켰으며, 왕과 왕비, 그리고 신하들에게 가르침을 베풀었다. 그러나 티베트인은 밀교의 가르침을 완전히 이해하는 단계에까지는 이르지 못했으며, 또한 불교가 가까운 장래에 탄압받을 것임을 예지했기 때문에 빠드마삼바바는 경전이나 법구(法具) 등에 염원을 담아 티베트 각처에 묻어두었다. 빠드마삼바바가 예견했던 미래는 결국 현실이 되었으니, 티송데쩬 왕으로부터 4대째에 즉위했던 랑다르마 왕은 토착종교인 뵌교를 신봉하고 불교를 탄압하여 중앙 티베트에서 불교 전통이 사라지게 되었다. 그로부터 수백 년이 지난 13세기에, 왕조시대에 매장되었던 가르침을 발굴하여 믿고 따르는 무리들이 생겨났다. 이들의 가르침은 티베트의 후기전파불교 시기에 인도에서 도입된 새로운 밀교와 구분되었기 때문에 닝마('오래되다'라는 의미)빠라고 불리게 되었다.

닝마빠는 한 차례 쇠퇴했던 고대의 가르침을 부활시켜 받들기 때문에, 티베트의 전기전파불교 시기의 불교가 어떻게 오늘날까지 전달되었는지 그 전승경로에 대해 상세하게 설명하고 있다. 그 경로는 3행설과 6행설이 있는데, 3행설을 한 예로 들어보면 '구전에 의한 가르침' '환영에 의한 가르침' '떼르마(매장교설)에 의한 가르침,' 세 가지가 있다. 앞의 두 종류는 다른 종파에도 있는 것이기 때문에 세 번째의 '매장교설(埋藏敎說)에 의한 가르침'만이 닝마파의 독특한 성전(聖典) 전승형식이라고 할 수 있다. 첫 번째 '구전에 의한 가르침'이라는 것은 스승으로부터 제자에게 차례차례 전달되어 온 가르침을 가리키는데, 그 내용의 애매함 때문에 '원전교설'(遠傳敎說)이라는 이름으로 불리기도 한다. 두 번째인 '환영에 의한 가르침'이라는 것은 명상 중에 보이는 환영을 통해서 시공을 초월하여 전달되는 가르침이다. 마지막인 '매장교설에 의한 가르침'이라는 것은 송쩬감뽀 왕이나 빠드마삼바바 등 고대 성자들이 과거에 매장했다는 교설을 후세 사람이 계시를 받아 발굴하여 손에 넣은 것으로, 여러 사람의 손을 거치지 않고 고대왕조로부터 후기전파불교 시기의 사람에게 직접 경전이 전달된 것이기 때문에 '근전교설'(近傳敎說)이라는 이름으로 불리기도 한다. 경전의 발굴자를 떼르뙨이라고 부르는데, 떼르뙨 중에도 특별히 유명한 사람들로, '2명의 하수(下手)'라고 불리는 냥렐니마외세르(1136~1204)·구루최왕(1212~1270), '2명의 고수(高手)'라고 불리는 도르제링빠(1346~1405)·뻬마링빠(1450~1521) 등이 있다. 그 밖의 유명한 떼르뙨으로는 17세기에 티베트를 통일한 달라이라마 5세 또한 『25가지 비밀영상』이라고 하는 문헌들을 발굴한 경전 발굴자로 알려져 있다. 이런 매장교설들은 15세기에는 라뜨나 링빠(1403~1479)에 의해 『닝마귀붐』(십만 닝마딴뜨라)으로, 19세기에는 무종파 운동을 이끌었던 고명한 꽁뙬왼뗀갸초(1813~1899)에 의해 『린첸떼르죄』(보석떼르마 모음집)라는 이름으로 집대성되기도 했다.

닝마파의 교의는 14세기 일체지자(一切智者) 대학승 롱첸랍잠빠(1308~1364)에 의해 확립되었다. 그는 매장교설에 기초한 닝틱이라고 하는 수행체계를 확립했는데, 이는 18세기에 직메링빠(1729

삼예 사원의 옛 모습을 보여주는 사원 내부의 벽화.

~1798)에 의해 크게 발전했다. 닝마파의 교리에서는 불교의 교리 전체를 '아홉 대의 수레'(九乘)로 분류하는데, 맨 위에는 아띠요가, 즉 족첸(위대한 완성)의 가르침을 모시고 있다. 족첸 명상에서는 생성의 과정(즉 生起次第)과 완성의 과정(즉 究竟次第) 둘 다를 수행해야 한다고 강조하는데, 이런 수행을 성취한 자는 이른바 일상의 시간, 행동, 체험을 초월하게 된다고 한다(21장 참조). 닝마파의 가르침은 종파를 초월하여 사람들에게 침투했으며, 닝마파 신자가 아니더라도 빠드마삼바바의 기도문을 외운다거나 음력으로 매월 10일을 길일로 삼아 빠드마삼바바에게 공양하는 것 등이 일반적으로 널리 행해지고 있다.

닝마파는 다른 종파들에 비해서 집단화·조직화·중앙집권화의 정도가 현저히 낮은 것을 특징으로 한다. 과장해서 이야기하면, 닝마파의 교법은 매장교설의 종류만 해도, 또한 환영교설의 종류만 해도 무수하게 많다고 할 수 있고, 케쭌상뽀 린뽀체(종교학자 나카자와 신이치[中澤新一]의 스승)의 전기 『지혜의 아득한 정상』 등을 읽어보면 알 수 있듯이, 행자들은 티베트 각지에 있는 빠드마삼바바와 관련된 성지들—토착신을 물리친 곳, 명상을 했던 곳, 매장교설을 숨겨놓은 곳—을 돌아다니면서, 어떤 경우는 스승이 되어 찾아온 사람들에게 교설을 베풀고, 또 어떤 경우는 제자가 되어 교설 구하기를 계속하는 등 이합집산

중국령 티베트(본토) 민될링 사원의 본당.

심라에 재건된 도르제닥 사원.

을 반복한다. 그로 인해 역사가 오래되었다고 자처하는 데 비하여 종파로서 형태를 갖춘 것은 얼마 되지 않았고, 티송데쩬 왕 시기인 779년경 닝마파 최고의 사원인 삼예 사원이 건립된 이후 오랫동안 대규모 사원이 건립된 적이 없었다. 12세기에 들어와서도 장춥곌첸이 중앙 티베트에 네충 사원을, 또한 까담빠 데섹(1112~1192)이 캄 지방에 카흐톡 사원을 설립한 정도였다.

닝마파의 가르침이 절정기를 맞이한 것은 17세기 달라이라마 5세가 티베트를 통일하면서였다. 떼르뙨이기도 했던 달라이라마 5세는 닝마파를 존중했기 때문에 그의 비호 아래 대규모 닝마파 사원들이 차례차례 건립되었다. 1659년에는 릭진 아기왕뽀에 의해 도르제닥 사원이, 1676년에는 달라이라마의 닝마파 스승이면서 제자이기도 했던 매장교설 발굴자 떼르닥링빠(1646~1714)에 의해 민될링 사원이 잇달아 중앙 티베트에 건립되었다. 또한 캄 지방에는 1665년 릭진 꿴상셰랍에 의해서 뺄윌 사원이, 1685년에는 족첸 뻬마 릭진에 의해 족첸 사원이, 1735년에는 세첸 랍잠빠에 의해 세첸 사원이 건립되었다. 이들 중에서 네충 사원을 제외한 6개 사원은 닝마파 6대 사원으로 알려져 있다.

1951년 중국의 티베트 침공 때 닝마파 사원들은 모두 파괴되었으며 고승들은 인도로 망명을 했다. 현재 달라이라마 정권 소속의 무당이 주지로 있는 네충 사원은 다람살라에, 뻴월 사원은 마이소르에, 민될링 사원은 데라둔에, 도르제닥 사원은 심라에 재건되었다.

한편, 중국에 남아 문화혁명시기를 버텨낸 고승들도 있다. 떼르뙨 쇠겔의 전생(轉生)인 직메 퓐촉(1933~2003)은 동부 티베트의 골록(四川省 甘孜州 色達縣)에 라룽가르 사원(Larung Gar Buddhist Institute, 일명 세타 곰파)을 부흥시켰다. 이 사원에는 고승의 명성을 좇아 많은 수행자들이 몰려들어 승려가 8천 명에 달했고, 그래서 마치 번화가 같은 인상을 줄 정도였다.(중국인 신자도 천 명가량 있었다.) 중국정부는 갑작스런 거대한 커뮤니티 출현에 당황하지 않고, 직메 대사에게 중국정부의 직위를 주어 체제에 편입시키려고 했다. 그러나 대사는 이를 계속해서 거부했기 때문에 결국 2001년, 중국정부는 라룽가르 사원에 침입하여 승방들을 파괴하고 대다수 승려를 강제로 쫓아냈다. 이 사원에는 서양인도 체류하고 있었는데, 결국 이들을 통해서 이 사건이 외부세계에 널리 알려졌으며, 중국정부의 종교탄압 행위는 전 세계로부터 비난을 받았다. 승려 커뮤니티가 중국정부의 명령을 무시하고 성장했던 것과, 동부 티베트 산간벽지에서 일어난 탄압사건이 전 세계에 보도된 것 등은 티베트 불교의 저력을 보여주는 뉴스라고 할 수 있다.

민될링 사원 본당은 문화혁명시기에 곡물창고로 이용되었기 때문에 파괴를 면했으며, 당시 닝마파의 지도자 딜고켄쩨의 요청으로 1985년 중국 당국에 의해 민될링 사원에 반환되었다. 현재는 수십 명의 승려들이 상주하며 재건을 도모하고 있다. 또한 카흐톡 사원도 동부 티베트의 고산지대에 위치하여 중국정부의 감시의 눈을 피하기 쉬웠기 때문에 재건이 이루어지고 있다고 한다. ▲이시하마 유미코

5장
성스러운 수도 라싸

라싸라는 곳은 고대왕조를 연 송쩬감뽀 왕을 지금까지도 강하게 상기시키는 도시이다. 라싸의 중심에 위치한 조캉 사원(大昭寺)과 라모체 사원(小昭寺)은 송쩬감뽀 왕의 두 왕비가 세웠다고 전해지며, 각각의 본존불은 왕비들의 고향인 당과 네팔에서 모셔왔다고 하는 유서 깊은 불상이다(3장 참조). 또한 라싸 시가지를 내려다보고 있는 마르뽀리(붉은 산)는 일찍이 송쩬감뽀 왕이 궁전을 세웠던 곳이며, 대각선으로 마주 보이는 짝뽀리(철산)는 왕비의 궁전이 있었던 곳이다. 이처럼 개국군주를 떠올리게 하는 라싸는 티베트 역사에서 언제나 성지로 추앙받았으며, 특히 17세기에 달라이라마 5세가 송쩬감뽀 왕의 환생으로서 마르뽀리 언덕에 뽀딸라 궁을 건설한 후부터 이곳은 명실 공히 티베트의 수도로 알려지게 되었다.

라싸는 정신적인 면에서 보더라도 티베트의 중심에 위치한다. 네팔 출신의 송쩬감뽀 왕의 왕비 티쭌은 티베트에 사원을 지어야겠다고 생각하여 사원을 세우기에 적당한 곳이 어디인지 알아보기 위해, 팔괘에 정통한 중국 출신 왕비에게 점을 쳐서 알려달라고 부탁했다. 그러자 중국 출신 왕비는 다음과 같이 말했다.

"이 티베트 왕국은 나찰녀가 누워 있는 모습이라고 알려져 있습니다. 이 오탕이라는 호수는 나찰녀의 심장에 해당한다고 합니다. 세 곳의 성스러운 산(마르뽀리, 방마리, 짝뽀리)들은 나찰녀의 가장 중요한 뼈들에 해당한다고 합니다. 이 라싸라는 곳은 나찰녀의 심장에 위치하기 때문에 그 호수를 메운 뒤 그 위에 사원을 세우지 않으면 안됩니다. 또한 나찰녀의 움직임을 끊기 위해서는 두 어깨

조캉 사원의 본존불인 석가12세상.

와 두 발의 뿌리에 해당하는 곳에 네 개의 사원을 세워야 합니다. 그렇게 해도 움직임이 끊어지지 않는다면 두 무릎, 두 팔꿈치 네 곳에 네 개의 사원을 세워야 합니다. 그래도 움직임이 있다면 두 손바닥과 두 발바닥의 네 곳에 네 개의 사원을 세우는 것이 좋습니다."

그래서 송쩬감뽀 왕은 나찰녀의 팔 다리 열두 곳에 열두 개의 사원을 세워 그 움직임을 막았으며 마지막으로 심장에 해당하는 오탕 호수를 메워서 조캉 사원을 완성했다. 이렇게 하여 티베트는 평화로운 불교의 나라로 번영하게 되었다.

이런 에피소드는 분명히 표면적인 것 이상의 의미를 내포하고 있다. 우선 티베트에 걸쳐서 누워 있다던 나찰녀는 불교 도입 이전 번뇌에 가득 차 광폭했던 티베트인의 마음을, 또는 지역마다 분열되어 대립했던 암울한 시대를 암시하는 것으로, 이것이 사원 건립에 의해 서서히

조캉 사원의 송쩬감뽀 왕 조상.

진압되었다는 것은 티베트인의 마음이 불교에 감화되어 서서히 변해간 과정을, 혹은 각 지역이 고대왕국에 의해 통일되어가는 과정을 상징한다고 할 수 있다. 또한 티베트에서는 뼈는 아버지로부터, 피는 어머니로부터 물려받는다고 생각하기 때문에 나찰녀의 가장 중요한 뼈에 해당하는 마르뽀리 언덕에 송쩬감뽀 왕이 궁전을 건립한다는 것은, 티베트의 국부(國父)가 나찰(羅刹)의 개념에서 불교의 남성원리를 채택하여 변형시킨 것을, 또한 가장 중요한 피인 오탕 호수에 네팔 출신의 왕비가 사원을 세운다는 것은 국모(國母)가 나찰의 개념으로부터 불교의 여성원리를 채택하여 변형시킨 것을 상징한다. 이렇게 하여 티베트는 정신적인 면에서, 나찰의 나라에서 불교의 나라로 다시 태어나게 되었다. 결국 라싸의 시가지는 말 그대로 티베트의 심장부에 해당하며, 이곳에서 불교가 번영할 때에는 티베트 전 지역의 평화가 보장되지만, 그렇지 못하여 불교가 쇠퇴하고 나찰녀가 다시금 사납게 부활하면 티베트에는 불안과 전란의 날들이 찾아오게 된다고 한다.

그러므로 송쩬감뽀 왕이 세웠다고 하는 12곳의 사원과 라싸의 조캉, 라모체 두 사원, 그리고 마르뽀리 언덕 등은 성지로서 숭배되고 있으며, 티베트인은 그 사원들에서 불교의 번영을 위해 노력하고 있다. 역대 위정자들이 송쩬감뽀 왕 시대의 고찰들에 대한 장엄(莊嚴, 장식을 하는 것)이나 중수(重修)의 정도를 국가 안녕의 척도로 여겨왔다는 사실 또한 이런 고찰들이 티베트의 운명을 좌우하고 있다고 생각했음을 반영한다고 할 수 있다.

달라이라마 5세가 17세기에 티베트 전역을 다스릴 때도, 우선 나찰녀의 팔과 다리 위에 세워졌던 12개 사원을 재건했으며, 조캉 사원 또한 중수하여 성대한 공양의식을 행했다. 또한 달라이라마 5세 다음으로 위대한 지도자라 불리는 달라이라마 13세도 1913년 독립을 선포했을 때 우선 고대왕조시기의 사원들에 대한 재건을 가장 먼저 선언했다.

조캉 사원의 본존불은 송쩬감뽀 왕의 중국 출신 왕비가 7세기에 중국에서 가지고 왔다고 하는 석가12세상(釋迦12歲像)이다. 이 자그마한 등신불을 모신 감실(龕室)은 역대 왕후들이 봉납한 현란한 후광과 화려한 보석왕관들로 빈틈없이 장식되어 있어서 숨이 차오를 정도이다. 또한 이 불상 왼쪽에는 불상 다음으로 불자들을 모여들게 하는 관음보살상 랑쬔아덴이 모셔져 있다. 이 관음상은 송쩬감뽀 왕의 기원의 힘에 의해 8대 성지의 흙과 같은 '5개의 성물(聖物)이 모여'(아덴), '자연에서 저절로 생겨난 것'(랑쬔)이라는 의미로 랑쬔아덴이라는 이름을 얻게 되었으며, 송쩬감뽀 왕의 두 왕비는 임종시 랑쬔아덴에 녹아 들어갔다고 알려져 있다. 현재 조캉 사원에서 볼 수 있는 랑쬔아덴은 문화대혁명시기에 파괴된 것을 복제한 것이며, 그 당시 파괴된 랑쬔아덴의 파편은 외국으로 밀반출되었다가 현재 다람살라에 재건되어 있는 랑쬔아덴의 조상 내부에 모셔져 있다고 한다.

라싸의 거리는 이와 같은 석가12세상을 정신적 중심으로 하여 3중의 환상(環狀) 순례로로 둘러싸여 있다. 첫 번째 안쪽의 순례도는 소캉 사원의 본당을 일주하는 낭꼬르(內環巡禮路)이며, 순환로를 따라 마니

1부 성자들의 티베트

두 사진은 마니차가 늘어서 있는 낭꼬르.

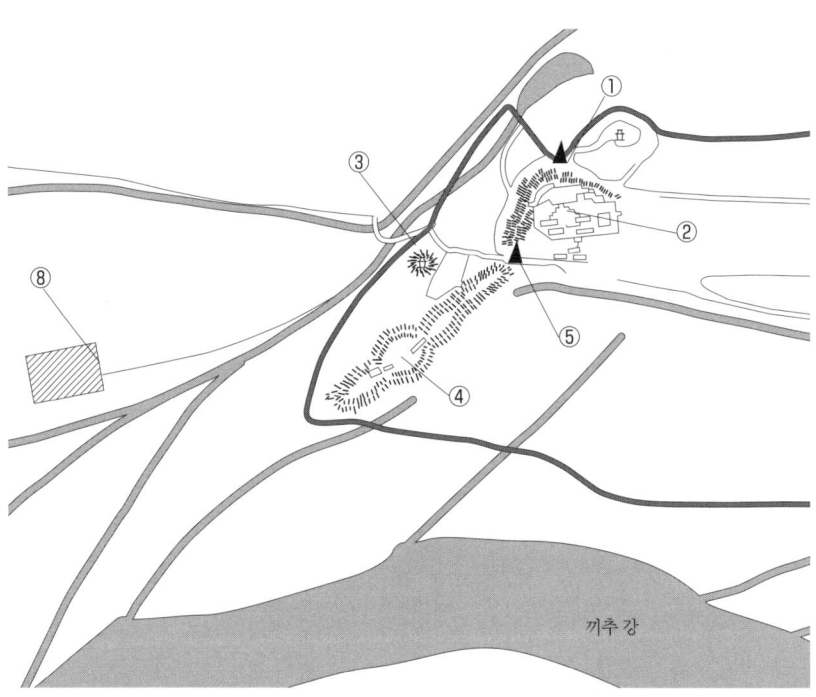

옛 라싸. ① 마르뽀리(붉은 산) ② 뽀딸라 궁(송쩬감뽀 궁 유적) ③ 빵마리 ④ 짝뽀리(철산) ⑤ 빨고까린
⑥ 라모체 사원 ⑦ 조캉 사원 ⑧ 노르부링카

5장 성스러운 수도 라싸

조캉 사원 정문 앞에서 오체투지(五體投地)를 하고 있는 사람들. 문 앞의 돌바닥이 사람 모양으로 닳아 있다.

다람살라의 망명정권이 재건한 랑첸아덴.

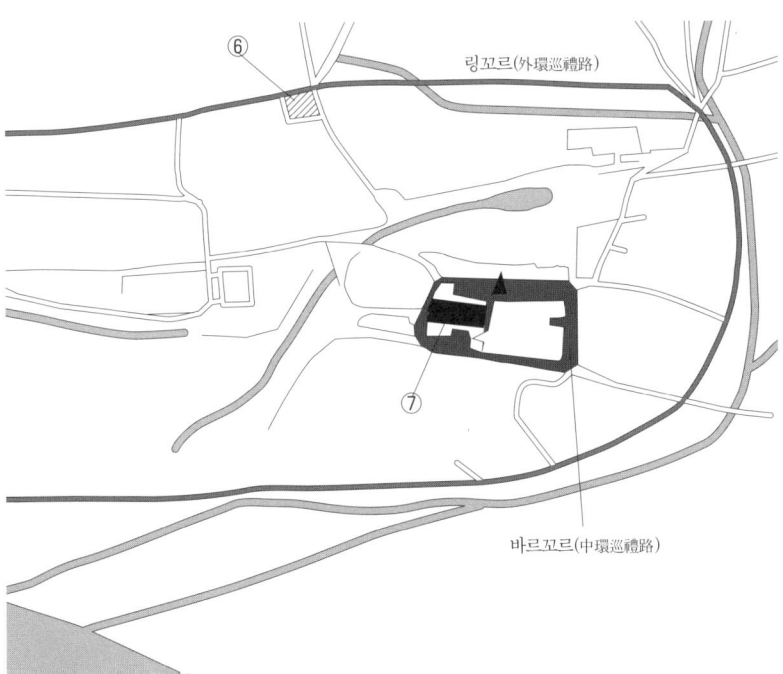

Lhasa and its mysteries with a record of the expedition of 1903~1904 (Waddell, L.A., John Murray, 1905)에 기초하여 작성.

단제에린(丹傑林)거리를 순찰하는 무장경관들. 거리 곳곳에 감시 카메라가 설치되어 있다.

차가 빼곡하게 늘어서 있다. 그 바깥쪽으로 조캉 사원의 외벽 주변을 한 바퀴 도는 길이 바르꼬르(中環巡禮路)이다. 라싸 제일의 번화가인 이곳에는 불교용품이나 경전 등을 판매하는 상점들이 줄지어 있다. 예전에는 티베트 불교 최대의 연중행사인 묀람 축제가 절정에 달한 날, 이 바르꼬르 거리에 형형색색의 공양 또르마(공양에 쓰이는 버터 세공)를 가득 늘어놓고서 달라이라마가 감상할 수 있도록 했다고 한다.

마지막으로, 순환로 중에서 가장 바깥쪽에 위치한, 뽀딸라 궁을 포함한 라싸 시가지 전체를 일주하는 링꼬르(外環巡禮路)이다. 붓다의 탄생, 성도, 입멸의 성스러운 사가다와 달(양력으로 6월경)에는 조캉 사원의 불상에 예불을 드리기 위해 티베트 각지에서 순례자들이 라싸로 모여든다. 순례자들은 이 성스러운 달에 선행을 하기 위해 세 순례로를 반복해서 돌며, 복 받지 못한 자들을 위해 희사를 하기도 한다. 그렇기 때문에 구걸하는 사람들까지도 라싸로 모여들어 사가다와 달의 15일에는 순례로 길가에 거지들의 행렬이 이어진다. 낭꼬르와 바르꼬르는 지금도 밤낮으로 순례자들이 끊이지 않고 있으나, 링꼬르는 자동차 도로에 의해 여러 곳이 끊겨버려 하나의 순례로로 이용하기 어렵게 되

5장 성스러운 수도 라싸

었다.

1951년에 라싸를 중국군이 침공한 이후 라싸의 길들은 많이 변했다. 예전에 라싸 주민들이 소풍을 가곤 했던 서쪽 교외에는 사회주의 중국식의 거리가 들어섰고, 해마다 확장을 계속하고 있다.

'시짱 개정 40주년'(西藏改定40周年)을 기념하여 2001년에 뽀딸라 궁 앞 광장에 세워진, 히말라야를 형상화한 기념물.

한편, 전통적인 라싸 거리는 관광지로 정비되어 급속히 옛 모습을 잃어가고 있다. 예컨대 뽀딸라 궁 앞 평원에 있었던, 뽀딸라 궁에 법구(法具)나 승복 등을 봉납하는 직공들의 마을이었던 쇨은 '세계문화유산보호'라는 명분으로 1997년 중국정부에 의해 철거되었다.

1999년, 중화인민공화국 수립 50주년이자 '티베트 동란' 40주년을 기념하기 위해서 뽀딸라 궁 앞 광장에서는 소수민족 대운동회가 열렸다. 이 운동회 도중에 따쉬체링이라는 이름의 티베트 남자가 오성홍기(五星紅旗, 중국국기)를 끌어내리고 티베트 독립시기의 티베트국기를 게양하려다가 체포되었다. 따쉬체링은 체포 당시 몸에 두르고 있던 폭약에 불을 붙이려다 실패했는데, 며칠 후 머리에 난 상처 때문에 사망했다고 한다. 이 사건이 여실히 보여주듯이 현재 뽀딸라 궁 앞 광장은 중국정부의 공식행사가 열리는 정치적 공간이 되어 일반 티베트인의 생활과는 유리되어버렸다고 할 수 있다.   ▲이시하마 유미코

6장
세계종교로의 길: 후기전파불교 총론

고대왕조 최후의 왕 랑다르마(841~846년 재위)가 사망한 뒤 그의 두 아들에 의해 왕조는 동서로 분열되었으며, 왕실의 지원 덕분에 번영했던 불교 또한 급속히 쇠퇴하게 되었다. 그러나 10세기 이후 다시 승단들이 부활하여 경전의 번역이 이루어지고, 인도에서 성자들이 초빙되어 사꺄파·까귀파·겔룩파 등의 종파가 새롭게 성립되었는데, 티베트인은 10세기 이전, 즉 랑다르마 왕 이전의 국가 불교시대를 아다르(전전[前傳]불교 시기), 이후의 종파 불교시대를 치다르(후전[後傳]불교 시기)라고 하여 구별하고 있다(13장 참조).

티베트 왕가가 동서로 분열된 뒤 서쪽 왕가의 랄라마 예셰외는 불교 부흥의 염원을 품고 티베트의 젊은이들을 불교 선진지역이었던 카슈미르에 유학을 보냈다. 그들 중에서 위대한 역경(譯經)학자 린첸상뽀(958~1055)와 옥 렉빼셰랍 등이 배출되었는데, 전자는 서부 티베트에 토딩 사원과 타보 사원을, 후자는 1073년 중앙 티베트에 상푸 사원을 건립하여 경전번역을 행했다.

랄라마 예셰외는 만년에 가르록족의 포로가 되었는데, 가르록족은 몸값으로 예셰외와 같은 무게의 금괴를 요구했다. 신하들은 열심히 금을 모았지만 예셰외의 머리 정도의 금이 모자랐는데, 예셰외는 그 금괴를 인도에서 고승을 초빙하는 비용으로 쓰라는 유언을 남기고 죽었다. 그리하여 1042년에 인도에서 초빙된 승려가 비크라마실라 사원의 주지 아띠샤(982~1054)였다. 아띠샤는 티베트인의 요구에 부응하여 『람된』(깨달음의 길을 비추는 등)이라는 책을 저술했는데, 이 책에 묘사되어 있는 수행과정은 이후에 생겨난 티베트 불교 각 종파에 도입되었다(17장 참조).

이 책에서 아띠샤는 불도(佛道)에 뜻을 두는 사람들을 그 동기의 높고 낮음에 따라 세 단계로 나누었다. 가장 뜻이 낮은 사람(下士)이란, 윤회 중에 행복을 구하기 위해 불도에 뜻을 둔 사람을 가리킨다. 중간 정도의 뜻을 지닌 사람(中士)이란, 윤회가 고통으로 가득 차 있다는 사실을 이해하여 그 윤회에서 벗어나려고 하는 사람을 가리킨다. 마지막으로 가장 뛰어난 동기를 지닌 사람(上士)이란, 자신을 위하기보다 타인을 고통에서 구하기 위해 불도에 뜻을 둔 사람을 가리킨다. 아띠샤는 마지막의 가장 뛰어난 동기를 지닌 불도에 뜻을 두어야 한다는 것을 이야기하면서, 계율에서 시작하여 육바라밀(六波羅蜜, ☞ 용어해설 14)을 수행하고, 마지막으로 밀교 수행을 함으로써 부처의 경지에 이르는 수행과정을 주장했다.

아띠샤는 '쿠·옥·돔숨'(쿠·옥·돔 세 제자)이라고 불리는 쿠뙨, 옥, 돔뙨을 위시한 티베트인 제자들을 다수 두었는데, 그 중에서 가장 유명한 돔뙨은 라뎅 사원을 건립했으며 그곳에 모여든 제자들은 아띠샤의 사상을 체계화하여 까담파라고 불리는 승단으로 발전시켰다. 후전불교시기에 들어서서 새롭게 등장한 사꺄파·까귀파·겔룩파 등의 여러 종파들은 많든 적든 간에 그 이론적인 측면에서 까담파의 영향을 받았으며, 특히 겔룩파는 까담파의 가르침을 쇄신하고 발전시켰기 때문에 신(新) 까담파라고도 불린다.

13세기에 쿠덴이 이끄는 몽골 군대가 티베트에 침입했으며, 사꺄파는 중국을 지배하고 있던 몽골 세력(元朝)과 손잡고 그 군사력을 배경으로 티베트를 지배했다. 이 시기에 티베트 불교권은 처음으로 몽골지역까지 확대되어 원의 수도인 대도(大都)에는 티베트 불교사원들이 들어섰으며 티베트 본토 또한 크게 번영했다. 그 후, 1368년에 몽골인이 중국에서 쫓겨나자 원조는 붕괴하고 사꺄파의 지배도 종식되었으며 티베트의 패권은 까귀파 계열의 집단에게 넘어가게 되었다. 파모두 까귀파의 지배가 약 100년 정도 이어진 후, 링뿡 까귀파가 1453년부터 1565년에 이르는 4세대 동안 그 뒤를 이었으며, 이후에는 짱 지방의 군주가 1566년부터 1641년까지 3대에 걸쳐 티베트를 지배했다. 짱 지방의 왕은 까르마 까귀파를 후원했기 때문에 이 또한 까귀파 계열의 정권이라고 할 수 있다. 요컨대 사꺄파 정권 이후 까귀파 계열의 정권이 290년 가까이 이어져 간 것이다. 이와 동시에, 원을 무너뜨린 한족(漢族) 정권 명(明)은 군사적으로 약체였기 때문에 티베트 문제에 개입할 여력이 없었으며, 티베트 각 종파의 대표자들에게 각각 종교적 존호를 수여하여 종파들과 분할적인 관계를 맺을 뿐이었다.

  1642년, 오이라트(서몽골)의 구시 칸의 군사력을 배경으로 하여 겔룩파는 짱 지방의 군주를 폐하고 티베트를 제압했다. 겔룩파의 고승 달라이라마 5세는 고대왕국의 건국자 송쩬감뽀 왕의 환생이라고 자처하고 왕의 궁전이 있었던 것으로 전해져 온 마르뽀리 언덕에 뽀딸라 궁을 건설했으며, 티베트의 정치적·종교적 수장으로 군림했다. 달라이라마 정권이 성립한 직후인 1644년, 중국에서는 만주족이 한족 왕조인 명조를 정복하고 청조를 세웠다. 만주족은 건국 이전부터 몽골문화의 영향을 강하게 받아 티베트 불교를 존중해 왔기 때문에, 청조의 성립과 함께 티베트 불교는 다시 번영의 기회를 맞게 되었다. 달라이라마 정권과 청조라고 하는 두 개의 안정된 정권과 더불어 티베트 불교는 300년 동안 확장을 계속했으며, 20세기 초까지 시베리아의 부랴트족으로부터 볼가 강 하구의 토르구트족에 이르기까지 중앙유라시아의 몽골계 부족들에게 침투했다.

그러나 20세기가 되어 중앙유라시아에 사회주의 바람이 거세게 불어 닥치면서 환생 라

후전불교 시기의 대표적인 사찰 중 하나인 타보 사원. 현재는 인도 히마찰 프라데시 주에 속해 있다.

마들을 받들던 비무장국가들은 아주 간단히 주권을 상실하게 되었다. 1917년 러시아는 소련으로, 1924년 몽골은 몽골인민공화국으로, 청조는 1949년에 중화인민공화국으로 체제가 바뀌었고, 몽골인민공화국이든 중화인민공화국이든 예외 없이 자기 지역에서 티베트 불교를 무자비하게 탄압하기 시작했다. 소련과 몽골에서는 1930년대 스탈린 시대, 티베트에서는 1950년부터 1976년까지 마오쩌둥 시대에 '반동분자' 소굴이라고 낙인찍힌 사원들이 포격을 받아 흔적도 없이 사라졌으며, 승려들은 강제로 환속당하거나 옥사하여 티베트 불교의 커뮤니티는 완전히 파괴되었다.

이런 흐름에 유일하게 저항한 이가 달라이라마 14세였다. 달라이라마는 1959년 인도로 망명을 했으며 많은 티베트인이 그 뒤를 따라 인도, 네팔, 부탄 등에서 난민생활을 하고 있다. 달라이라마는 경제적으로 어려운 난민사회를 목전에 두고서도, 우선 티베트 불교의 전통유지를 망명정부의 가장 중요한 사업으로 여기고 있다. 건물이나 경전은 잃었어도 사람과 조직은 남아 있다. 티베트인의 정체성이 붕괴되지 않게 하기 위해서도 티베트 불교의 유지는 급선무였다. 달라이라마 14세를 비롯하여 주요 종파의 지도자들은 세계 각지에 흩어져서 티베트 불

교 포교를 시작했으며, 이와 동시에 티베트 문제에 대한 이해를 촉구했다. 이윽고 물질문명에 염증을 느낀 유럽이나 미국의 젊은이들이 티베트 불교라는 정신문화의 포로가 되었으며, 서양인의 지원에 힘입어 인도나 네팔에 차례로 유서 깊은 사원들이 재건되었다. 이제는 세계 각국의 거의 모든 주요 도시에 티베트 불교 포교센터가 있으며, 티베트 불교의 역사는 세계적인 규모로 계속해서 전개되어 나가고 있다.

티베트 불교는 이렇듯 역사를 통틀어 그 시대의 가장 부유한 세계적인 제국들을 상대로 포교를 하고 그 제국의 지원을 받아 불교의 전통을 유지해 왔다. 처음에는 몽골제국, 그 다음에는 대청제국, 그리고 현재는 미국인들이나 타이완의 화교들을 대상으로 하여, 티베트 불교는 늘 경제적으로 풍요로운 사람들의 정신을 함양시켜주고 그 반대급부로 경제적인 지원을 받아왔다. 한편, 잘 알려져 있듯이 현재 중국에서는 티베트 불교를 존중하고자 하는 태도를 찾아볼 수 없다. 그 이유로 한족이 세계의 중심이라는 중화사상을 거론하는 경우가 많은데, 그것이 이유라면 타이완이 티베트 불교를 지원하는 이유를 설명할 수 없다. 타이완과 중국은 같은 민족이지만 그 체제는 다르다. 그렇다면 중화인민공화국과 티베트 불교가 잘 어울리지 않는 이유는 민족성에 있다기보다는 사회주의체제에 있다고 할 수 있겠다. 여기에서 생각할 수 있는 것은 사회주의체제의 빈곤이다. 티베트 불교 측에서 보면 사회주의정권은 티베트 사원들을 지원해줄 충분한 경제력도 없으며 불교를 이해하는 정신적인 여유도 갖추고 있지 못한, 어느 면에서도 불필요한 존재일 뿐이다. 달라이라마 14세를 시작으로 많은 티베트인이 중국 밖으로 망명을 하게 된 배경을, 티베트 불교가 빈곤한 중국을 단념하고 새로운 불교 옹호자를 찾아 국외로 나섰다고 해석하는 견해도 있음을 간과해서는 안될 것이다.

현재 중국 국내에 출판된 고승전(高僧傳)들에서 망명한 승려들을 어떻게 표현하고 있는지 확인해보면, 예컨대 까르마빠 16세(48장 참조)의 죽음에 대해서 '미국에서 포교 중 사망'이라고 기록하여 '망명'을 '해외포교'로 바꾸어 이야기하고 있다. 이런 기술은 '사회주의정권에 반대한 망명'이라는 사실을 호도하기 위한 것이라고 이해할 수 있는데, 부유한 시주를 찾아 언제나 해외로 진출해간 티베트 불교의 일면을 담고 있기도 해서 매우 흥미롭다. ▲이시하마 유미코

7장
몽골제국을 사로잡은 티베트 불교: 사꺄파

티베트 불교의 4대 종파의 하나인 사꺄파는 조종(祖宗)인 퀸 꾄촉겔뽀 (1034~1102) 이래 지금에 이르기까지 꾄촉겔뽀의 자손들인 퀸 씨들이 종파를 이끌고 있다. 퀸 씨의 역사는 매우 오래되었는데, 그 선조는 고대에 하늘로부터 강림한 천인(天人)이었다고 하며, 8세기에 티베트 최초의 출가자 7인 중 한 명인 퀸 루이겔첸 또한 그 이름에 나타나듯이 퀸 씨였다. 이렇게 유서 깊은 집안 출신이었기 때문에 꾄촉겔뽀는 고대왕조시기의 밀교를 신봉했지만, 하루는 시장 한가운데서 28명의 밀교 승려들이 가면을 쓰고 어지러운 춤을 추는 것을 보고, 새로운 인도 밀교를 배울 필요성을 통감하여 독미 역관(譯官)을 찾아가 인도의 비루파가 설한 '람데'(道果說)를 배웠다.

1073년, 꾄촉겔뽀는 그곳에서 배운 새로운 밀교를 실습하기 위해서 중앙 티베트의 서부인 짱 지역에 사원 하나를 건립했다. 세워진 곳이 하얀 빛이 나는 흙으로 이루어진 지역이었기 때문에 사꺄(하얀 땅) 사원이라고 불렀는데, 이는 그 종파 명칭의 유래가 되었다. 사꺄파 철학의 중심을 이루는 '람데'는 밀교경전 『헤바즈라 딴뜨라』에 설명되어 있는 헤바즈라의 경지를 실현하기 위한 밀교철학이다. 이 철학은 윤회도, 열반도 모두 의식으로부터 생겨난 것으로 본래 동일한 것임을, 다시 말하면 무명(無明)*인 사람의 의식에 있어서는 윤회의 형태를 취하는 것이, 번뇌로부터 해탈한 상태에서는 열반할 수 있는 것임을 말한다.

'람데'는 뀐촉겔뽀의 아들인 뀐가닝뽀(1092~1158)와 그의 두 아들인 쇠남쩨모와 닥빠겔첸에게 전수되었다. 그리고 그 후에 등장한 조카(뀐촉겔뽀에게는 손자)인 사꺄 빤디따(1182~1251)에 이르러서 사꺄파는 정치 및 학문적으로 큰 도약을 했다. 사꺄 빤디따는 인도, 네팔, 카슈미르 등지를 차례로 방문하고 현교(顯敎) 학문

명대(明代)에 사꺄 빤디따를 기념하기 위해 세운 백탑. 중국 란저우(蘭州)에 있다.

(논리학, 산스크리트의 수사학, 점성학 등)을 연구하여 빤디따(대학자)라는 칭호를 얻게 되었기 때문에, 사꺄 빤디따에 이르러 사꺄파에서는 밀교의 '람데'와 나란히 현교 학문의 전통이 시작되었다. 또한 사꺄 빤디따는 만년에 성공적으로 몽골 포교를 이루어냈기 때문에, 이후 사꺄파는 계속해서 몽골정권의 후원 아래 약 100년 동안 티베트에 군림하게 되었다. 다음은 그 경위에 대한 설명이다.

사꺄 빤디따의 만년에 쿠덴이 이끄는 몽골 군대가 티베트를 침공하여 "최고의 성자를 몽골 궁정에 보내라. 그렇지 않으면 군대로 티베트를 유린할 것이다"라고 통지했다. 그리하여 1244년, 사꺄 빤디따는 티베트를 위기에서 구하기 위하여 어린 조카 팍빠(八思巴, 1235~1280)와 착나를 데리고 몽골 궁정을 향해 포교여행에 나섰다. 사꺄 빤디따는 포교 도중에 객사했지만 남은 두 조카는 몽골궁정에서 활동을 계속

---

* 잘못된 의견, 집착으로 인해 깨달음을 얻지 못하는 마음의 상태.

팍빠 문자의 발음을 한자로 표시한 텍스트(『新編元代八思巴文字百家姓』에서).

했다. 팍빠는 몽케 칸의 어전에서 벌어진 논쟁에서 도교 도사를 압도하는 등의 일로 서서히 이름이 알려졌으며, 1260년에는 몽케 칸의 동생인 쿠빌라이 칸이 즉위하자 국사(國師)에 임명되었다.

쿠빌라이 칸은 머지 않아 중국 전토를 정복하고, 그 부를 배경으로 강대한 제국인 원을 세웠다. 팍빠는 이런 쿠빌라이의 왕권을 티베트 풍으로 연출해냈는데, 원조의 번영을 기원하여 제국의 수도인 대도(大都, 현재의 베이징)에 티베트 양식의 불탑을 건립하기도 했다. 또한 팍빠는 원 내부에서 사용되는 여러 언어들을 글로 남기기 위해서 이른바 팍빠 문자를 만들어냈는데, 이는 원조의 공용문자로서, 비문이나 공문서 등에 적합한 정방형이었으며 내려쓰기 형식이었다. 이 문자는 동양의 로제타 비문이라고 불리는 거용관(居庸關) 비문에도 새겨져 있으므로 만리장성을 관광할 기회가 있으면 꼭 찾아볼 필요가 있다. 쿠빌라이 칸 일족의 지원을 받아 사꺄파는 티베트에서도 전성기를 맞이했는데, 퀸 씨 일족을 필두로 한 사꺄파는 제사(帝師)나 국사(國師)를 배출했으며, 팍빠의 동생 착나 또한 원 귀

7장 몽골제국을 사로잡은 티베트 불교: 사꺄파

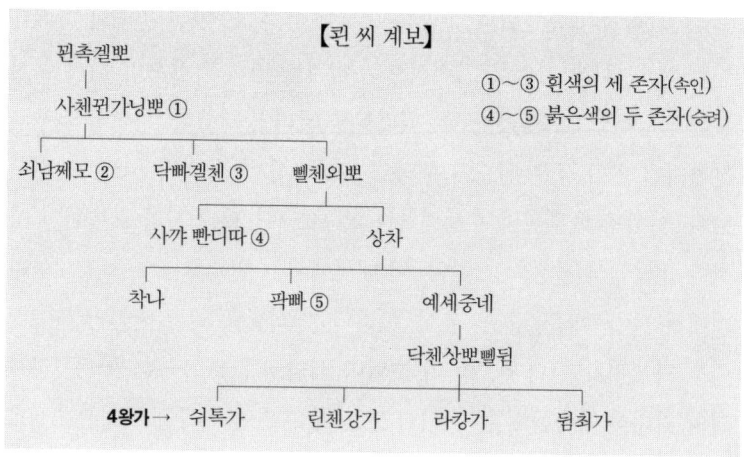

족의 딸을 하사받고 왕에 책봉되었다.

 꾄가닝뽀부터 팍빠에 이르기까지 5명의 사꺄파 좌주(座主, 티진)는 '사꺄의 다섯 조상'이라고 불리는데, 처음의 꾄가닝뽀와 쇠남쩨모, 그리고 닥빠곌첸 세 명은 속인이었기 때문에 '까르뽀남숨'(흰색의 세 존자)으로 불리며, 사꺄 빤디따와 팍빠는 주홍색의 법의(法衣)를 입었기 때문에 '마르뽀남니'(붉은색의 두 존자)로 불리며 추앙받고 있다. 사꺄 빤디따 동생의 손자들 15명 중에 장남인 제사(帝師) 꾄로(1299~1327)까지는 좌주가 사꺄파 전체를 총괄해 왔지만 꾄로의 네 형제들이 각각 쉬톡·린첸강·라캉·뒴최의 4포당(王家)을 세우는 바람에, 그 이후 사꺄파 좌주의 권력은 축소되어갔다. 이 4왕가 중에서 앞의 셋은 오래지 않아 소멸했으며, 마지막으로 남은 뒴최 왕가는 15세기에 둘로 나뉘어 현존하는 될마 궁, 퓐촉 궁의 두 왕궁이 성립했다. 사꺄파의 좌주는 두 왕궁의 지도자가 교대로 맡는 것이 관례였는데, 현재 사꺄파 좌주는 될마 궁 출신의 제41대 사꺄파 좌주 아왕꾄가 텍첸 린뽀체(1945~)이다. 퓐촉 궁의 지도자를 맡고 있는 닥첸 린뽀체(1929~)는 1974년 미국 시애틀에 사꺄 텍첸 최링 사원을 창건하여 미국을 본거지로 하여 세계적 규모의 포교활동을 하고 있다. 1959년 중국의 티베트 침략 이후, 사꺄 사원은 기적적으로 파괴를 면하긴 했으나 사꺄파 전통을 담당했던 고승들은 모두 티베트를 떠나 망명했다. 사꺄파 좌주의 본거지인 될마 궁은 인도의 우타르 프라데시 주의 라지푸르로 이전했으며, 사꺄파 학문이나 수행의 전통은 1972년 같은 지역에 세워진 사꺄파 대학에서 전승되고 있다. 이 대학에서는 현교(顯敎) 관련 교육과정에서 반야, 계율, 중관, 유식, 논리학, 인식론 등의 일반적인 불교철학을 가르치고 사꺄 빤디따나 고람빠 쇠남셍게(1429~1489) 등 사꺄파의 위대한 학승들이 쓴 논리학 또는 계율 관련 저작들을 기본교재로 사용하며, 밀교 교육과정에서는 '헤바즈라존' '착라산바라존' '마하카라존(대흑천)' 등을 본존으로 하여 사꺄파의 교리가 전수되고 있다.

다음은 사꺄파 내의 분파에 대해서 알아보자. 사꺄파에는 '사·오·찰 숨'(사꺄·오르·찰 세 파)으로 불리는 오르파와 찰파라고 하는 두 개의 분파가 있다. 오르파는 오르첸 뀐가상뽀(1382~1456)를 종조(宗祖)로 추앙하며 오르첸이 1429년에 건립한 오르 사원을 근거지로 한다. 이 사원은 엄격한 계율 수호의 전통으로 유명하며, 여성(비구니 포함)이나 속인을 가급적 가까이 하지 않는다. 캄 지방의 "남자인지 여자인지의 구별은 오르 사원 안에서 확실해진다"라는 속담은, 비구니든 아니든 여성을 오르 사원 안에 들일 수 없다는 오르파의 엄격한 전통을 대변한다고 할 수 있다. 오르 사원은 중국 당국에 의해 파괴되었기 때문에 인도의 우타르 프라데시 주의 만두왈라에 재건되었다. 현재 오르파의 좌주는 제75대 오르 루딩켄첸린뽀체이다.

사꺄파의 또 다른 분파는 차르첸 로셀갸초(1502~1566)에 의해 창시된 찰파이다. 찰파는 그 분파에서만 전승되는 '찰의 황금13법'을 중시하는데, 이 법은 예전에는 롱뙨 세자뀐릭(1367~1449)이 1425년에 중앙 티베트의 펜윌에 건립했던 나란다 사원에서 전승되었다. 달라이라마 5세 또한 이 분파의 승려인 괸뽀 쇠남촉덴을 통하여 찰파의 교리를 배우기도 했다. 나란다 사원에서는 논리학과 밀교의 2대 학당이 있으며, 현교학당에서는 다른 사꺄파 사원들과 동일한 교육과정을 가르치고, 밀교학당에서는 찰의 황금13법을 신봉하고 있다. 현재, 찰파의 좌주는 제26대 초게 티첸 린뽀체(1920~)이다. 그는 네팔의 카트만두에 따쉬랍땐 링을, 또한 붓다의 탄생지인 룸비니에 잠첸 라캉을 재건하여 찰파의 가르침을 계승하고 있다. ▲이시하마 유미코

8장
밀교 수행자의 커뮤니티: 까귀파

까귀파는 티베트 4대 종파의 하나로서 그 가르침은 인도의 위대한 요가 수행자 띨로빠(988~1069)에서 시작한다. 띨로빠는 오늘날의 방글라데시인 동 벵골 지역의 브라만 집안에서 태어났다. 그는 성인이 된 후 출가하여 사원에 들어가 사랴파, 밀교의 나가르주나, 마탕기 등의 스승들에게 배웠으며, 12년에 걸친 명상수행 끝에 깨달음을 얻었다. 띨로빠는 인도의 84명의 위대한 수행자 중 한 명에 속하는 요가 수행자가 되었고, 임종시 육체를 지상에 남기지 않았다고 한다. 그의 제자가 바로 나로빠(1012~1100)이다.

 나로빠는 위대한 요가 수행자 띨로빠를 찾아 여행을 하던 중 인도의 동부에 있는 한 사원에 들렀다. 그때 입성이 지저분한 한 노인이 주방에 들어가 살아 있는 생선을 불에 굽기 시작했다. 승려들이 노인에게 달려들어 물고기 살생을 막으려 하자 노인은 물고기를 물에 놓아주어 보자고 했다. 말한 대로 하니 불에 그슬렸던 생선이 갑자기 살아나서 유유히 헤엄을 쳤다. 이 광경을 본 나로빠는 이 노인이 자기가 찾고 있던 띨로빠임에 틀림없다고 생각했다. 그래서 나로빠는 띨로빠의 어떤 무리한 요구에도 응하면서 계속해서 띨로빠의 수발을 들었다. 그러던 어느 날, 마침내 띨로빠는 가르침의 오묘한 교리를 전수해주겠다고 하며 나로빠를 평원에 데리고 나가 기존 방식대로 만다라 공양(의식을 시작할 때 온 세상을 상징하는 만다라를 본존불에 공양하는 것)을 하도록 명령했다. 나로빠가 "여기에는 공양을 위한 꽃이나 물을 구할 수가 없습니다"라고 말하자, 띨로빠는 "너의 손가락을 꽃으로 하고, 너의 피를 물로 삼아 공양을 하라"고 명령했다. 스승의 말씀을 들은 나로빠는 자신의 손가락을 잘라 꽃처럼 늘어놓고, 자신의 피를 땅 위에 뿌려 만다라 공양을 시작했다. 그러자 갑자기 띨로빠는 신고 있던 진흙투성이의 신발을 벗어 나로빠를 기절할 때까지 계속 때렸다. 나로빠가 다시 정신이 들었을 때 그는 깨달음의 경지에 이르렀다고 한다. 이처럼 기행을 거듭하는 스승과 그에게 헌신적으로 봉사하는 제자라는 끈끈한 사제관계가 초기 까귀파 역사의 한 특징이라고 할 수 있다.

밀교 수행의 실천에 있어서 스승은 제자의 몸과 마음의 변화를 상세하게 관찰해 나가면서 요가 지도를 하기 때문에, 사제관계는 코치와 선수의 관계하고 유사한 맨투맨 관계이다. 한편 현교(☞ 용어해설4)는 불교사상 연구에 중점을 두기 때문에 사제관계는 대학의 교수와 학생의 관계하고도 유사하여 대량생산적인 특징을 지닌다. 따라서 밀교(☞ 용어해설4)를 중시하는 종파에서는 승원의 규모를 그렇게 크게 확장하는 경우는 없지만, 현교를 중시하는 종파는 대규모 승원을 이루는 경우가 많다. 까귀파는 전형적인 밀교집단이므로 일대일의 사제관계와 관련된 이야기들이 종파의 역사기술에서 많은 부분을 차지하고 있다.

까귀파의 가르침은 나로빠의 제자 마르빠(1012~1097)에 의해서 티베트에 전수되었다. 마르빠는 독미 역관과 함께 역경(譯經)의 수행을 쌓기 위해 인도를 세 차례, 네팔을 네 차례 방문하여 많은 밀교경전들을 티베트로 가져와 티베트어로 번역했다. 마르빠는 나로빠에게 여섯 가시 요가기법과 마하무드라의 법을 전수받아, 이를 제자 중에서 가장 뛰어났던 밀라레빠(1052~1135)에게 전수했다(15장 참조). 밀라레빠는 요가 수행자였기 때문에 사원을 건립하거나 저작을 남기지 않았으며, 아름다운 시가(詩歌)들을 노래하면서 평생 방랑생활을 했다. 그러나 밀라레빠의 가르침을 받은 닥뽀하제(1079~1153)는 그의 주요 저서인 『람림타르겐』(깨달음의 길을 수놓은 보석)에서 마하무드라와 나로빠로부터 유래한 여섯 가지 요가기법을 하나의 계보로 통합하고, 아띠샤의 『람된』(깨달음의 길을 비추는 등)의 수행체계와 융합시켜 까귀파의 이론을 확립했다. 그리하여 닥뽀하제의 2~3대째 제자들의 계통부터는 4대 분파와 8대 지파가 생겨났다.

4대 분파는 첼파, 까르마파, 바롬파, 파모두파를 말한다. 첼파는 닥뽀하제의 제자인 닥곰 췰팀닝뽀의 제자 샹 유닥빠쵠뒤닥빠(1123~1193)를 조종(祖宗)으로 하며 중앙 티베트의 궁탕 사원이 본산이다. 바롬파는 닥뽀하제의 제자인 바르꼬르 다르마왕축(1127~1199)이 조종이며 마찬가지로 중앙 티베트의 바롬 사원이 본산이다.

현재 4대 분파 중 가장 세력이 큰 것은 닥뽀하제의 제자인 까르마빠 뒤숨켄빠(1110~1193)를 조종으로 삼는 까르마파이다. 뒤숨켄빠의 환생자들은 이후에 겔와 까르마빠(승리자 까르마빠, 48장 참조)라는 이름으로 계속해서 전생(轉生)을 하여 까르마파의 지도자가 되고 있다.(기록상으로는 가장 오래된 전생 계보로 알려져 있다.) 또한 역대 겔와 까르마빠의 유명한 제자들인 샤말, 겔찹, 시뚜, 잠괸, 꽁뚤 등도 겔와 까르마빠와 함께 환생을 계속하여 죽음을 초월한 사제관계를 유지하고 있다. 이들 제자 격의 전생자들은 겔와 까르마빠가 죽은 뒤 그 전생자를 찾아내며, 그가 성인이 되어 즉위할 때까지 집단지도체제로 까르마파를 이끈다. 까르마파의 본산은 겔와 까르마빠 1세인 뒤숨켄빠가 1189년 건립한 추르푸 사원이다. 이 사원은 겔와 까르마빠가 시킴으로 망명한 후 중국에 의해 파괴되었다. 그러나 1981년 겔와 까르마빠가 중국 영내에서 전생했는데, 중국정부는 달라이라마 14세에 대항하기 위

8장 밀교 수행자의 커뮤니티: 까귀파

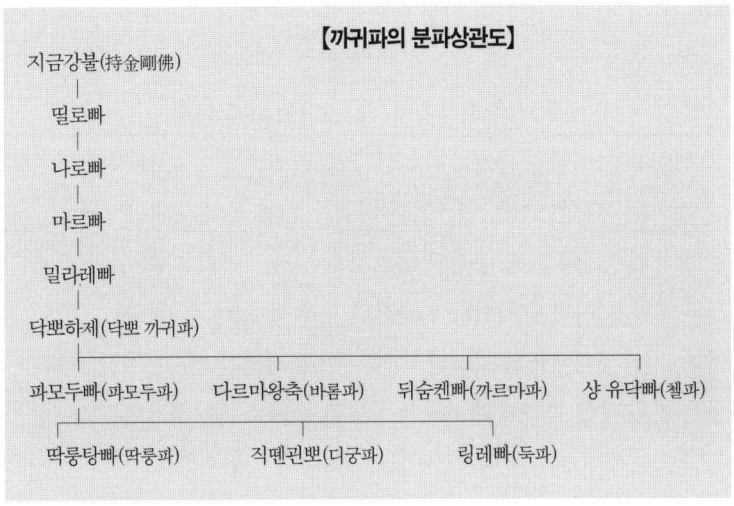

해 까르마빠 17세를 적극 지원하고 있다. 그 일환으로 추르푸 사원도 가능한 한 옛 모습으로 복원시켰다.

파모두파는 닥뽀하제의 제자 파모두빠 도르제겔뽀(1110~1170)를 조종으로 하며, 본산은 야루룽 계곡 입구에 있는 덴사 텔 사원이다. 8대 지파의 대부분은 파모두파에서 갈라져 나왔다.

8대 지파란 디궁파, 둑파, 딱룽파, 야상파, 토푸파, 슉셉파, 옐파, 마르창파를 가리킨다. 그 중에서 디궁 까귀파는 닥뽀하제의 제자 꼼빠직 뗀뀐뽀(1143~1217)를 창시자로 하며, 현재는 인도 데라둔에 주재하고 있는 7세 디궁 깝뀐체창(1946~)이 종파를 이끌고 있다.

또한 둑빠 까귀파는 파모두빠의 제자 링레빠 뻬마도르제(1128~1188)와 그 제자 짱빠갸레 예셰도르제(1161~1211)를 창시자로 삼고 있다. 본산은 처음에는 중앙 티베트의 남둑 사원이었는데, 나중에는 뀐켄 뻬마까르뽀(1527~1592)가 건립한 남부 티베트의 둑 상악최링 사원으로 옮겼다. 현재 이 종파는 인도 다질링에 주재하는 둑첸 린뽀체 12세가 통솔하고 있다. 티베트 불교문화권 내의 유일한 독립국가인 부탄은 이 종파의 승려인 샵둥 아왕남곌이 17세기 부탄에 이주하여 세운 정권이다.

한편, 딱룽 까귀파는 딱룽탕빠(1142~1210)에 의해 창시되었다. 예전에는 딱룽 사원을 근거지로 삼았지만, 현재는 망명 중인 샵둥 린뽀체가 종파를 이끌고 있다. 현존하는 까귀파 계열 종파는 위와 같으며, 마르창 셰랍셍게에 의해 창시된 마르창파, 파모두빠의 사촌 형인 린뽀체 곌차가 토푸 사원에 건립하여 창시한 토푸파, 옐빠 예셰쩩빠가 창시한 옐파, 츨킴셍게에게서 시작된 슉셉파, 예셰셍게가 창시한 야상 까귀파 등은 현재 다른 종파에 흡수되어 독립된 종파로 존재하지 않는다.

닥뽀하제가 창시한 닥뽀 까귀파와 나란히 까귀파의 양대 산맥을 이루고 있는 종파는 샹빠 까귀파이다. 샹빠 까귀파의 창시자인 대행자(大行者) 쿵뽀 넬조르(978~1079)는 네팔에서 아사리(阿闍梨, 관정(灌頂)을 주는 스승) 수마띠를 모시고 번역작업을 수행했으며, 또한 많은 수행자나 학자로부터 가르침을 받고 티베트로 돌아와 다끼니(☞ 용어해설17)의 예언에 따라 중앙 티베트의 예르샹에 샹슝 사원을 건립했다.

샹빠 까귀파의 주요 수행방법에는 '마하카라존'(大黑天), '짜끄라삼바라존', '헤바즈라존', '마하마야존', '구햐사마자(비밀집회)존' 등을 본존으로 모시는 것과 함께 '니구마의 여섯 가지 요가법' '마하무드라'와 관련된 것도 있다. 최근의 샹빠 까귀파의 대표적인 수행자로는 작고한 까르루 린뽀체(1905~1989)를 들 수 있다. ▲이시하마 유미코

9장
정연한 승단질서: 겔룩파

암도 출신의 위대한 학승 쫑카빠(1357~1419)를 종조(宗祖)로 삼는 겔룩파는, 티베트 불교 4대 종파 중에서 가장 늦게 성립되었음에도 불구하고 현재 승려 수가 가장 많은 종파이다. 달라이라마는 이 종파의 화신승(化身僧)이며, 달라이라마 5세가 1642년 티베트의 최고지도자가 된 이후 겔룩파는 티베트를 대표하는 종파로 알려지게 되었다.

쫑카빠(16장 참조)는 이론의 여지없이 티베트 불교를 대표하는 학승이다. 그는 불교의 각종 학파에 전승되는 철학적 견해들을 중관귀류논증파(中觀歸謬論證派, 12·19장 참조)의 관점에서 포괄적으로 해석한 철학을 탄생시켰으며, 그로부터 아띠샤가 창시한 수행단계에 근거하여 그 수행방법을 제시했다. 아띠샤의 수행학습과정은 계율을 엄격하게 지키는 것과 현교의 수행을 완전히 습득한 후에 마지막으로 밀교 수행을 해야 한다는 것 등을 강조하기 때문에, 이를 따르는 겔룩파의 승원은 다른 종파에 비해서 근면한 학풍과 청렴한 분위기를 유지할 수 있었다.

겔룩파의 내규모 승원은 여러 개의 학당(學堂)으로 이루어져 있는데, 이 학당은 다시 그 하위집단으로 여러 지역의 이름을 붙인 기숙사

세라 사원의 집회전(集會殿).

를 두고 있다. 새롭게 승단에 들어온 승려는 출신지역별로 각 기숙사에 나뉘어 거주하게 되는데, 각 학당 스승의 지도 아래 우선 읽고 쓰는 법을 배운 다음 뒤다라고 하는 변론법을 배우고, 그 뒤에는 반야(般若), 중관(中觀) 등의 철학학습으로 진급하게 된다. 뒤다는 능력에 따라 세밀한 등급으로 나누어져 있는데, 상위 등급에 오르기 위해서는 변론시험에 합격해야만 한다. 이런 기초적인 공부를 한 차례 끝마치는 데는 적어도 16년의 시간이 걸리며, 그 후 반야나 중관 철학학습을 마친 승려는 게셰(善知識)라는 칭호를 수여받고 제자를 가르치는 자리로 옮기게 된다. 이외에도 까쉬빠, 까쭈빠 등의 학위가 있으며, 가장 높은 학위로는 이른바 현교 학문을 습득한 승려에게 내려지는 라람빠 학위가 있다. 겔룩파는 승원조직도 체계적이어서 위로는 켄뽀(승원 원장), 게꾀(규율을 관리하는 승려), 움제(전례를 관리하는 승려)에서 아래로는 자마(차 관리하는 승려)에 이르기까지 각자 맡은 바 승원의 일을 분담한다.

쫑카빠의 제자들은 그의 포괄적인 철학과 이와 같은 엄격한 승원조직을 무기로 하여 쫑카빠가 살아 있을 때부터 적극적인 포교활동을 시작했다.

겔룩파의 세력권은 쫑카빠의 45인 제자시대에 이미 동부 티베트나 서부 티베트에 진출을 시작했고 16세기 후반에는 달라이라마가 전면에 등장하게 되었으며, 또한 동북 티베트, 몽골에까지 그 세력을 확장시켰다. 여기서 초기 겔룩파의 역사를 간단히 더듬어보자.

9장 정연한 승단질서: 겔룩파

쫑카빠가 입적한 후, 겔룩파의 지도자와 동일시되는 간덴 사원 주지에는 쫑카빠 생전의 뜻을 이어받은 제자 겔찹 다르마린첸(1363~1432)이 취임했다. 다르마린첸은 쫑카빠와 마찬가지로 계율의 세세한 사항까지 지켜냈고, 13년 동안 현교·밀교 두 가르침을 강의했다. 다르마린첸의 뒤를 이은 7명의 간덴 사원의 주지들은 모두 겔룩파의 지도자로서 눈부신 활동을 했기 때문에 '성스런 일곱 문수보살들'이라고 불린다. 간덴 사원의 주지는 간덴 사원

데뿡 사원의 '통될'(보는 것만으로 해탈할 수 있다는) 미륵상.

내부의 장쩨(북쪽 꼭대기)와 샤르쩨(동쪽 꼭대기)라는 두 학당의 지도자들이 8년마다 교대로 맡는 것이 관례로 되어 있다.

겔룩파를 대표하는 4대 사원은 쫑카빠의 말년에 세워진 간덴 사원 외에는 모두 쫑카빠의 1대 제자들이 세운 것들이다. 데뿡 사원은 간덴 사원이 건립되고 8년이 지난 1416년에 문수법왕(文殊法王) 따쉬뻴덴이 건립했다. 달라이라마는 이 데뿡 사원 출신의 화신승이며, 3대부터 5대까지의 달라이라마들이 몽골인과 만주인에게 불교를 포교하는 데 성공했기 때문에, 어느 시점부터 데뿡 세력은 종파의 본산인 간덴 사원을 압도하게 되었다. 또한 간덴 사원이 건립된 지 11년이 되는 1419년에는 샤꺄예셰가 세라 사원을 건립했다.

샤꺄예셰는 1408년 쫑카빠의 대리인으로 명조에 초빙되어 '대자법왕'(大慈法王)의 법호를 받았다. 세라·데뿡·간덴의 세 사원은 라싸 근교에 있지만, 쫑카빠의 밀교제자인 겐뒨둡(이후에 달라이라마 1세로 추존됨)은 1447년에 짱 지방의 겔룩파 근거지인 쉬까쩨에 따쉬륀뽀 사원

을 건립했다. 이 사원은 겔룩파의 두 번째 서열에 해당하는 화신승인 빤첸라마가 거주하는 곳이 되어 지금에 이르고 있다. 중앙 티베트의 4대 사원은, 예전에는 티베트 각지와 몽골, 시베리아 등지에서 유학생이 모여들었을 뿐 아니라, 포교를 위해 사방팔방으로 승려들을 파견했기 때문에 중앙 유라시아의 온갖 정보들이 흘러드는 매우 국제적인 공간이 되었다.

아리 지방(서티베트)에서의 포교는 쫑카빠의 제자인 셰랍상뽀와 구게 아왕닥빠에 의해 시작되었는데, 후자는 린첸상뽀가 건립한 토딩 사원 등 역사적인 고찰들을 겔룩파로 개종시켰다. 한편, 캄 지방(동부 티베트)에 대한 포교는 세라 사원 출신의 동명이인 셰랍상뽀가 맡았기 때문에, 겔룩파에서는 서티베트에서 포교한 셰랍상뽀를 '고지대의 셀상'으로, 동티베트에서 포교한 셰랍상뽀를 '저지대의 셀상'으로 구분해서 부르며 그들의 공적을 기렸다. 이것은 티베트 고원이 서쪽으로 갈수록 고도가 높아지기 때문에 생겨난 별명들이다. 캄 지방에서는 셰랍쌍뽀가 세운 참도(昌都)의 대사원 잠빠링에서, 팍빠라와 그 제자집단이 전생을 계속하여 겔룩파의 세력을 유지했다. 팍빠라 1세(1439~1487)는 쫑카빠의 제자인 꾸쪼르똑덴의 아들이며, 그 제자 격인 전생자들에는 짝라 뚤꾸, 갸라 뚤꾸, 바소 뚤꾸, 따착제둥 뚤꾸, 닥푸 뚤꾸 등 대대로 내려오는 명칭들이 있다. 현(現) 팍빠라는 11세이며, 달라이라마 14세의 인도 망명 뒤에도 티베트에 그대로 남았고, 현재 전국인민대표대회 부위원장을 맡고 있다.

이상이 쫑카빠의 1대 제자시대에 이루어진 겔룩파의 포교 상황이다. 이를 보아도 알 수 있듯이 겔룩파는 일찍이 1대 제자시대부터 티베트 각 지역에 그 세력을 뻗쳐 나갔다. 그러나 겔룩파 세력이 폭발적인 기세로 티베트의 각 지역은 물론 몽골, 시베리아까지 뻗쳐 나가게 된 것은 달라이라마 시대에 접어들면서부터였다. 이하에서 역대 달라이라마의 포교활동에 대해서 주목해보자.

1578년 달라이라마 3세는 몽골의 알탄 칸의 초청을 받아 칭하이(靑海)로 향했다. 이 여행에는 몽골인에 대한 포교라는 목적과 아울러 암도, 캄, 쟝(雲南)에서의 포교 또한 시야에 들어와 있었다. 달라이라마 3세가 칭하이 호(靑海湖) 부근의 쫑카빠 탄생지를 방문했을 때 그곳에는 승려와 속인들이 섞여서 살고 있는 자그마한 사원만 있었다. 달라이라마는 이 사원에 계율 담당 승려를 남겨놓고 계율을 철저하게 지키는 겔룩파 승원을 건립하도록 했는데, 이것이 나중에 칭하이 최대 사원인 꿈붐 사원(塔爾寺)으로 발전했다. 또한 달라이라마 4세 시대에는 된외최기갸초가 암도에 파견되어 꿈붐 사원과 나란히 동북 티베트의 대사원인 괸룽 사원을 건립했다.

1642년, 달라이라마 5세가 오이라트 몽골의 군사력을 배경으로 티베트의 정치적 수장 자리에 오르게 되자, 겔룩파의 티베트 이외 지역으로의 포교는 가속화되었다. 역대 달라이라마는 티베트 전 지역에 포교승을 파견하여 겔룩파 사원을 새로 건립하거나 기존의 종파를 겔룩파로 개종시켰는데, 그 어느 것에나 겔룩파 본산의 명칭인 '간덴'이라는 이름을 붙였다. 몽골의 수도 울란바토르에 남아 있는 간덴 사원은 달라이라마 5세 시대에 달라이라마의 제자인 제쮠담빠 1세가 건립한 것이며, 건륭제(乾隆帝)가 베이징에 건설한 티베트 사원 간덴 진착링(雍和宮, 11장 참조) 또한 그 명칭에서부터 겔룩파 계열의 사원임을 알 수 있다.

겔룩파 세력이 몽골인·만주인에게까지 미치게 되자 몽골로 통하는 교통의 요충지인 암도 지역의 사원들은, 청조 궁정에서 활약한 투겐(土觀), 짱갸(章嘉), 잠양셰빠(扎木揚) 등 많은 유명한 전생 화신승을 배출한 덕분에, 18세기에는 중앙 티베트의 대 사원들에 버금가는 규모와 세력을 지니게 되었다.

1951년 중국군이 침공했을 때 중국군은 본산인 간덴 사원을 '반동파'의 아성으로 간주하고 포격을 가해 완전히 파괴했다. 뿐만 아니라 티베트 전역에 널리 퍼져 있던 겔룩파 사원들 역시 크고 작은 피해를 입었다. 현재, 겔룩파의 4대 사원은 인도의 카루나타카 주에 재건되어 있다.

▲이시하마 유미코

10장
달라이라마 5세와 뽀딸라 궁

뽀딸라 궁은 신왕(神王) 달라이라마의 궁전으로 옛날부터 그 명성이 자자했으며, 수직의 베르사유나 동양의 교황청 등 같은 그럴듯한 이름으로 세인의 입에 오르내렸다. 뽀딸라 궁의 뽀딸라란 말은 산스크리트어로 관세음보살의 성지를 뜻하는 뽀딸라카(Potalaka)를 티베트어로 음사(音寫)한 것으로, 그 이름이 암시하듯이 뽀딸라 궁이 세워진 마르뽀리(붉은 산)는 예로부터 관세음보살의 성지(聖地)로 알려져 왔다. 티베트의 개국설화에서도 티베트 수호신인 관세음보살이 처음 티베트에 출현한 것이 이 산 위였으며, 관세음보살의 화신으로 7세기에 티베트를 통일한 송쩬감뽀 왕의 궁전도 이 산 위에 세워졌다고 전해진다.

마르뽀리 언덕 위에 장엄하고 화려한 뽀딸라 궁이 등장한 것은 17세기 달라이라마 5세 시대의 일로, 의외로 그다지 오래된 것은 아니다. 오랜 기간에 걸친 내전이 끝나고 티베트가 다시 통일을 향해 나아가던 1643년, 달라이라마 5세는 티베트에 영원한 평화를 가져오기 위해서 스스로를 관세음보살의 화신으로, 또 송쩬감뽀 왕의 재래로 보이기 위해 이 마르뽀리 언덕 위에 궁전을 세우기로 결정했다. 지금의 백궁(白宮)의 원형이 된 궁전은 1647년에 완성되었으며, 달라이라마 5세는 1682년에 타계하기 전까지 이 백궁 꼭대기 층의 일광전(日光殿)이나

위: 짝뽀리에서 바라본 뽀딸라 궁. 아래: 조캉 사원 옥상에서 바라본 뽀딸라 궁.

관음당(觀音堂)에서 명상에 들어가 관세음보살이나 송쩬감뽀 왕의 비전(vision)을 깨달아 티베트를 다스리는 힘을 얻었다고 한다.

1682년 달라이라마 5세가 서거하자 섭정인 상게갸초(1653~1705)는 달라이라마의 유언에 따라 그의 죽음을 비밀에 부치고 15년 동안 티베트의 정무를 담당했다. 전생(轉生)에 의해 그 자리를 이어가는 달라이라마 제도는 명목상 동일한 존재가 통치를 계속해서 맡는다고 하는 의미에서는 더할 나위 없이 안정적인 제도라고 할 수 있지만, 전임 달라이라마가 사망한 이후 후임 달라이라마가 성인이 될 때까지 20년 가까운 기간 동안 권력의 공백기가 생기게 된다. 이런 문제점을 보완하기 위해서 달라이라마 5세는 자신을 계속 살아 있는 존재로 내세워 권력 공백기라는 단점을 극복하도록 한 것이다. 티베트에서 고승은 자주 '참'이라고 부르는 은둔수행에 들어간다. 티베트의 수호신 달라이라마가 참에 들어 티베트의 평화를 기원하고 있을 때 이를 방해하려는 불온한 무리는 티베트에 없을 것이다. 그렇기 때문에 섭정은 달라이라마 5세가 참에 들어가셨다고 발표했으며, 어쩔 수 없이 달라이라마 5세를 전면에 내세워야 할 경우에는 달라이라마로 변장시킨 대역을 이용했다.

이렇게 하여 달라이라마 5세의 죽음은 그 누구에게도 알려지지 않은 채 15년이라는 세월이 흘러가게 되었다. 이 기간 동안 섭정은 달라이라마에게 충성하는 준가르 부(部)의 군주인 갈단 칸을 부추겨 달라이라마 정권과 거리를 두고 있던 동몽골 할하 부(部)와 청조를 상대로 전면전을 일으키도록 했다. 갈단은 선전했으나 결국엔 힘이 미치지 못하여 1697년에 독을 마시고 자결했다. 진퇴

뽀딸라 궁의 적궁 1층 전세당(前世堂)의 본존 달라이라마 5세상.

양난에 빠진 섭정 상계갸초는 달라이라마의 입적을 발표하고, 그때까지의 모든 혼란의 책임을 갈단에게 떠넘기며 청조와의 관계 개선을 시도했다.

　섭정 상계갸초는 달라이라마 5세 사후, 백궁 서쪽에 달라이라마 5세의 사체를 미라 상태로 안치하는 불탑과 그 불탑을 덮는 궁전을 비밀리에 조성했다. 이 건립 예정지에는 송쩬감뽀 왕 시대 때부터 관음상을 모시던 오래된 사당이 있었는데, 상계갸초는 이 사당을 철거하지 않고 새 궁전의 북쪽 측면에 그대로 포함되어 들어가게 했다. 이것이 3층 북쪽에 있는 법왕동굴과 그 바로 위에 있는 4층의 성관음당(聖觀音堂)이

다. 또한 1697년에 섭정은 달라이라마 5세의 입적을 발표함과 동시에 이 새 궁전을 일반에게 공개하고 몽골세력에게 달라이라마 5세의 불탑을 순례하러 오라고 호소했다. 전쟁으로 혼란스러워진 몽골과 티베트 관계를 신앙으로 다잡으려 했던 시도였다.

백궁 서쪽 측면에 건립된 이 4층 규모의 신궁전은 외벽이 붉게 칠해져 있기 때문에 보통 적궁(赤宮)이라고 불린다. 그 구조는 2층까지 트여 있는 넓은 홀이 중앙에 위치하고, 그 동서남북을 달라이라마 5세를 현창하는 4개의 당집이 둘러싸고 있다. 우선 서쪽의 당집에는 1층부터 4층까지를 틔워서 달라이라마 5세의 시신을 안치한 대불탑 '염부제(閻浮提)*의 장식'이 자리 잡고 있으며, 북쪽의 당집에는 달라이라마 5세의 전세자(前世者)를 모시고, 동쪽의 당집에는 달라이라마 5세에 이르기까지 현교의 계승자들이, 남쪽의 당집에는 똑같이 밀교의 계승자들이 모셔져 있다. 또한 2층에 오르면 달라이라마 5세에 이르기까지 티베트 전통의학의 계승자들을 모시는 의학당이, 3층에는 마찬가지로 역학(曆學) 전통의 계승을 보여주는 깔라짜끄라당 등이 있으며, 꼭대기인 4층에는 달라이라마의 거처가 12개 방으로 이루어져 있다.

이런 여러 당집의 중앙에 위치한 넓은 방에는 서쪽으로 달라이라마의 옥좌가 놓여 있는데, 이곳에서는 일찍이 달라이라마의 즉위식 등 국가적인 행사가 열리곤 했다. 또한 넓은 방을 에워싼 4개의 벽면에는 관세음보살과 관련된 설화와 달라이라마의 전세자들의 이야기가 큼직하게 묘사되어 있고 그 사이사이마다 달라이라마 5세 생애의 일화들이 자그마하게 그려져 있다. 이와 같은 여러 당집의 구조와 넓은 방에 그려진 벽화의 내용으로부터 적궁(赤宮)은 달라이라마 5세에 대한 현창을 목적으로 해서 세워졌다는 것을 확실히 알 수 있다.

---

* 수미산 남방에 있는 대륙으로 본래는 인도 땅을 가리켰지만, 후에는 인간세계를 뜻하게 되었다.

10장 달라이라마 5세와 뽀딸라 궁

【뽀딸라 궁 적궁 평면도】

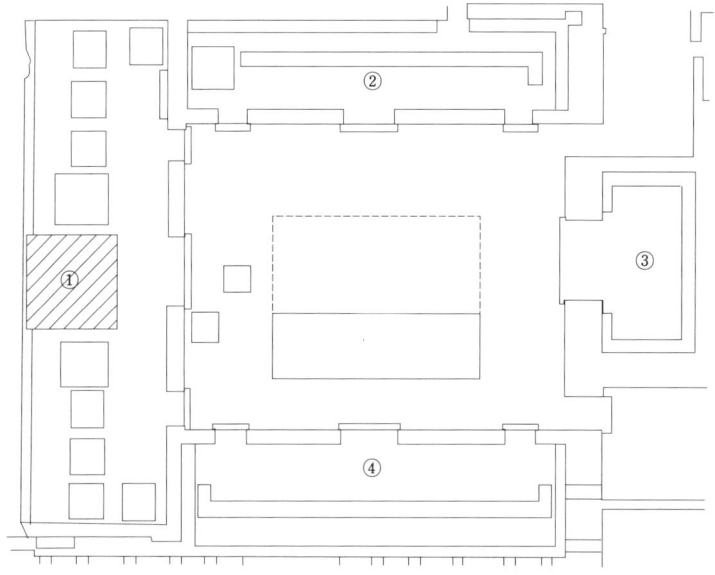

①달라이라마 5세의 유해를 안치한 불탑. ②달라이라마 5세의 전세자들을 모신 당집. ③달라이라마 5세에 이르는 현교의 계승자들을 모신 당집. ④마찬가지로 밀교의 계승자들을 모신 당집.

다음은, 적궁을 보다 초월적인 시각에서 보도록 하자. 우선, 1층 넓은 방의 한가운데 서서 사방의 기둥과 난간을 바라보면 동쪽은 청색, 남쪽은 적색, 서쪽은 황색, 북쪽은 백색으로 나뉘어 칠해져 있음을 알 수 있다. 이 같은 색깔 배분은 깔라짜끄라 만다라의 중심부 색깔 배분과 같다. 즉 적궁은 깔라짜끄라의 입체 만다라를 본떠서 세워졌음을 보여주고 있다. 만다라는 2차원의 경우에는 중심에 가까울수록, 입체 만다라의 경우는 거기에 더하여 더 높은 곳에 있는 것일수록 보다 본질적인 것들이 자리하는 장(場)이 된다. 예를 들면, 깔라짜끄라의 입체 만다라의 경우, 본존인 깔라짜끄라존은 최상층인 4층의 중앙에 위치하며 그 밖의 불(佛)은 그 중요도에 따라 높은 곳에서부터 낮은 곳을 향해 순서대로 자리를 얻게 된다. 그런데 적궁을 입체 만다라라고 생각하면 적궁의 가장 높은 곳, 즉 4층에 자리 잡고 있는 것은 무엇일까. 그것은 바로 송짼감뽀 왕 시대의 관세음보살상과 달라이라마의 거처이다. 요컨대 적궁이란 관세음보살과 그 화신 금상(今上) '달라이라마 성하(聖下)'를 본존으로 받드는 입체 만다라로서 만들어진 것이다.

만다라는 2차원의 경우에는 중심부에서 떨어질수록, 입체의 경우에는 낮은 위치에 있는 것일수록 본질과 동떨어진 현상적인 것들의 자리가 된다. 적궁의 본존인 4층의 관음당 바로 아래에는 티베트 개국의 왕인 송짼감뽀와 그 왕비들을 모신 법왕당(法王堂)이 있으며, 또한 그 밑에는 위에서 언급한 달라이라마 5세의 전세자들을 모시는 당집이 있다. 이는 관세음보살(4층), 그 화신인 송짼감뽀 왕(3층), 그 전생자(轉生者)인 달라이라마 5세(1·2층)라고 하는 당집의 계층구조 또한 본질(관세음보살)로부터 현상(달라이라마라는 역사적 존재)이 흘러나오는 과정을, 혹은 고대로부터 현대에 이르는 시간의 흐름을 만다라적으로 구조화한 것이다.

1957년 티베트인 롭상 람빠의 생애를 기록한 『나는 티베트의 라마승이었다』(The Third Eye, 1957)*라는 책이 출간되었다. 이 책은 티베트인에 의해 쓰인 최초의 티베트 이야기라는 이유로 출판 후 18개월 동안 30만 부가 팔리는 경이적인 판매부수를 기록했으며, 이를 통해서 많은 사람들이 티베트에 흥미를 가지게 되었다. 이 책은 티베트인 저자 롭상 람빠의 티베트에서의 나날을 그 깨달음의 과정과 함께 기록한 것으로, 마지막 부분에서 저자는 뽀딸라 궁의 지하 깊은 곳으로 안내되어 그곳에서 황금이 아로새겨진 거대한 불상과 잠들어 있는 듯한 거대한 세 남녀 나신상을 대면하고 티베트 밀교의 심오한 교리를 전수받게 된다. 이는 말할 필요도 없이 신빙성이 떨어진 이야기로, 저자가 티

* 박영철 옮김, 『나는 티베트의 라마승이었다—1부 제3의 눈』(정신세계사, 1986).

베트인이 아님을 스스로 드러내고 있는 부분이라고 할 수 있다. 전술했듯이 뽀딸라 궁은 입체 만다라로 조성되었기 때문에 최상층이야말로 가장 귀중한 것이 배치되도록 설계되어 있다. 성지로서의 뽀딸라 궁의 힘은, 지하가 아니라 가장 꼭대기에 집중되어 있기 때문에 심오한 교리를 전수받는 데 어울리는 장소는 지하가 아니라 꼭대기의 관음당인 것이다. 실제로 1958년에 사립탐정 마르코 팔리스가 롭상 람빠의 정체는 1910년생 영국인 시릴 헨리 호스킨이라는 사실을 폭로하여 해당 서적의 판매가 급감했다고 한다.

1959년, 뽀딸라 궁의 '본존'인 달라이라마 14세는 인도로 망명하여 뽀딸라 궁은 주인 없는 궁전이 되어버렸다. 중국 당국은 뽀딸라 궁을 '관광자원'으로 개수하여 오전 중에는 외국인 관광객에게, 오후에는 티베트인 순례자들에게 개방하고 있다. 현재 참배자들이 발 디딜 수 있는 곳은 적궁과 백궁의 위층 및 옥상뿐이며, 뽀딸라 궁의 많은 방들은 지금도 폐쇄되어 있다. ▲이시하마 유미코

11장
중국과 티베트 800년사

도대체 티베트는 언제부터 '중국의 떼려야 뗄 수 없는 일부'가 되었던 것일까? 티베트가 중국의 일부임이 서류상에 명기되어 중국군의 점령이 시작된 것은 1951년 17개 조약(1951년 중국이 티베트를 군사적으로 점령함과 동시에 체결한 조약. 티베트가 중국에 병합되었음을 강조하고, 아울러 티베트인이 원하지 않는 개혁은 행하지 않는다는 것을 명기하고 있다)을 체결한 이후부터이며, 티베트 정부가 말 그대로 소멸된 때는 1959년 달라이라마가 인도로 망명한 시점이다. 이후 티베트인은 중국의 지배 아래에 있게 되었고 모든 주권을 박탈당했으며 전통적인 티베트 불교문화의 유지조차 힘들게 되었다. 그러나 이런 상황은 티베트와 중국 사이의 오랜 역사에서는 오히려 예외에 속하며, 중국이 티베트 문화를 높이 평가하고 이를 지원하여 티베트 불교가 번영을 누렸던 역사가 실은 더 길었다. 다음에서 중국이 티베트 문화를 존중했던 시대의 역사를 살펴보자.

　티베트와 중국이 직접 교섭에 들어간 것은 13세기 몽골인들이 중국 전역을 정복하여 세운 원조(元朝) 때부터였다. 원의 초대 황제 쿠빌라이는 티베트 승려 팍빠(八思巴, 1235~1280)를 중용하여 그에게 황제권의 정당성을 연출하도록 했다(7장 참조). 이에 팍빠는 쿠빌라이를 불교경전에 등장하는 이상적인 군주, 즉 전륜성왕(轉輪聖王)에 비유했으며, 또한 쿠빌라이의 권력이 전염병이나 기근, 또는 외침 등의 재난으로부터 보호받을 수 있도록 옥좌 위에 백산개(白傘蓋, 흰색의 비단으로 제작한 천개(天蓋))를 씌웠다. 이 백산개는 도시를 각종 재난으로부터 보호하는 힘을 지녔다고 하는 백산개불(白傘蓋佛)을 상징했는데, 1년에 한 번 거행되는 백산개 축제에서 옥좌 위에 백산개를 씌운 후 수레에 실어 당시의 수도인 대도(大都)를 일주시키며 도시의 액운을 떨쳐냈다. 이 축제는 『원사』(元史)에도 기록되어 쿠빌라이와 팍빠의 백산개 신앙이 후세에까지 전해질 수 있었다.

 1638년 만주인 홍타이지는 내몽골을 정복하고 칭기즈칸의 직계 후손으로부터 팍빠가 주조했다는 마하카라 불상을 빼앗았다. 홍타이지는 이 불상을 봉납하기 위해서 당시 수도 선양(瀋陽)에 실승사(實勝寺)라는 큰 절을 건립하여 황실의 사찰로 삼았다. 이것은 만주인이 중국을 정복하기 이전부터 원조(元朝)의 위업을 계승했다고 강조했을 뿐 아니라 쿠빌라이의 업적을 흠모하여 티베트 불교를 신봉했음을 보여준다. 1644년 홍타이지의 아들 순치제(順治帝)가 중국을 정복하여 청조의 영역을 넓히게 되자, 소수의 만주족은 압도적 다수의 한족(漢族)을 지배하기 위해 몽골과 동맹을 꾀하지 않을 수 없었다. 청조의 황제는 몽골인과의 융화를 도모하기 위해서 만주·몽골의 공통 문화라고 할 수 있는 티베트 불교의 진흥에 힘을 쏟았으며, 황실의 내탕금에서 거금을 공양하여 티베트 불교사원의 건축, 티베트 승려의 중용, 티베트어 경전의 만주·몽골어로의 번역 등 대대적으로 문화사업을 펼쳤다.

 이리하여 청조는 티베트 불교를 통하여 몽골·티베트 지역과 깊은 관계를 갖게 되면서, 티베트나 몽골에서 내분이 일어나면 어쩔 수 없이 중재에 나서게 되었다. 그러나 이런 경우에도 청조는 중국황제가 아니라 문수보살황제(文殊菩薩皇帝)의 자격으로 군사를 동원했으니, 침략자로서가 아니라 조정자로서 행동하고자 주의를 기울였다.

1720년 청조가 티베트에 군대를 파견한 사건을 예로 들어보자. 현재 중국은 이 군사행동을 티베트에 대한 직접적인 지배의 시작으로 규정하고 있으나, 당시의 인식에서 보면, 이런 파병은 달라이라마 7세를 칭하이(靑海)에서 티베트로 데려가 달라이라마에 즉위시키기 위한 호위군의 파병이었을 뿐이다. 그런데 이 달라이라마 7세는 이전에 청조가 인정하지 않았던 달라이라마였는데, 청조는 자기 스스로 과거의 행위를 부정하고 티베트인의 지지를 받고 있던 달라이라마를 인정할 수밖에 없었던 것이다. 티베트 원정군은 라싸에 도착한 후 기존질서의 회복에 힘썼을 뿐, 티베트를 청조 영토 안에 넣으려는 행동은 취하지 않았다.

이 사건 이후 청조로부터 라싸에 정기적으로 관료(주장대신(駐藏大臣))가 파견되었다. 그들이 현재 중국의 주장과 달리 티베트의 지배자가 아니었다는 것은, 주장대신을 둘러싼 사건의 역사를 살펴보면 확실해진다. 예컨대 건륭(乾隆)15년, 당시 티베트의 실력자 규르메남겔이 청조를 얕보고 준가르(서몽골인)와의 연계를 강화해 나갔다. 그러자 당시 주장대신이었던 푸젠(傅淸)과 랍돈(拉布敦)은 라싸에 고립되어 보급마저 끊겼지만 본국과 연락을 취할 수 없었다. 궁지에 몰린 두 주장대신은 규르메남겔을 연회에 초청하여 살해했는데, 당연한 결과로 이들 역시 보복을 당하여 목숨을 잃었다. 이 두 사람의 행태는 양국이 분쟁상태에 돌입했을 때 외교관들이 보여주는 모습을 그대로 보여준다고 할 수 있다.

또한 1904년 영국의 영허스번드 군대가 티베트를 침공했을 때, 당시의 주장대신 오타이(有泰)는 계속해서 달라이라마 13세에게 영국군과 싸우지 말 것을 권했음에도 불구하고, 달라이라마는 그 말을 듣지 않고 영국과의 정면충돌을 선택했다. 또한 달라이라마가 필사적으로 영국군과 한창 전쟁을 치르고 있을 때 오타이는 무엇을 하고 있었느냐

11장 중국과 티베트 800년사

청대 궁정에 소장되어 있는 승려 차림의 건륭제 초상(옹화궁 소장). 검과 경전을 쥐고 있는 문수보살의 모습으로 묘사되어 있다.

하면, 오언율시(五言律詩)를 지어 청조 황제에게 바치는 등 티베트의 국난을 수수방관하고 있었다. 이런 실례를 근거로 해서, 주장대신을 티베트의 지배자가 아니라 주(駐) 라싸 청조 대사라고 이해하면 위화감이 없는 것은 분명하다고 할 수 있다.

원조(元朝)를 계승하고 티베트 불교 문화권에서 패권을 주장하려는 건국 초기부터 청조의 국가적 의도는 최전성기의 황제, 즉 건륭제에 이르러 더할 나위 없는 형태로 실현되었다.

건륭제는 스스로를 쿠빌라이의 환생이라고 믿었으며, 또한 주위에서도 그렇게 믿었다. 쿠빌라이가 팍빠로부터 관정의식(灌頂儀式)을 수여받은 것을 모방하여, 팍빠의 환생이라고 간주되던 티베트 승려 짱꺄(章嘉) 2세로부터 관정을 받았으며, 쿠빌라이와 팍빠의 백산개불(白傘蓋佛)신앙을 모방하여 건륭10년 천복사(闡福寺)를 건립하고 높이 20미터의 거대한 백산개불을 모셨다. 현재 이 절은 없어졌지만, 절 입구에 세워진 비문의 "이 절은 자금성(紫禁城) 내 여러 절의 우두머리로서, 위로는 황태후의 장수를 기원하고 아래로는 백성의 행복을 기원하는 곳이다"라는 문장은, 당시 이 절이 청조의 국가진호(鎭護)에 필요한 절이라고 인식되었음을 보여준다.

건륭제의 백산개불에 대한 신앙은 평생토록 변하지 않았는데, 그의 시신이 안치된 지하궁전의 정문 기둥에 커다란 백산개불의 다라니가 새겨져 있기도 하다. 또한 건륭제는 여름 피서지인 러허(熱河)에 티베트 불교사원을 모방한 절을 건축했다. 대표적인 것을 들자면, 티베트의 삼예 사원을 모방한 보녕사(普寧寺), 뽀딸라 궁을 모방한 보타종승묘(普陀宗乘廟), 따쉬륀뽀 사원을 모방한 수미복수묘(須彌福壽廟), 짜끄라쌈바라 보살의 입체 만다라를 모방한 보락사(普樂寺) 등이다. 이런 절들이 줄지어 늘어서 있는 러허는 마치 티베트 테마파크 같은 외관을 하고 있다.

11장 중국과 티베트 800년사

건륭제가 쿠빌라이의 환생이라는 사상이, 청조의 티베트·몽골 외교와 관련해서 어느 정도 유리한 효과를 가져다주었는지는 설명할 필요도 없다. 쿠빌라이는 원조의 창시자이자 티베트 불교의 대

베이징의 티베트 불교센터인 옹화궁. 오른쪽에서부터 만주어·한자·티베트어·몽골어의 순서로 사원명이 기록되어 있다.

시주였으며, 몽골에서 제국이 가장 번창했을 때의 황제이기도 했다. 건륭제가 쿠빌라이의 재래임을 인정받게 되면 몽골인은 물론 티베트인도 건륭제의 영향력을 저항 없이 받아들일 수 있다. 그렇게 된다면, 청조가 건국 초기에 표명했던 원조의 불교정치 계승이 글자 그대로 실현되는 것이다.

그런데 여기에서 주목해야 할 점은 건륭제가 문수보살의 화신, 또는 쿠빌라이의 재래라고 인정받기까지, 건륭제 측에서도 계속해서 그에 걸맞은 행동을 취했다는 사실이다. 건륭제가 베이징이나 러허에 많은 티베트 불교사원을 건립하고, 백산개불을 모셨으며, 티베트 승려들에게 공양을 올리고, 티베트 불교 진흥에 힘썼기 때문에, 티베트·몽골 사회는 건륭제를 문수보살의 화신, 쿠빌라이의 재래로 인정하여 그 영향력을 받아들이게 된 것이다. 만일 건륭제가 티베트 불교를 탄압하는 입장을 취했다면 건륭제가 아무리 불보살, 명군(名君)을 자칭한다 하더라도 티베트·몽골 사회가 그를 따랐을 리가 없다.

이상의 역사를 살펴보면, 왜 현재 중국인과 티베트인 사이가 안 좋은지 자명해진다. 역내 중국의 왕세들은 티베트 문화를 이해하고 존중했으며, 이를 지원하면서도 티베트의 내정에는 간섭할 수 없었다. 그

러나 현재 중국 정권은 티베트의 문화를 부정하는 데서 한 걸음 더 나아가 티베트를 점령했으므로, 이런 지경에서는 티베트인에게 미움을 받는 것이 당연하다. 중국정부가 건륭제처럼 티베트 불교를 이해하고 수용하며, 스스로 그 세계를 공유하는 자세를 보이지 않는 한 두 민족의 관계가 개선되기를 기대하기는 어려울 것이다. ▲이시하마 유미코

2부 설국의 불교

12장
티베트에서 본 인도불교

티베트 불교에서 본 인도불교에 대해서, 티베트 불교를 이해하기 위한 전제 정도로 간단하게 정리해보고자 한다. 이는 반드시 역사적인 사실에 기초한 것은 아니며, 티베트인이 이해하고 있는 인도불교에 대한 것이다.

붓다(기원전 463~383년경)의 말을 기록했다고 하는 불교경전은 역사적으로 말한다면 붓다가 말한 것들이라고 할 수 없지만, 티베트인은 이런 방대하고 초월적인 내용이 기록되어 있는 경전 모두를 붓다가 일생 동안 설파한 것으로 생각하고 있다. 『해심밀경』(海深密經, ☞ 용어해설4)이라는 경전에는 붓다가 생전에 세 차례 법륜(法輪)을 굴렸다는 가르침이 나온다. "법륜을 굴린다"(轉法輪)는 것은 일반적으로는 붓다가 가르침을 설파하는 것을 의미하지만, 여기에서는 특히 비할 바 없이 훌륭한 설법을 생전에 세 차례 행했음을 말한다.

처음의 '초전법륜'(初轉法輪) 혹은 '제1전법륜'은 붓다가 깨달음을 얻은 후 최초로 행한 설법이다. 내용은 사성제(四聖諦=네 가지 성스러운 진리, ☞ 용어해설15)에 관한 것이었다. 사성제란, 윤회를 벗어나지 못하는 모든 것들이 고통이라는 신리(苦諦), 그 고통에는 집착이라는 원인이 있다고 하는 진리(集諦), 원인인 집착을 제거하면 결과적으로 고통이 소멸된다고 하는 진리(滅諦), 집착을 제거하는 데는 팔정도(八正道=여덟 가지 올바른 길, ☞ 용어해설16)를 실천하는 것이 좋다고 하는 진리(道諦)이다. 그 중에서 고통의 원인인 집착은 그 집착의 대상인 자아가 존재하지 않음을 보임으로써 진정시킬 수 있지만, 한편 그런 자아의 구성요소는 존재하고 있다는 것을 전제로 해서 설명되고 있다.

'제2전법륜'은 모든 것이 공(空)하며 실제로는 존재하지 않는다고 하는 『반야경』(般若經)의 가르침이다.

'제3전법륜'은 유식사상(唯識思想, ☞ 용어해설3)의 경전인 『해심밀경』의 가르침이며, 존재하는 것과 존재하지 않는 것을 바르게 구별하는 가르침이다. 제1전법륜에서는 모든 것이 존재한다고 설명했으며, 제2전법륜에서는 모든 것들이 공이라 설명했지만, 제3전법륜에서는 공인 것과 존재하고 있는 것을 바르게 구별하여 설명하고 있기 때문에 이 제3전법륜이 최종적인 견해(了義)임을 『해심밀경』은 주장하고 있다. 이에 대해서 제1전법륜과 제2전법륜은 듣는 사람에게 맞춘 잠정적인 가르침(未了義)이다. 유식파의 경전인 『해심밀경』은 자신들의 가르침인 제3전법륜을 요의(了義)라고 하고 있으나, 『반야경』에 기초한 중관학파(中觀學派, ☞ 용어해설3)는 오히려 제2법륜을 요의로 보고 다른 법륜들을 미료의(未了義)로 여기기 때문에, 요의·미료의에 대한 평가는 입장에 따라 다르다고 할 수 있다.

그런데 붓다가 입멸한 후 남아 있던 제자들은 붓다가 50년 가까운 기간에 걸쳐 설파한 가르침을 서로 확인하고 그것을 잃지 않도록 경전으로 집대성하려 했다. 그러나 붓다는 그때마다 듣는 이의 필요에 부응하여 다른 설법(대기설법[對機說法])을 했기 때문에, 경전 내용이 여러 갈래로 갈려 복잡할 뿐만 아니라 각각의 설법은 단편적이거나 모순되는 내용이 있기도 했다. 그래서 단순히 말을 기록하는 것 외에 내용을 체계적으로 정리할 필요가 있었다. 그리하여 기원전 2세기 무렵부터 붓다의 가르침(法)에 대한 고찰을 수행하는 아비달마(아비=~에 대한, 달마=법) 논서(論書)가 만들어졌다. 이런 아비달마의 전승에는 몇 개의 유파가 생겨났으며, 그 중에서 가장 세력이 컸던 입장은 '설일체유부'(說一切有部, ☞ 용어해설4)이다. 이 명칭은 붓다의 말에 언급된 모든 존재를 75개의 요소로 분류하고 각각의 요소들이 모두 실재한다는 설명에서 유래한다. 세상은 이런 요소적인 존재들 사이의 인과관계에 의해 설명된다. 또한 요소적인 존재는 실재하고 있으나, 그것들이 집합했던 것에 대해서 이름이 붙여졌던 것은 실재하지 않는다고 생각되었다. 이를테면, 자아란 육체·의식·감각·의지 등이 모인 것에 허구적으로 이름이 붙여졌으므로 실재하지 않는다고 설명했다. 인식론에서는, 인식주체인 지(知)는 물론 인식대상이 되는 바깥세상의 존재들 모두가 외재적으로 실재하며, 의식과 대상이 원인이 되어 다음 순간에 인식이 생겨난다고 하는 기계론적인 설명이 주창되었다. 티베트에서의 설일체유부 사상은 바수반두(400~480년경)의 저작 『아비달마구사론』(阿毘達磨俱舍論, 이하 『구사론』으로 약칭)을 기본으로 하여 학습되었다. 대승불교(☞ 용어해설2)의 아비달마에 대해서는 바수반두의 형 아상가(395~470년경)가 유식(唯識)의 입장에서 쓴 『대승아비달마집론』(大乘阿毘達磨集論)이 학습에 이용되었다.

『구사론』은 설일체유부 사상을 배울 때 교과서로 이용이 되지만 바수반두 자신은 설일체유부에 대해 비판적인 경량부(經量部, ☞ 용어해설4)의 입장을 취했다. 경량부 또한 설일체유부와 마찬가지로 소승(☞ 용어해설2) 아비달마에 속하는 학파이며, 요소에 의한 존재론을 전제하는 점에서 거의 공통의 사상적 경향을 갖고 있지만 다종다양한 법의 실재성에 대해서는 부정적이며, 설일체유부에서 실재한다고 간주하는 존재들 중 대다수는 이름뿐인 존재라고 주장했다. 예컨대 설일체유부에서는 과거와 미래가 모두 실재한다고 설명하지만, 경량부에서는 실재하는 것은 현재뿐이며, 과거는 이전에는 존재했지만 지금은 없어진 것, 미래란 아직 생겨나지 않은 것에 임시로 붙여진 이름일 뿐이라고 주장했다. 인식론에 있어서는, 우리의 인식은 모두 의식에 나타나는 상(像)만을 대상으로 하며, 의식 바깥의 존재는 직접적인 인식이 불가능하고 단순히 그 존재가 추정되는 것일 뿐이라는 칸트적인 표상주의적 인식론을 전개해 나갔다. 이런 입장은 이후에 불교논리학의 바탕이 되었다.

　형인 아상가의 영향 아래 바수반두는 나중에 대승불교의 유식파로 전향했다. 유식파의 전적(典籍) 대부분은 이들 형제가 집필했거나 또는 거기에 대한 주석이다. 또한 그 중 가장 기본적인 전적은 아상가가 미륵보살 밑에서 수행한 미륵의 가르침을 기록한 것이라고 간주되고 있다. 유식사상은 다른 이름으로 유가행파(瑜伽行派)라고도 불리며, 예로부터 불교 내에서 행해진 요가수행의 명상체험을 기본으로 하여 대승경전에 등장하는 각종 수행단계나 종교적인 덕목을 집대성하려는 학파였다. 설일체유부와 같이 소승경전의 체계화를 지향하는 학파에 대응하여 대승경전의 체계화에 힘쓰며, 대승 아비달마로서의 역할을 담당했다.

　유식사상의 또 한 가지 특징은 '유식'(唯識)이라는 명칭이 나타내는 바와 같이 의식 바깥의 존재를 부정하는 데 있다. 경량부에서는 외계의 존재는 직접 인식이 불가능하지만 그 존재 자체를 부정하지는 않는다. 그러나 유식사상에서는 요가의 명상에서 외계에 근거를 두지 않은 다양한 상(像)들이 나타나는 체험을 통해서, 이런 상들의 근거는 이전의 경험들이 깊은 의식 속에 남긴 잠재력이 무르익어 나타나는 것에 불과하다고 생각하기에 이르렀다. 이런 과거의 경험들이 남긴 잠재력의 저장고는 아라야식(阿賴耶識)이라고 불리며, 이것이 모든 존재의 원인인 것으로 되었다.

역사적으로는 설일체유부나 유식파보다도 앞서며, 대승불교에서 가장 초기에 성립된 반야경전들의 본질적인 의미를 철학적으로 전개했던 인물이 2세기에 나타난 나가르주나(150~250년경) 및 그 제자 아랴데바이다. 이 두 사람은 '성부자'(聖父子)라는 존칭으로 불린다. 그 근본적인 주장은 '모든 존재가 무자성(無自性)이며 공(空)이다'라는 한 문장에 다 들어 있다. 공은 실재론과 허무론이라는 두 가지 극단적인 견해가 부정된, 그 중간의 이상적인 상태이기 때문에 '중관파'(中觀派)라고 불린다(19장 참조). 나가르주나의 저작인 『중론』(中論) 또한 같은 의미로 명명되었다. 『중론』에서는 말의 대상이 존재한다고 생각했던 요소론적 존재론인 아비달마에 대응하여, 말의 자의성·가상성을 강조하고 사상을 철저하게 상대화하는 논의를 전개하고 있다.

중관파는 이후 유식파가 대두하면서 표면적으로는 사상사의 무대에서 사라지지만, 경량부와 유식사상의 영향 아래 불교논리학이 성립하는 것에서 유식파의 저작활동이 일단락된 6세기에 붓다빨리따(470~540년경)가 출현하여 『중론』에 주석을 쓰고 다시 중관파가 활발하게 활동하게 되었다. 불교논리학의 방법론을 받아들여 중관사상을 논리학적으로 정비하고자 한 바바비베까(490~570년경)가 붓다빨리따의 주석을 비판한 것에서부터 시작하여, 중관파는 공성(空性)의 논증에 논리학적인 방법을 도입하려는 입장과, 논리학적인 논증으로는 공을 논증할 수 없으며 대상을 실체적으로 생각하는 상태에서 그 위에 구축된 잘못된 견해를 자기모순에 빠뜨려 공인 것을 자각시켜야 한다는 입장으로 나뉘었다. 전자를 중관자립논증파(中觀自立論證派), 후자를 중관귀류논증파(中觀歸謬論證派)라고 한다(19장과 용어설명 참조).

그 후 자립논증파에는 고대 티베트 왕국시대에 티베트에 와서 불교를 전한 샨따라크시따(725~784년경)와 그 제자 까밀라쉴라(740~797년경)가, 귀류논증파에는 찬드라끼르띠(6세기 후반)와 샨티데바(690~

750년경)가 등장했다. 티베트에서는 전전불교(前傳佛敎)시기(6장·13장 참조)에 샨따라크시따와 그 제자가 직접 가르침을 주었던 일이 있어서 자립논증파의 저작이 먼저 번역되었다. 후전불교시기에는 귀류논증파의 저작도 다수 번역되었으며, 또한 후전불교의 방향을 제시한 아띠샤가 중관귀류논증파를 중시하기도 해서 이후 티베트 불교에서는 설일체유부, 경량부, 유식파, 중관자립논증파, 중관귀류논증파의 순서로 철학의 수준이 높아졌다고 이해하게 되었다.

후대의 티베트 불교에서 인도불교의 학설을 기술하는 '학설강요서'(學說綱要書, 宗義書)라 불리는 문헌이 다수 저술되었는데, 여기에서는 이 다섯 학파의 주장이 순차적으로 다루어지고 있다.

▲후쿠다 요이치

13장
지혜의 보고 티베트 불교의 경전들

티베트에는 '대장경'(大藏經)이라고 하는 한자어에 대응되는 말이 없다. 한역(漢譯) 대장경은 인도·중국·일본의 불교문헌을 집대성한 것으로, 인도의 경전과 논서(論書) 외에 중국과 일본에서 쓰인 불교서적 전체를 포함하고 있다. 이에 대해서 티베트에서는 '부처님의 말씀을 티베트어로 옮긴 것'이라는 뜻의 깡규르와 '논서를 티베트어로 옮긴 것'이라는 의미의 뗀규르가 따로따로 편찬되었으며, 이 두 가지를 통일하는 명칭은 없다. 티베트인 불자의 저작은 이들과 구별되어 숭붐(개인전집)으로 편찬되거나 혹은 단행본으로 간행되었다. 이런 깡규르·뗀규르·숭붐이라고 하는 분류에는 티베트인의 불교관이 강하게 반영되어 있다. 티베트인에게 붓다는 모든 인간의 능력을 초월하며 절대적인 진리 그 자체 혹은 그 체득자이기 때문에, 그의 말씀 역시 인간이 쓴 논서와는 격이 다른 것으로 간주되어 왔다. 뗀규르에 포함된 논서들은 모두 인도 논사(論師)들이 쓴 것이지만, 이것도 논의 때에는 권위 있는 전거 혹은 성전(聖典)으로 간주되어, 티베트인이 쓴 것과는 확연히 구분하고 있다.

  티베트에 본격적으로 불교가 전래된 것은 고대 티베트 왕국의 송쩬감뽀 왕 시기(7세기)라고 알려져 있지만, 8세기 후반의 티송데쩬 왕 시

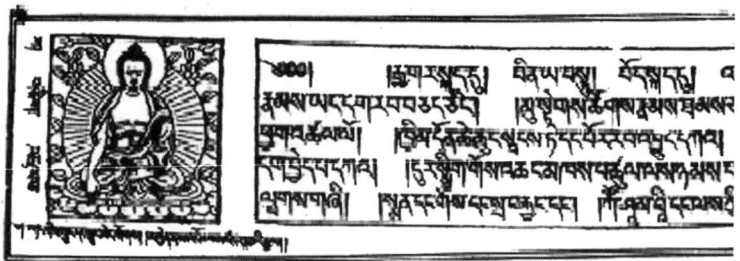

『티베트대장경』 깡규르 목판본의 첫 페이지. 폭이 좁고 긴 종이에 양면으로 인쇄되어 있다.

기에 이르러 국가사업으로서 정력적으로 불경번역이 행해졌으며, 9세기 전반기에는 밀교를 제외한 대부분의 경전들과 당시까지 저술된 논서들의 대부분이 티베트어로 번역되었다(3장 참조).

티베트 문자 및 문법 또한 이 불경번역을 위해서 정비되었다. 티베트에 본격적으로 불교를 도입한 송쩬감뽀 왕은 퇸미 삼보따라는 재상을 인도에 파견하여 인도 문자와 문법을 배우게 했으며, 이를 참고하여 티베트 문자와 문법을 만들었다고 전해진다. 이때 만들어진 문자는 '우쩬'이라고 불리는 인쇄체인데 이는 주로 불교문헌에 이용되며, 일반인이 일상적으로 쓰는 문자는 '우메' 혹은 '쿡이'라고 하는 필기체이다. 문법적으로도 불교문헌의 언어는 불경번역이 시작된 시기부터 현대에 이르기까지 거의 변함없이 산스크리트어의 번역체와 같은 문어체 언어가 사용되고 있다.

9세기 후반에 티베트 고대왕국이 소멸되자 불교 또한 일시적으로 쇠퇴하여 번역사업도 잠시 맥이 끊기게 되었다. 10세기 후반에 린첸상뽀(958~1055)가 불경 번역을 시작하면서 불교가 부흥되었다. 고대 티베트 왕국시기의 티베트 불교를 아다르(전전불교), 린첸상뽀 이후를 치다르(후전불교)라고 부른다(6장 참조).

티베트어역 불경(경전과 논서)의 중요한 특징으로는 산스크리트어

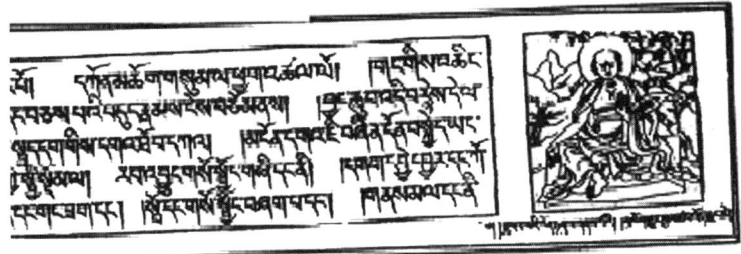

원전의 직역에 가깝다는 것을 들 수 있다. 한역대장경은 전혀 다른 언어체계로의 번역이었기 때문에 의역을 하지 않을 수 없었으며 이 때문에 산스크리트어 원문을 추정해내는 것이 어렵지만, 티베트어 역본으로부터는 이것이 가능한 경우가 많다.

티베트어역 불경의 또 한 가지 특징은 후기 대승불교의 경전과 논서들이 대량으로 번역되었다는 점이다. 한역 불경의 번역은 현장(玄奘, 602~664)이 활동하던 무렵을 절정으로, 이후에는 그 수가 줄어들지만, 티베트어 불경의 번역은 8세기 이후 1204년 이슬람 군대의 공격으로 인도에서 불교가 소멸된 뒤에도 계속되었기 때문에, 8세기 이후의 인도불교의 전적(典籍)이 동시대 문헌으로서 대량으로 이식되었다. 중국에 전래된 밀교(☞ 용어해설4)는 『대일경』(大日經) 등을 중심으로 한 비교적 단순한 초기 밀교였지만, 티베트에서는 후기 대승불교의 밀교가 그대로 유입되었다. 그래서 깡규르와 뗀규르 모두 밀교문헌이 전체의 3분의 1을 차지할 정도이다.

밀교경전(딴뜨라)은 티베트에서 주제별로 소작(所作)딴뜨라, 행(行)딴뜨라, 유가(瑜伽)딴뜨라, 무상유가(無上瑜伽)딴뜨라(☞ 용어해설4) 네 그룹으로 나뉘며, 이 순서대로 수준이 높아진다고 한다. 소작딴뜨라는 역사적으로는 밀교 초기에 성립된 경전들로 단순히 의식이나 규정 등에 관한 것으로, 사상적으로는 심화되지 않은 내용이며 일본 진언종의 잡밀(雜密)에 해당한다. 행딴뜨라는 『대일경』을 중심으로 하는 경전들로 만다라를 이용한 명상방법을 설명하는 것이 주된 내용이다. 유가딴뜨라는 『금강정경』(金剛頂經)이나 『이취경』(理趣經)의 과정을 설명한다. 무상요가 딴뜨라는 인도 후기 밀교에 의해 성립된 경전들로, 신체의 내부구조에 대한 명상에 의해 그 몸을 불신(佛身)으로 변화시키는 기법을 설명한다. 여기에 속하는 딴뜨라는 『비밀집회 딴뜨라』, 『헤바즈라 딴뜨라』, 『깔라짜끄라 딴뜨라』 등이 있는데, 인도불교의 도달점을 보여주고 있다. 특히 『깔라짜끄라 딴뜨라』는 인도에서 불교가 소멸되기 직전에 성립했고, 인도불교를 포괄하는 방대한 내용의 경전임과 동시에, 절망적인 상황 속에서 장래 불교왕권의 이상국 '샴발라'에서 불교군대가 이교도를 항복시키러 온다는 예언을 행하고 있다(39장 참조).

전전불교시기의 번역에는 시기 관계상 인도불교 후기의 밀교경전과 논서들은 포함되지 않는다. 그러나 닝마파에 의하면 이 시기에도 많은 수의 밀교경전이 번역되었다고 한다. 그런 경전들은 당시에는 아직 시기상조였으므로, 인도에서 하늘을 날아 티베트에 왔다고 하는 닝마파 조사(祖師) 빠드마삼바바(14장 참조)가 이 경전들을 비밀장소에 파묻었으며, 후전불교시기에 이르러 때가 무르익었을 때 발굴되도록 했다고 주장하고 있다. 이런 경전들을 떼르마(매장경전)라고 하며, 이것을 발굴한 사람을 떼르뙨(매장경전 발굴자)이라고 부른다(4장 참조). 닝마파에서는 통상적인 깡규르와는 별도로 그 밀교경전부에 해당하는 『닝마귀붐』(옛 딴뜨라 전집)이라는 딴뜨라 경전모음이 전해진다.

전전불교시기에 번역된 불경으로는 9세기 전반기에 『덴까르마 목록』 등이 만들어졌지만 하나의 총서로서 집대성된 것은 없었다. 후전불교시기에 접어들어 새로운 경전의 번역이 일단락되었던 14세기 초에, 원조(元朝)의 후원을 얻어 나르탕 사원에서 각지에 분산되어 있던 불경의 사본들을 가능한 한 모두 수집했으며 이본을 조사·교정하여 깡규르 및 뗀규르가 총서로 만들어졌다(나르탕古版). 이 당시에는 아직 손으로 베껴 쓴 필사본뿐이었다. 명조(明朝)의 영락제(永樂帝, 1360~1424년경)는 베이징에서 깡규르를 목판 인쇄본으로 개판(開版)했다(永樂版). 티베트 본토에서는 필사본 깡규르와 뗀규르가 각지에서 만들어졌지만 목판본의 깡규르가 만들어진 것은 18세기에 들어서면서부터였다. 나르탕 고판을 저본으로 하고 그 후에 발견되거나 번역된 문헌들을 보충하여 깡규르, 뗀규르의 순서로 목판대장경이 개판되었다(나르탕판). 그 후, 마찬가지로 18세기 전반에는 데게 사원, 쪼네 사원에서도 목판대장경이 개판되었다. 청조(淸朝) 지배하의 베이징에서도 영락판을 토대로 여러 차례 개정을 통해 판을 거듭했다(베이징판). 현재 널리 유포되어있는 목판대장경은 이상의 베이징판·나르탕판·데게판·쪼네판이다.

19세기에는 닝마파의 일부에서 종파의 제약에 얽매이지 않고 폭넓은 학술활동을 하려고 하는 무종파운동이 일어나 출판활동도 활발해졌다. 청조의 사고전서(四庫全書)처럼 당시까지 간행된 각종 저작들을 내용별로 총서로 편찬하고 목판으로 간행했다. 그 중에서도 떼르마를 집대성한 『린첸뗄죄』, 구전을 집대성한 『담악죄』 등이 유명하다.

달라이라마 13세(1876~1933)도 출판 등의 학술보급에 관심이 많았으며, 대장경이나 쫑카빠 사제 전집 등을 개판했다(라싸판). 또한 티베트 의학을 보급하기 위해 달라이라마 5세(1617~1682)의 섭정 상게 갸초(1653~1705)가 그렸다고 하는 의학 탕카(33장 참조)의 복제물이 다수 제작되어 티베트를 비롯한 인근 각지에 배포되었다.

1959년 중국공산당이 라싸에 쳐들어와 달라이라마 14세가 인도로 망명하자 이때를 전후해서 많은 승려늘이 불상이나 탱화 및 티베트어 문헌들을 몸에 지니고 국외로 나갔다. 특히 티베트·인도·네팔의 국경

부근 지역에서 많은 저작들이 국외로 반출되었다. 1960년대 이래, 이런 원전들이 미국정부 차원의 도서수집프로젝트 원조하에 차례차례 복제 출판되었다. 그 이전에는 티베트어 원전은 극히 제한된 도서관에만 보존되어 있었지만, 현재는 희귀본을 제외한 많은 저작들을 쉽게 입수할 수 있게 되었다. 오히려 그 방대한 텍스트들 앞에서 넋을 잃지 않을 수 없는 상황이 되고 있다.

최근에는 서양에서뿐만 아니라 인도에 있는 티베트인의 사원에서도 컴퓨터를 이용하여 DTP로 티베트 문자 텍스트가 출판되는 일도 많아졌다. 또한 미국인들이 중심이 되어 텍스트의 컴퓨터 입력을 진행하고 있는 프로젝트(Asian Classic Input Project)와, 현재는 입수하기 힘든 텍스트를 스캐너로 읽어서 PDF화하여 배포하는 프로젝트(Tibetan Buddhism Resource Center)도 시작되었다(42장 참조).

▲후쿠다 요이치

14장
시간을 초월한 딴뜨라 수행자 빠드마삼바바

티베트를 여행하는 사람은 가는 곳마다 '구루 린뽀체'라는 이름을 듣게 되고, 왼손에 카땀까(끝이 세 갈래인 해골지팡이)를 쥐고 수염을 기른 형상에 절을 하게 된다. '구루 린뽀체'란 '보석과 같이 귀한 스승'이라는 의미로, 8세기에 티베트에 밀교를 전파한 인도의 수행자 빠드마삼바바의 존칭이다. '빠드마삼바바'는 '연꽃(padma)에서 태어난(sam) 존재(bhava)'라는 이름 그대로 연꽃으로부터 환생했다고 하는 불가사의한 일화가 전해지며, 또한 붓다의 제자인 아난다(Ananda) 밑에 출가하여 아소카 왕을 교화했고, 8세기에는 티베트를 불교로 진무(鎭撫)했으며, 지금도 여전히 나찰(羅刹)의 나라에서 설법을 행하고 있다는 완전히 시공을 초월한 존재이다. 빠드마삼바바의 생애를, 티베트에서 가장 널리 읽히는 전기 『뻬마까탕』에 근거해서 요약해보면 다음과 같다.

인도 우르겐 왕국의 왕 인드라부디는 많은 재산을 가지고 있었지만, 두 눈이 보이지 않았으며 왕자를 얻는 기쁨도 누리지 못했다. 그래서 불·법·승 삼보(三寶)에 귀의하여 어렵고 축복받지 못한 사람들에게 보시를 했다. 한 번은 왕이 시종들과 함께 지방에 가게 되었는데, '티없는 빛을 지닌 것'이라는 이름의 호숫가에 도달했다. 이때 연꽃이 빽

빠드마삼바바. 왼손에 카땀까(해골지팡이)와 까빨라(해골잔)를 쥐고 있다.

빽이 피어 있는 호수 한가운데에 한 사내아이가 앉아있었다. 왕이 작은 배를 타고 가까이 다가가자 여덟 살 정도의 미소년이 연꽃 위에 앉아 있는 것이었다. 왕이 "불가사의한 아이로다. 아버지는 누구이며, 어머니는 누구이냐"라고 묻자, 아이는 "제 아버지는 명지(明智, 빛나는 깨달음의 의식)입니다. 제 어머니는 낙공무별(樂空無別, ☞ 용어해설12)의 보현녀(普賢女, 보현보살의 여성 파트너)입니다"라고 대답했다. 너무나 놀란 왕이 목이 메어 감격의 눈물을 흘리자 이전에는 보이지 않던 눈이 떠졌다. 왕은 이 아이를 후계자로 삼기 위해 왕궁에 데리고 돌아왔다. 이 아이가 바로 빠드마삼바바이다.

이 아이가 여러 학문과 기술을 습득하여 뛰어난 젊은이로 성장한 어느 날, 금강살타(金剛薩埵, ☞ 용어해설18)가 눈앞의 허공에 나타나 세속에서의 삶을 버릴 때가 도래했음을 알렸다. 빠드마삼바바는 성문을 나서는 날 아침, 알몸에 뼈로 만든 장신구를 두르고 손에는 금강저(金剛杵: 밀교의 법구, ☞ 용어해설21)와 카땀까를 쥔 고행자의 모습으로 궁전 지붕 위에서 뛰어다니기 시작했다. 성 주변에는 수많은 구경꾼이

14장 시간을 초월한 딴뜨라 수행자 빠드마삼바바

모여들어 위를 올려다보고 있었는데, 빠드마삼바바의 손에서 금강저와 카땀까가 미끄러져 떨어져서 한 대신의 아내와 아들의 생명을 앗아갔다. 한순간 빠드마삼바바는 이 모자가 전생에 자기를 죄에 빠뜨린 자이며 그 업에 의해 죽은 것이라고 설명했지만, 분노

금강살타(金剛薩埵). 깨달음의 경지에 필요한 지혜를 상징하는 금강저(金剛杵)와 자비의 일체화를 상징하는 금강령(金剛鈴)을 지니고 있다.

한 사람들은 그를 살인죄로 재판받도록 왕을 몰아세웠으며, 왕은 할 수 없이 빠드마삼바바를 국외로 추방했다.

빠드마삼바바는 밀교의 수행장인 인도 각지의 묘지들을 전전한 후에 붓다의 제자 아난다 밑에서 승려가 되어 현교의 가르침을 공부했다. 그리고는 다시 많은 묘지들을 돌아다니며 밀교 수행을 했으며, 우르겐 서북쪽에 있는 사올국에서 왕가의 딸 만다라바를 수행 파트너로 맞아들였다. 이때부터 빠드마삼바바는 학습과 수행에 의해 얻은 힘을 가지고, 인도 각지의 왕들을 열심히 불교로 개종시켰다. 그 중에서 유명한 에피소드 한 가지를 예로 들어보자.

빠드마삼바바는 어느 날, 자신을 추방했던 우르겐국을 교화하기로 했다. 비나사라는 여인이 운영하는 술집에 이르러, "해가 질 때 술값을 내겠소"라고 하고는 술집에 있는 술을 마시기 시작했다. 그러나 그 날은 아무리 시간이 지나도 해가 지질 않아 우르겐국의 나무들이 말라갔

으며 샘들이 말라버려 생명이 있는 존재들이 모두 고통스러워했다. 왕이 사정을 알아보다 비나사로부터 술 마시기를 계속하고 있는 요가 수행자의 이야기를 듣고는 빠드마삼바바 앞으로 나아갔다. 그러고는 "요가 수행자님, 생명이 있는 존재들을 생각해주십시오. 술값이 없으시다면 제가 모두 내 드리겠습니다"라고 하며 술값을 갚아주니 빠드마삼바바는 태양을 놓아주어 서서히 해가 졌다. 우르겐국의 왕과 술집 여주인 비나사 모두 이후 빠드마삼바바의 제자가 되었다.

한편, 티베트에서는 티송데쩬 왕이 불교를 확립하기 위해 인도의 학승 샨따라크시따를 초청하여 최초의 사원인 삼예 사원을 건립하려고 했다. 그러나 티베트의 귀신들이 못하도록 방해했다. 불교의 융성을 곱게 보지 않던 귀신들의 방해로 인해 낮에 세워진 건축물이 밤이 되면 무너지는 등 공사가 전혀 진척되지 않았다. 이때 샨따라크시따는 "제가 닦은 자비의 수행으로는 이 귀신들을 제압할 수 없습니다. 우르겐의 밀교 수행자 빠드마삼바바가 밀교의 기교로 귀신들을 항복시킨다면 그들이 잠잠해질 것입니다"라고 하며 티송데쩬 왕에게 빠드마삼바바를 초청하도록 권했다. 이렇게 하여 빠드마삼바바는 티베트에 초청되었으며, 그가 오는 동안 줄곧 티베트 귀신들을 힘으로 제압해 나갔다. 예컨대 남탕까르낙에 이르렀을 때는 강까르 남멘까르모 신이 천둥을 내려 보냈다. 빠드마삼바바는 그 천둥을 손가락으로 휘감아 호수로 던져버렸다. 신이 두려워하며 호수 가운데로 도망을 치자 호수가 부글부글 끓어올라 신의 가죽과 살이 분리되어 버렸다. 빠드마삼바바가 금강저로 신의 오른쪽 눈을 뽑으니 신이, "이제부터는 더 이상 방해하지 않겠습니다. 한 번만 용서해 주십시오. 무슨 일이 있어도 당신의 명령을 따르겠습니다"라고 손이 발이 되게 빌었기 때문에, 빠드마삼바바는 샤메도르제 유된마라는 비밀 이름을 내려 매장경전의 경비를 맡겼다. 빠드마삼바바는 같은 방법으로 차례차례 티베트의 귀신들을 잡아서 자신의 시종으로 변화시켜 가며, 마침내 중앙 티베트에 도착하게 되었다.

빠드마삼바바와 티송데쩬 왕이 첫 대면하게 되었을 때 왕은 마음속으로, '나는 전 티베트의 왕이다. 샨따라크시따도 나를 섬겼으니 이 밀교 수행자도 나에게 절을 하겠지'라고 생각했다. 그러자 빠드마삼바바는 그것을 간파하고, 자신을 찬양하는 노래를 부르자 신통력에 의해 왕의 옷에 불이 붙어 타버렸다. 결국 왕은 땅을 구르며 빠드마삼바바를 섬기는 꼴이 되어버렸다. 빠드마삼바바의 힘으로 삼예 사원은 무사히 완공되었으며, 이 사원에 모여든 인도와 티베트의 번역가들은 산스크리트어 경전을 티베트어로 옮겼다. 빠드마삼바바가 티베트인에게 밀교를 전수한 결과 남케닝뽀를 비롯한 25명의 티베트인이 신족(神足, 마음대로 모습을 바꾸거나 원하는 장소로 순간이동을 할 수 있는 능력) 등의 초능력을 체득했다. 빠드마삼바바는 또한 티베트 이곳저곳의 산, 호수, 동굴, 바위, 사원 내부 등에 수행의 비법이나 예언들을 기록한 경전들을 숨겨놓았다. 그리고 정해진 시기가 되면 축복받은 발굴자에 의해 다시 세상에 나타날 것이라고 예언을 한 후 그것을 다끼니(☞ 용어해설17)들이 지키도록 했다.

어느 해 정월 초하루에 티송데쩬 왕은 기마행렬 도중에 누군가가 쏜 화살에 맞게 되었다. 그 후 왕은 병상에 눕게 되었으며 59세가 되던 해에 눈을 감았다. 빠드마삼바바는 이 죽음을 비밀에 부치고 계속해서 왕정을 장악했으며, 14년 후에야 그 죽음을 공개하고 왕자인 무네쩬뽀를 즉위시켰다. 또한 무네쩬뽀가 살해된 후에는 무티쩬뽀를 즉위시켰다.(이 내용은 다른 역사서들과는 달리 빠드마삼바바 전기에만 기술되어 있다.) 이리하여 빠드마삼바바는 티베트에 불교가 충분히 번영하게 되었음을 확인하사, 이제 나찰(羅刹)의 나라로 가셨나고 선언했다. 나찰의 나라를 굴복시키지 않으면 온 세상이 나찰의 지배를 받고, 인간은 모두 그들에게 잡아먹혀 버리기 때문이다. 빠드마삼바바는 왕과 왕비, 가신 그리고 신들에게 각각 마지막 가르침을 베풀었는데, "저는 나찰의 나라 중앙에 있는 상독뻴 산으로 갑니다. 모든 나찰들은 불교에 입문하게 될 것입니다. 왕께서도, 가신들께서도, 모두 깨달음의 경지에 이르십시오"라고 말하자마자 공중으로 떠올랐으며, "낮에는 관세음보살을, 밤에는 저를 스승으로 삼아 수행하십시오"라는 말을 남기고는 준마에 올라탄 채 무지개 같은 오색 빛을 내뿜으며 허공으로 사라져버렸다. 남겨진 무티쩬뽀 왕과 그 신하들은 사막에 던져진 물고기처럼 땅을 구르며 비통해했다. 이렇게 해서 빠드마삼바바는 나찰의 나라에 갔으며 지금도 나찰의 나라 상독뻴 산에서 설법을 행하고 있다고 한다.

    이상과 같이 그의 인생 절반을 차지하는 귀신들과 왕을 법력으로 무릎 꿇게 하는 에피소드들은, 신이든 왕이든 세간에 존재하는 것들은 출세간(出世間)의 가르침인 딴뜨라 불교의 법력에는 이길 수 없다는 것을 보여주기 위한 것이라 할 수 있다. 티베트의 귀신들을 마음대로 조종하는 빠드마삼바바는 티베트 국토의 평화를 지켜주는 수호신으로서, 위로는 국가지도자로부터 아래로는 서민층에 이르기까지 신앙의 대상이다. 또한 네팔, 티베트, 부탄의 도처에 있는 빠드마삼바바 관련 성지들은 지금도 빠드마삼바바의 사적을 흠모하는 닝마파 수행자들이 모여서 혹은 흩어져서 수행을 하는 장소가 되고 있다.

▲이시하마 유미코

15장
음유하는 요가 수행자 밀라레빠

> 당신이 수행의 깊은 가르침을 구한다면
> 배움을 구할 수 없고, 학자가 되어서는 안되니
> 그렇지 않으면 세속의 일들과 원망(願望)이 당신을 지배한다.
> 이 삶을 미련 없이 버려야 하는 것이다.
> 신중하게 검소하게
> 그렇게 살면 당신은 길을 찾게 될 것이다.
> ―밀라레빠 『십만송』 중에서

밀라레빠(1052~1135)의 드라마틱한 삶과 그의 아름다운 노래들은 티베트인이라면 모르는 이가 없다. 밀라레빠의 생애는 복수의 일념에 사로잡혔던 암울했던 전반기와 깨달음을 얻은 후의 청렴한 후반기라고 하는 전후 대조적인 생활방식으로 특징지어진다. 밀라레빠는 "사람으로 태어났다는 것은, 그 다음에 더 나쁜 삶으로 떨어질 것인가 아니면 더 좋은 삶으로 올라갈 것인가라는 경계에 있는 것이다"라고 술회하고 있는데, 그 자신의 인생이야말로 확실하게 이 말을 체현한 것이었다.

   밀라레빠는 어머니, 여동생, 정혼자, 스승의 부인인 닥메마 등 주변의 여성들로부터 많은 영향을 받았다. 우선, 그에게 악업으로 가득한 전반생을 살아가게 한 이는 재산을 빼앗긴 원한으로 아들에게 복수를 강요했던 친어머니였다. 또한 후반생을 시작하는 데 있어서 그가 성스러운 길로 나아가는 것을 도와준 이는 스승 마르빠의 아내인 닥메마였다. 이 두 사람은 우선 융의 원형론(元型論) 등으로 설명되는 '두 명의 어머니'(인간의 어머니, 신의 어머니)에 해당된다고 할 수 있다. 밀라레빠의 전기에서 곳곳에 여성들이 등장할 뿐만 아니라 중요한 역할을 하는 배경에는 밀라레빠가 요가 수행자인 것과 연관이 있을지도 모르겠다. 독신의 계율을 지키는 수도원생활을 하는 학승에게 여성은 일생동안 인연이 닿지 않는 존재이다. 그러나 속세에 머물면서 아내나 파트너와 함께 살며 수호신 다끼니의 보호를 받는 요가 수행자에게는 여성의 이미지가 강한 그림자를 드리우게 된다.

밀라레빠의 아버지는 티베트의 명문 귀족 꿍뽀 씨였으며, 어머니는 냥 지방의 왕족 출신으로, 이 두 사람 사이에서 1052년에 밀라레빠가 태어났다.(출생년도에 대해서는 여러 설이 있다.) 그의 가족은 비옥한 토지를 소유했으며, 네 살 아래의 여동생 뻬따와 제세라고 하는 정혼자에게 둘러싸여 부족함 없는 소년시절을 보냈다. 그러나 일곱 살이 되었을 때 아버지가 중병에 걸려 세상을 떠나자 밀라레빠의 인생은 완전히 뒤바뀌게 되었다. 후견인으로 나선 숙부는 밀라레빠 집안의 재산을 장악하고 밀라레빠 모자를 하인으로 취급하며 학대했다. 어머니는 밀라레빠가 15세가 되었을 때 연회를 열어 마을사람들을 초청하고 남편의 유언장을 낭독하여 성인이 된 밀라레빠에게 재산을 돌려줄 것을 숙부에게 요구했다. 그러나 보통 때는 서로 싸우기만 하던 숙부 내외도 돈 문제에서만은 일심동체가 되어, 재산은 처음부터 자신들의 것이었으며 밀라레빠의 아버지는 임종시에 원래 주인에게 재산을 돌려준 것이라고 뻔뻔스럽게 거짓말을 했고, 게다가 밀라레빠 모자를 집에서 쫓아내기까지 했다.

집을 잃은 밀라레빠 일가에게 마을사람들은 냉담했으며, 오직 외삼촌과 정혼자인 제세의 가족들만이 이 빈털터리 일가에게 신경을 써주었다. 이런 가혹한 상황에 처하게 되자 어머니는 정신이 이상해지기

15장 음유하는 요가 수행자 밀라레빠

밀라레빠. 오른손을 귀에 대고 작은 새소리에 귀 기울이는 모습으로 표현되어 있다.

시작했다. 하루는 밀라레빠가 밭일을 마치고 노래를 부르며 돌아오는 것을 발견하고는 노발대발하여 밖으로 뛰어나가 밀라레빠의 머리를 때리기 시작했다. 그러면서 "이 녀석아, 넌 이런 참혹한 꼴을 당하고도 노래가 입에서 나오느냐? 넌 복수를 해야만 한다. 주술사가 되어 우리 모자에게 고통을 가져다 준 숙부·숙모 부부를 포함해서 주변 놈들 모두의 씨를 말려 버려야 한다"고 욕을 해댔다. 밀라레빠는 이런 어머니의 소원대로 흑마술을 마스터한 다음 숙부 아이들을 저주하여 죽이고 마을사람들의 밭에는 우박을 내리게 하여 엉망으로 만들어버렸다.

복수를 마친 밀라레빠는 그 악업의 응보를 두려워하며 자신의 운명을 구제하기 위해 진정한 스승을 찾아 여행을 떠났다. 여행 도중에 인노에서 산스크리트어 경선을 구해오고 있다고 하는 고승 마르빠의 이름을 듣고 밀라레빠는 마르빠의 제자가 되기로 결심했다. 그 전날 밤,

마르빠와 그의 부인 닥메마는 운명적인 제자와 만나게 될 것을 예감하는 꿈을 꾸었다. 꿈에서 마르빠는 그의 스승인 나로빠로부터 때가 낀 수정금강저와 황금물병을 받았으며, 아울러 "이 물병의 물로 금강저의 때를 벗겨내어 승당(勝幢, 불당을 장식하는 깃발) 꼭대기에 걸어놓아라. 그렇게 하면 옛적에 성불한 불(佛)들은 물론 생명이 있는 모든 것들까지도 기뻐하게 될 것이다"라는 말을 들었다. 여기서 때가 낀 금강저는 전반생에 쌓은 악업으로 말미암아 운명을 더럽힌 밀라레빠를 상징하며, 그 더러움을 마르빠가 깨끗이 씻겨 밀라레빠의 이름이 세상에서 크게 유명해질 것을 암시하고 있었다. 밀라레빠의 법명 '셰랍('지혜'를 의미함) 겔첸('승당'을 의미함)'은 마르빠가 이 예언의 꿈에 기초해서 붙여준 것이다.

마르빠는 처음에는 밀라레빠를 제자로 인정하지 않고 생트집을 잡아서 손찌검을 하거나 발길질을 하는 등 가혹한 학대를 계속했다. 이는 그가 범한 악업에 대한 대가를 지불하게 하기 위한 것이었으며, 스승에 대한 흔들리지 않는 귀의심(歸依心)이 생겨나도록 하기 위한 것이기도 했다. 밀라레빠는 이런 지나친 처사 때문에 몇 번이나 마르빠를 떠나려고 했지만 그때마다 밀라레빠를 만류한 이는 마르빠의 아내 닥메마였다. 온갖 시련이 지난 후, 마침내 마르빠는 밀라레빠에게 관정(灌頂)을 내렸으며, 밀라레빠는 마하무드라의 법을 수행하는 것을 허락받았다.

그 후, 고향의 환영을 보게 된 밀라레빠는 마르빠에게 작별을 고하고 고향으로 돌아왔다. 고향땅은 황폐해졌으며 어머니는 옛 집터에서 이미 백골이 되었고 생활이 곤란해진 여동생은 구걸을 나선 후 행방불명이 되어 있었다. 이런 사실을 알게 된 밀라레빠는 현세의 무상을 느끼고 땅을 백모에게 넘겨주고 다까르따소 동굴에 틀어박혀 깨달음의 경지를 달성할 때까지는 거기서 나오지 않겠다고 맹세했다.

그때부터 밀라레빠는 수년 동안 동굴 안에서 은둔생활을 하면서 명상을 멈추지 않았다. 먹을 것이 없어지자 보통사람들은 쓴맛 때문에 입에 대지도 못하는 쐐기풀을 삶아서 그 즙을 마시며 명상을 계속했다. 쐐기풀을 계속 먹다 보니 밀라레빠의 몸은 푸른색으로 변하여 그 모습이 악마처럼 되었다.

머지않아 괴상한 요가 수행자의 소문을 듣고 여동생 뻬따와 옛 정혼자 제세가 밀라레빠를 찾아왔다. 뻬따는 굶어 죽어가고 있는 오빠 밀라레빠를 보고 눈물이 앞을 가렸지만, 밀라레빠는 요가 수행의 훌륭함을 자랑스럽게 노래했다. 제세가 오랜만에 먹을 것을 가져다주었기 때문에 밀라레빠는 몸에 활력이 돌아와 마침내 깨달음의 경지를 이루었다. 이 장면은 고행으로 바짝 말라 있던 붓다가 마을 아낙네 수자타가 바친 요구르트를 먹고 다시 활력을 얻어 마침내 깨달음의 경지를 얻었다는 불교 전승의 유명한 일화를 연상시킨다.

밀라레빠는 평생토록 절에 머문 일이 없으며, 은둔과 방랑을 계속했고, 앞에서 인용한 것과 같은, 요가에 의해 다다를 수 있는 지복(至福)의 경지를 끊임없이 노래했다. 그리고 화려한 사원에서 제자들에게 섬김을 받으면서 안일한 생활을 탐하는 학승들을 비판하고, 진정한 불교 수행자란 세팔법(世八法, 부귀·빈곤, 명성·악명, 상찬·비방, 행복·불행) 모두를 날려버린 자신과 같은 요가 수행자라고 설파했다.

어느 날, 이런 밀라레빠의 명성을 질투한 학승 짝푸와는 밀라레빠에게 망신을 주기 위해 많은 사람들 앞에서 논리학 논쟁대결을 청해왔다. 밀라레빠가 이런 논쟁은 아무런 의미가 없다는 내용의 노래를 지어 부르니, 시주들은 모두 밀라레빠의 노래에 빠져들어 학승의 덕은 밀라레빠의 털구멍 하나에도 미치지 못한다고 말했다. 이 일로 밀라레빠를 너욱 증오하게 된 학승은 사신의 애인에게 독을 주며 밀라레빠에게 바치는 요구르트에 그 독을 타도록 명령했다. 밀라레빠는 이 여인의 헌상품에 독이 들어가 있는 것을 알면서도 이번 생애에 이루어야 할 모든 일들이 끝났음을 깨닫고, 일부러 그 독을 단숨에 들이켜 인생을 마감했다. 향년 83세였다고 전해진다. 그의 직제자 닥뽀하제는 밀라레빠의 실천에 더하여 교리체계를 완성했기 때문에 그 제자들 다수는 각각 하나의 파를 일으켰다. 이리하여, 밀라레빠의 이름은 티베트 구석구석까지 널리 퍼져 나갔던 것이다. ▲이시하마 유미코

16장
문수보살의 계시를 받은 대학승 쫑카빠

> 쫑카빠는 모든 불보살의 아버지 격인 성스러운 문수보살의 존안(尊顔)을 몇 번이고 직접 배례했으며, 문수보살께서 스승이 되어주셨기 때문에 모든 불보살의 말씀내용을 오해 없이 이해할 수 있었다. 그 어떤 심오한 가르침에 대해서도 올바르게 이해했으므로, 쫑카빠의 사상을 바른 논리로 상세히 검토해보면 대부분은 부처님의 뜻과 같은 것을 알 수 있다.
>
> ―『쫑카빠 전기』에서

쫑카빠는 티베트 불교의 최대 종파인 겔룩파의 창시자이다. 그의 본명은 로상 닥빼 뻴이며, 쫑카빠란 그가 태어난 동북 티베트(지금의 칭하이성)의 마을이름 '쫑카'에서 따온 별명이다.

쫑카빠는 1357년 아버지 다르가체 룬붐게와 어머니 셩모아쵀 사이에서 여섯 형제 중 넷째로 태어났다. 어렸을 때부터, 마치 아기가 배우지 않고 젖을 빨 듯이 자연스럽게 보살행을 수행하고, 가난한 자들에게는 구원의 손길을 뻗쳤으며 친구들에게는 상냥했고 깊이를 알 수 없는 지혜가 있었다고 한다. 3세 때 돈둡린첸이라는 승려에게 맡겨졌으며, 7세에 출가하여 불교의 기초를 배우고 밀교의 관정(灌頂, 입문의례) 등을 받았다.

16세가 되었을 때, 쫑카빠는 보다 깊이 불교를 익히기 위해 돈둡린첸에게 하직인사를 하고 중앙 티베트로 향했다. 위 지방(중앙 티베트의 동부지역)에서는 디궁 사원·첼 사원·데와쩬 사원 등에, 짱 지방(중앙 티베트의 서부지역)에서는 샬루 사원·사꺄 사원 등에 다양한 종파의 본산을 편력하며 주로 반야사상을 연구했다. 이후 동쪽으로 돌아와 야르룽의 남겔에서 구족계를 받고 비구(比丘)가 되었다. 그의 전기에는 이 무렵 그가 보여준 초인적인 기억력·토론능력·강의능력 등에 대한 많은 일화가 기록되어 있다.

1390년 봄에 쫑카빠는 우마빠(중관학파를 의미함)라는 이름의 승려와 운명적인 만남을 갖게 되었다.

우마빠는 쫑카빠와 마찬가지로 동북 티베트 출신의 승려로, 어려서부터 문수보살의 목소리가 들린다고 하는 특이한 체질이었다. 쫑카빠는 우마빠에게 보인다는 문수보살의 환영이 진짜인지 가짜인지 확인하기 위해서 불교철학의 난해한 문제를 물었다. 그러자 막힘없이 이 문제를 풀어보였기 때문에, 쫑카빠는 우마빠가 보는 문수보살로부터 중관사상을 비롯하여 불교의 깊은 뜻에 대한 다양한 가르침을 받게 되었다.

그 후 쫑카빠는 일단 우마빠와 헤어져 샬루 사원의 수행자 쿵뽀레빠, 데첸 사원의 최기뻴바 등의 밑에서 딴뜨라의 가르침과 실천에 대해서 배우고, 그 후 다시 우마빠와 함께 성지인 가와동에 칩거하여 우마빠를 매개로 하여 집중적으로 문수보살의 가르침을 받았다. 문수보살의 가르침은 난해하여 쫑카빠에게는 이해할 수 없는 점이 많았으나, 문수보살은 언젠가 때가 되면 이해할 수 있다고 대답할 뿐이었다. 그리고 쫑카빠는 문수보살과 일체화하는 명상수행을 한 결과 마침내 스스로 오색으로 빛나는 아라파차나 문수보살의 환영을 눈으로 확인하는 데 성공했다. 이후 쫑카빠는 우마빠의 매개 없이 직접 문수보살의

16장 문수보살의 계시를 받은 대학승 쫑카빠

가르침을 들을 수 있게 되었다.

어느 날 밤, 쫑카빠는 나가르주나, 아랴데바, 찬드라끼르띠, 샨티데바, 붓다빨리따 등 인도의 대표적인 중관사상가들이 공사상에 대해서 토론하고 있는 꿈을 꾸었다. 이 다섯 명 중에서 붓다빨리따가 일어나서 쫑카빠의 머리 위에 그가 쓴 『중론』의 주석서를 놓고 가지(加持, 붓다의 자비가 수행자의 마음에 전달·감응되는 것)를 했

쫑카빠. 오른쪽에 검, 왼쪽에 경전을 들고 있는 문수보살의 모습으로 표현되고 있다.

다. 쫑카빠가 꿈에서 깨어나 붓다빨리따가 가리킨 페이지를 펼쳤을 때, 돌연 중관사상(☞ 용어해설3)의 깊은 뜻을 이해할 수 있었다. 쫑카빠는 그때의 감동을 『뗀델 되빠』(緣起讚)라는 짧은 저작에 정리해 놓았으며, 그 상세한 내용에 대해서는 나중에 대저 『람림』(깨달음에 이르는 길의 단계)의 마지막 장에서 명확히 밝혔다(17장 참조).

이렇게 하여 자신만의 철학을 완성한 쫑카빠는 사색하는 사람에서 행동하는 사람으로 변한다. 징치에는 아띠샤 시기까지 거슬러 올라가는 유서 깊은 미륵불상이 있었는데, 묘지에서 넘어져 있는 채로 새똥에 더럽혀지고 있는 상태였다. 쫑카빠는 이를 안타깝게 여겨 기금을 모아 불상을 보수했다. 이때 보수를 맡은 일꾼들에게 쓸데없는 잡담을 금하는 동시에 보수가 진행되는 동안 기원문을 낭독하게 했다. 그러자 이런 고결한 사업에 응답이 되었는지, 완공일에 칠불(七佛, 붓다 탄생 이전에 차례로 붓다가 된 까마득히 먼 옛날의 일곱 부처)이 하늘을 날아다니며 징치에 모습을 드러냈다고 한다.

그리고 나서 쫑카빠는 남쩨딩에서 계율을 그 세부사항에 이르기까지 엄격하게 지키기 위한 법식(法式)을 확립했다. 이와 관련하여, 쫑카빠의 가르침을 따르는 사람들이 겔룩파(깨끗한 계율의 종파)로 불리게 된 것은 그들이 쫑카빠의 가르침에 따라 계율을 엄격하게 지키는 청렴한 승원생활을 했기 때문이다.

그 뒤부터 쫑카빠는 성스러운 수도인 라싸에서 모든 생명 있는 것의 행복을 기원하기 위해서 성대한 법회를 열기로 결정한다. 디궁 사원이나 라뎅 사원에 이르기까지의 모든 승려와 속인들에게 신분의 고하를 막론하고 자금제공을 호소했으며, 그 자금을 바탕으로 장인들을 모집하여 조캉, 라모체 등 라싸의 고찰들에 모셔져 있는 불상이나 탱화의 먼지를 제거하여 깨끗한 본래의 모습으로 복원시켰다. 그리고 1409년 1월 1일부터 대보름날까지 조캉 사원의 불상 앞에서 대규모 대기원법요(大祈願法要)를 주재하고, 그 기간 중에는 조캉 사원의 불상과 관세음보살상(랑쬔아덴)에 금을 녹여 매일 금칠을 하고, 8일과 15일에는 전신에 금칠을 했다. 또한 밤에는 순례하러 온 사람들을 위해 낭꼬르와 바르꼬르(5장 참조) 주위에 버터 램프를 빽빽이 늘어놓아 밝게 비추었기 때문에, 라싸의 거리는 밤이 되어도 대낮처럼 밝아서 버드나뭇잎 그림자 하나하나를 셀 수 있을 정도였다고 한다.

1419년, 몇 년에 걸쳐 몸 상태가 좋지 않았기 때문에 죽음을 예감한 쫑카빠는 결가부좌(結跏趺坐, 양 발등을 허벅지에 붙이는 정좌의 한 방법)를 하고 마지막 명상에 들어갔다. 그 자세 그대로 숨이 끊어지는 순간, 병으로 쇠약해진 얼굴이 보름달 같이 밝게 빛났으며, 주름살 하나 없는 천진난만한 어린아이의 모습으로 변했다. 이는 쫑카빠의 의식이 사후에 문수보살과 일체화되었기 때문에 그 모습 또한 문수보살의 모습인 어린아이의 형상으로 변한 것이라고 말한다. 쫑카빠의 유해는 그대로 미라가 되어 은으로 만든 불탑에 넣어 간덴 사원에 안치되었다.

16장 문수보살의 계시를 받은 대학승 쫑카빠

장례 때에는 진주 빛깔의 천화(天華)가 하늘에서 내리는 등 기이하고 상서로운 징조들이 있었다고 한다.

쫑카빠가 창시한 뢴람(기원회)은 이후 겔룩파 최대의 연중행사가 되었으며, 나중에는 티베트 최대의 연중행사가 되었다. 예전에는, 뢴람 기간에 승려들의 학위취득시험이 시행되어 티베트 전역에서 많은 승려들이 모여들었다. 특히 마지막 날인 15일에는 조캉 사원의 순례로인 바르꼬르 거리에 불상에 공양을 하기 위한 또르마(공양에 이용되는 버터 세공)가 나란히 놓여 있었기 때문에 이를 구경하러 나온 사람들이 인산인해를 이루었다.

뢴람 기간에는 사람들의 종교적 열정이 1년 중 최고조에 이르기 때문에, 정정(政情)이 불안한 시기에 이렇게 사람들이 많이 모이면 종종 폭동으로 발전했다. 1959년 달라이라마 14세가 인도로 망명을 한 계기가 된 티베트인의 봉기는 달라이라마 14세가 라람빠 학위를 취득한 해의 뢴람 기간 직후였으며, 1987년 티베트 독립시위 또한 뢴람에 모인 승려들에 의해 시작되었다. 그래서 최근에는 뢴람 기간이 되면 중국 당국은 신경이 예민해져서 그 기간에 한하여 고승들을 지방의 법요에 보낸다든지, 또르마 공양을 금지시킨다든지 하며 종교적 분위기가 과열양상을 띠지 않도록 애를 쓰며, 아울러 바르꼬르 거리를 비롯하여 라싸 여기저기에 무장경찰을 배치하여 티베트인을 감시한다.

▲이시하마 유미코

17장
깨달음의 길에 대한 안내서 『람림』

겔룩파의 창시자 쫑카빠(1357~1419)는 젊은 시절부터 티베트 각지를 돌아다니며 여러 스승한테서 가르침을 받았으며, 자신도 20세 무렵부터 저술이나 강의를 할 만큼 뛰어난 재능의 소유자였다(16장 참조). 30대가 되어 문수보살의 목소리를 듣는다는 라마 우마빠라는 승려를 만나게 되었으며, 그를 매개로 하여 문수보살로부터 직접 가르침을 받게 되었다. 얼마 동안은 문수보살의 말을 이해하지 못한 채 그저 문수보살이 이르는 대로 공부와 명상수행을 계속했는데, 40세를 앞둔 어느 날 밤, 인도 중관학파의 학자 붓다빨리따가 『중론』 주석서의 어느 한 페이지를 펴서 쫑카빠의 머리 위에 얹어두는 꿈을 꾸었다. 잠에서 깨어나 그 책의 해당 페이지를 펼쳐 확인을 하게 되었을 때, 이제까지 도무지 이해할 수 없었던 중관사상을 그 심오한 부분까지 이해할 수 있게 되었다.

　이것을 계기로 쫑카빠는 자신의 사상을 체계적으로 정리한 『람림첸모』(깨달음을 향한 길의 단계에 대한 큰 논의)를 저술했다. 이는 쫑카빠의 종파 창시선언의 저술에 해당되며 겔룩파 교리의 뼈대가 만들어진 것이라고 할 수 있다. 사상서라고는 하지만, 그 제목에서 알 수 있듯이 『람림첸모』는 불교 입교에서부터 깨달음에 이르기까지의 실천방법들을 상세히 기록한 책이다. '람림'이라는 가르침은 원래 티베트 후기전파불교의 중심인물인 아띠샤(982~1054)의 『람된』(깨달음의 길을 비추는 등)에서 유래한다(6장 참조). 쫑카빠는 이 아띠샤에서 시작되는 까담파의 사상을 계승했으며, 이를 더욱 심화시켜 『람림첸모』를 저술했던 것이다.

이 '람림'의 가르침이 지닌 특징은 명확하다. 붓다는 그 대상의 필요에 따라 각기 다른 가르침들을 설파했기 때문에(對機說法), 그 말을 모아놓은 경전에서 여러 주장들 중 어떤 경우에는 서로 모순되는 표현도 섞여 있다. 또한 그 이후의 불교역사에서도 많은 논사들이 상이한 입장을 주장해 왔다. 쫑카빠는 '람림'의 위대한 점으로, 당시까지의 불교역사에서 설파된 여러 가지(올바른) 가르침이 서로 모순되는 것이 아니라, 모두 하나의 수행단계의 적당한 지점에 장소를 얻어 적절히 배치되어 있는 것을 들고 있다.

이런 '람림'의 가르침을 계승하여 이를 자신의 종파 창시의 기반으로 삼은 것을 쫑카빠는 자랑하고 있다. 어느 것이 옳은지를 음미하여 옳은 것만을 남기고 나머지를 부정하는 것이 아니라, 불교역사에서 설파된 모든 사상이 붓다의 모든 가르침과 함께 깨달음을 향해 올라가기 위한 하나하나의 단계가 되고 있다는 것이다. 게다가 그것들은 실천적인 안내서로서 쉽게 배울 수 있도록 배치되어 있다고 쫑카빠는 덧붙이고 있다.

『람림첸모』는 이런 실천의 책일 뿐만 아니라, 쫑카빠의 철학적 입장에 해당하는 중관사상을 확립한 책이기도 하다. 실천의 마지막 단계인 '논리적 명상(觀)'에서는 문수보살의 계시를 통해 얻게 된 중관사상의 깊은 뜻이 상세하게 전개되어 있다. 모든 불교의 가르침을 종합하려고 히는 쫑가빠에게, 깨달음이란 단순히 실전직인 수행반으로는 날성뇌지 않으며, 철학적으로도 올바른 견해를 얻어야 비로소 다다를 수 있는 것이다. 철학과 실천을 빠짐없이 실현하지 않으면 안된다는 것이 이 저서 전체를 통해서 제시되고 있다.

『람림』은 크게 나누어 두 부분으로 이루어져 있다. 무엇보다 먼저 불도 수행의 길에 들어서기 위한 준비와 불도 수행을 시작하기 위한 동기를 설명한다. 그 다음에는 불교의 실천적·이론적인 가르침을 하급·중급·상급 세 등급의 사람(下士·中士·上士)을 모델로 하여 설명해 간다. 준비단계는 불교의 가르침을 전해주는 스승을 어떻게 모셔야 하는지에서부터 설명을 시작하는데, 불도 수행을 할 수 있는 얻기 힘든 기회를 얻게 된 것, 그러나 시간은 순식간에 사라져버린다는 사실을 명심하여, 불도 수행에 힘써야 한다는 불도 수행의 각오를 서술하고 있다.

계속해서, 이 현실세계나 윤회세계의 본질이 (어떤 즐거운 것이 있다 하더라도 그 본질은) 고통에 다름 아니라는 것을 인식하고, 그 고통에서 해방되고 싶다는 마음, 즉 출리(出離)의 마음을 일으키는 것이 불도 수행에 뜻을 두기 위한 동기라고 설명한다.

이렇게 하여 불교신앙에 들어설 준비를 마친 뒤에는 불교의 다양한 설법을 각 개인의 자질이나 불도수행의 목표에 부합하도록 순서를 정하여 상세히 설명해 간다. 우선, 불도에 뜻을 둔 사람을 그 뜻의 크기에 따라 상·중·하 세 등급으로 나눈다. 먼저, 제일 하급의 사람은 아직 불도 수행 자체에 들어가는 것은 불가능하지만, 적어도 내세에 불도 수행이 가능한 신세로 태어나기 위하여 도덕적 덕목을 실천하라는 권면을 받는다. 중급의 사람은 자신의 고통으로부터의 해방만을 목적으로 하는 존재이며, 이를 위한 가르침이 바로 소승불교의 교리이다.

상급의 사람은 살아 있는 모든 것을 고통에서부터 구하기 위해 노력하고자 결심한 자이다. 이와 같은 결심을 '보리심'(菩提心, ☞ 용어해설 2)이라고 하며, 모든 살아 있는 것의 구제를 서약하여 보리심을 낸 사람을 '보살,' 그 보살이 나아가는 길을 '보살도'(菩薩道)라 한다. 여기서 설명하는 가르침이 대승불교이다.『람림』의 설명은 대승불교의 수행방법과 이론을 해설하는 데 중심을 두고 있다.

보살도의 단계는 '보리심'을 올바르게 일으키고 자비의 마음을 자신의 중심에 단단히 심어놓는 수행에 대한 설명으로부터 시작된다. 이것을 위한 수행의 실천방법이 '인과의 일곱 가지 비결'과 '자타교환의 명상'이다. 인과의 일곱 가지 비결이란 6단계의 '인'(因)에 의해 마지막 결과로서 보리심을 낸다고 하는 명상방법이다. 우선 ①살아 있는 모든 것이 기나긴 윤회 속에서는 일찍이 자신의 어머니였다는 것이 틀림없다고 생각하고, ②그 어머니였을 때의 은혜를 묵상하여, ③그 깊은 은혜에 감사하는 마음을 일으켜, ④모든 살아 있는 것에 따뜻한 자애의 마음(慈心)이 생기도록 한다. 한편, ⑤실제 살아 있는 모든 것은 고통스러운 윤회의 세계에 꽁꽁 묶여 있음을 보고 깊은 슬픔을 느껴(悲心), ⑥이들을, 즉 옛날에는 자신의 어머니였던 살아 있는 모든 것을 고통스러운 윤회의 바퀴로부터 구해내고 싶다고 마음 깊은 곳에서 원하도록 한다. 이상과 같은 명상을 거치면서 이들이 원인이 되어 ⑦결과로서 보리심을 일으킨다.

또한 자타교환의 명상은 완전히 타자의 몸이 되어 보는 명상수행이며, 자신보다도 타자를 우선하는 마음을 배양하여 이것이 보리심을 일으키는 원인이 된다.

보리심을 일으켜 보살도에 들어선 보살이 수행해야 하는 실천덕목으로서 육바라밀(六波羅蜜: 여섯 가지 완전한 행위, ☞ 용어해설14)을 들 수 있다. 즉 ①보시(布施), ②계율을 지키는 것(持戒), ③인내(忍辱), ④철저한 노력(精進), ⑤정신집중(禪定＝止), ⑥논리적인 명상(智慧＝觀)이다. 쫑카빠는 ⑤정신집중 수행의 실삼이로서 유식파의 문헌을 이용하고, ⑥논리적인 명상의 내용에 중관철학을 보충하고 있다. 인도의 대승불교에서는, 유식파와 중관파는 서로 용납할 수 없는 입장으로 상호간에 비판을 하고 있지만, 쫑카빠의 『람림』 안에서는 실천적인 수행방법으로 유식파의 설이, 논리적인 고찰의 방법으로 중관파의 설이 이용되고 있으며, 또한 정신집중을 논리적 명상을 하기 위해 꼭 필요한 전제로 생각한다는 점에서 양자가 모순 없이 통합되고 있다.

'람림'의 체계 내에서는 이상과 같은 현교(顯敎)의 수행단계 이후에 밀교의 수행단계가 이어지게 되지만, 『람림첸모』에서는 말미에 간단히 언급될 뿐, 그 상세한 설명은 쫑카빠의 또 하나의 주저(主著) 『악림첸모』(비밀진언에 의한 깨달음에 이르는 길의 단계에 대한 큰 논의)에 넘기고 있다.

이렇게 '람림'은 깨달음을 성취하기 위해 실천과 이론 둘 다를 완성하지 않으면 안된다는 주장이 명확한데, 불교 전체의 다양한 덕목이 이런 두 개의 선에 따라서 유기적으로 배치되어 있음을 깨닫게 해준다. 즉 방편과 지혜(☞ 용어해설5), 세속제(世俗諦)와 승의제(勝義諦, ☞ 용어해설8), 유식과 중관(☞ 용어해설3), 광대행(光大行)과 심심견(甚深見, ☞ 용어해설9), 여량지(如量智, 모든 것을 아는 지혜)와 여실지(如實智: 존재의 진정한 본래 모습을 인식하는 지혜, ☞ 용어해설11), 색신(色身)과 법신(法身, ☞ 용어해설10) 등의 쌍 개념들에서, 전자가 실천에, 후자가 이론에 해당한다는 것은 분명하다.

유식사상에서는 명상방법이나 대승의 실천적 덕목(廣大行)이 설명되지만, 이것은 살아 있는 모든 것을 구제하기 위한 방편도 되고 기술도 되며, 또한 모든 사물을 넓게 자세히 아는 지혜와 관련이 있다. 그리고 구체적으로 구제를 행하기 위한 부처의 모습으로서 색형(色形)이 있는 신체(色身)를 획득한다. 한편, 중관의 견해는 모든 것들이 무자성(無自性)이라고 하는 사물의 본질적인 상태를 이해하는 것(甚深見)이며, 그것에 의해서 여실지를 획득하고 진리 그 자체로서의 부처의 몸인 법신(法身)을 실현한다. 그럼에도 이 두 가지는 따로따로 존재하는 것이 아니고 실천은 이론을 위한 것이며 이론은 실천을 이끌어가는 것이 된다. 바로 이런 점이 '람림' 전체를 통해서 묘사되고 있다.

▲후쿠다 요이치

18장
논쟁의 즐거움

티베트 불교는 일본의 불교나 다른 종교들과는 달리 극히 논리적으로 구성되어 있다. 종교라기보다는 철학이라고 하는 편이 더 어울릴지도 모른다. 사상의 내용을 논리적으로 구성하기 위한 방법을 제공하고 있는 것이 티베트의 논리학이다.

사상은 개념을 바탕으로 해서 만들어진다. 각종 개념을 연결시킴으로써 하나의 문장이 만들어진다. 그 문장을 죽 이음으로써 사상이 체계적으로 기술된다. 문장의 최소단위는 '명제'라고 불리는데, 기본적으로는 주어 S와 술어 P로 이루어져 있다. 하나의 명제(이것을 주장명제라고 한다)를 서술하는 경우, 그것에 대한 논거도 기술할 필요가 있다. 논거 R은 단순한 이유가 아니라 주장명제의 주어 S에 대해 성립하는 별개의 술어이다. 주장명제와 그것에 대한 논거를 짝지은 것을 '논증식'이라고 부른다. 사상은 이 논증식을 연이어서 기술한 것이 된다. 논증식은, 또한 그것을 논증하는 다른 논증식을 필요로 하며, 논거에 대한 논거를 척척 찾아서 거슬러 올라간다. 최종적으로는 자명한 사실에까지 도달하거나, 혹은 근본적인 개념의 정의에까지 거슬러 올라가게 된다.

티베트 불교의 주요 개념에는 엄밀한 정의가 마련되어 있다. 티베트 불교의 유구한 역사 속에서 각각의 개념에는 서로 모순이 일어나지 않도록 하는 정의가 형성되었다. 물론 사람이나 종파, 본산이 다르기 때문에 그에 따라 다른 정의도 보이고, 그 정의

절 마당에서 토론을 즐기고 있는 젊은 승려들(다람살라).

를 둘러싼 논쟁이 벌어지기도 한다. 아울러 정의 자체의 논거도 요청되는 일이 있으며, 또한 인도의 경전이나 철학서적들이 논거가 되는 경우도 있다.

논증식의 예를 들어보자. 이를테면,

주장명제: "모든 사물(物)은 무상(無常)이다."
논거: "왜냐하면 원인에 의해 생겨난 것이기 때문이다."

는 불교의 기본적인 주장 가운데 하나, 즉 일체법의 무상성을 주장하는 논증식이다. 여기서 '모든 사물'이라고 하는 것이 주장명제의 주어 S이며, 또한 이 논증식의 '주제'이다. '무상이다'라고 하는 것이 술어이며, 그 주제에 대해 '논증하고 싶은 속성'이다. '원인에 의해 생겨난 것'이라는 속성이, 주제에 대해 성립하는 것으로 논거 R이다.

이 논증식에서는 "원인에 의해 생겨난 것이라면, 그것은 모두 무상이다"라고 하는 일반적 원리가 전제되어 있다. 이런 일반적 원리는 원칙적으로는 '~(논거 R)라면, 이는 모두 ~(논증되어야 하는 술어 P)이다'라는 형식을 취한다. 하나의 논증식을 받아들이면, 여기서는 이런 일반적인 원리가 전제가 되어 논증이 성립되지만, 아울러 그 원리 자

체의 논증이 요청되는 일도 있다.

술어로 사용되고 있는 '무상'이라는 개념은 '한순간밖에 존재하지 않는 것'이라고 정의된다. '사물'은 '어떤 결과를 생겨나게 하는 능력이 있는 것'으로 정의된다. 각각의 개념정의는 서로 연관되며 전체로서 매우 복잡한 체계가 된다. 하나의 개념정의를 설명하기 위해서는 그 전제가 되는 다른 개념의 설명이 필요하게 된다든가, 나아가 그 설명에 또 다른 개념 설명이 필요해지는 상태에서 그 일부만을 일본어로 설명하기는 곤란하다.

이런 논증식은 단지 불교의 주장을 표현하기 위한 형식인 것만은 아니며, 원래 입론자(立論者)와 질문자 사이의 토론형식으로 발전했다. 티베트의 승원에 들어간 젊은 승려들이 우선 몸에 익히지 않으면 안되는 것은 이 토론의 방법이다. 텔레비전 등을 통해, 승원 마당에서 젊은 승려들이 무리를 이루어 한가운데에 앉아 있는 한 승려를 상대로 주위의 승려들이 손뼉을 치거나 발을 구르며 질문하고 있는 광경을 본 적이 있을 것이다. 이것은 경전내용에 대한 이해를 확고히 하기 위해 동료들과 문답을 하고 있는 모습이다. 젊은 승려들은 이런 토론을 통해서 불교의 기본개념 및 기본명제들을 배워 간다. 단지 쓰여 있는 것을 그대로 암기하는 것이 아니라, 그 진정한 의미를 바르게 이해한 것인지 여부를, 한 사람이 세운 주장명제에 대해 주위 사람들이 다양한 관점에서 질문을 던지고 그에 대해 자신의 주장을 논증할 수 있게 함으로써, 보다 정확하고 철저한 이해를 확립하는 것이다.

불교용어뿐만 아니라, 논리적인 개념이나 추상적인 논증방법에 대해서도 피와 살이 될 때까지 반복해서 훈련을 한다. 이런 기본적인 논리학에서 받아들이는, 불교용어 이외의 추상적인 개념에는 다음과 같은 것이 있다. 동일성과 차이성, 보편과 특수, 결합관계와 모순관계, 원인과 결과, 부정과 긍정, 부정적인 존재와 긍정적인 존재, 차이성으로서의 개념, 실재적 존재와 관념적 존재, 인식의 분류, 논증식과 형식 등, 이들 서양의 인식론, 존재론에서도 공통된다고 할 수 있는 화제들이 앞에서 기술한 것과 같은 문답형식으로 논의된다.

이를테면, 인식의 분류에 대해서는 올바른 인식과 그렇지 않은 인식을 모두 포함하여 일곱 가지의 인식형태가 열거되고 있다. ①올바른 결론과는 반대의 것

논쟁상대를 논파하는 달마끼르띠.

을 주장하는 오류지(誤謬知), ②올바른 결론과 그릇된 결론 앞에서 갈피를 못 잡는 의혹지(疑惑知), ③대상이 보이긴 하지만 확실히 확정되어 있지 않은 불명료한 지각, ④근거 없이 올바른 결론을 인식하고 있는 억측, ⑤이미 한 번 인식되었던 것을 다시 인식하고 있는 기정지(旣定知), ⑥올바른 직접지각(直接知覺), ⑦올바른 추리이다. 그 중 마지막 두 가지만이 올바른 인식이다.

티베트 논리학에 이용되는 추상적 개념은 그것을 둘러싼 토론도 티베트어에 밀착한 용어법과 티베트어 독자의 문장형태를 구사하고, 게다기 매우 추상적인 개념을 다그치듯 사용해서 구두로 문답하므로, 외국인인 우리로서는 거의 따라갈 수가 없다.

그런데 이상의 기초논리학은 모든 학과의 전제가 되는 학습방법을 몸에 익히기 위한 것이지만, 그 밖에 불교라는 한 학과로서의 논리학도 존재한다. 겔룩파의 승원에서 기초논리학과정을 마친 승려는 중관, 반야(☞ 용어해설3), 논리학, 아비달마(12장 참조), 율(律) 등 각 학과의 학습에 들어가는데, 여기에서 배우는 논리학은 인도불교논리학의 대성자(大成者) 달마끼르띠(600~660)가 쓴 『쁘라마나바르띠까』(논리학 주해)라는 텍스트의 내용이다.

제목인 '쁘라마나'는 '올바른 인식방법'이라는 의미이며, 단지 불교적인 내용뿐만 아니라 세속적인 문제에 대해서도 '올바른 인식'을 할 수 있는 방법을 엄밀히 규정하고자 하는 의도하에 쓰였다. 이런 '올바른 인식방법'은 인도 논리학의 중심적인 화제이며, 이에 대한 불교도측의 회답이 『쁘라마나바르띠까』였다. 이 책은 그 후의 불교사상에도 심대한 영향을 미쳤으며, 이후 불교의 논서는 많든 적든 이 책에서 제기된 개념구조나 논의의 방법을 그대로 답습하듯이 쓰였다. 앞에서 기술한 기초논리학의 학습에 드러나 있듯이, 티베트 불교에서도 그 영향이 뚜렷하게 보인다.

이 『쁘라마나바르띠까』 자체 역시 연구대상이 되어 티베트에서도 많은 학승들이 방대한 주석을 썼다. 특히 겔룩파와 사꺄파가 이 저작에 대해 관심을 두었으며, 더욱이 두 종파 사이에 격렬한 논쟁도 벌어졌다. 이 책에 대한 근대적인 학술연구는 주로 인도 원전을 기초로 해서 이루어져 왔지만, 티베트인이 남긴 주석들은 티베트 독자의 논리적 개념과 논증식에 의해 쓰였고, 그에 대한 이해는 인도 원전에 기초한 근대적 연구의 성과와 반드시 일치하는 것은 아니다.

『쁘라마나바르띠까』는 1장 '자신을 위한 추리,' 2장 '올바른 인식방법의 확립,' 3장 '직접지각론,' 4장 '타자를 위한 추리'로 나누어져 있으며, 올바른 인식방법을 직관적으로 인식하는 것과 올바른 논거에 기초한 추리에 한정하고, 각각의 정의나 종류, 조건, 대상 등에 대해서 상론(詳論)하고 있다. 그 과정에서 부수적으로 말의 의미대상이나 부정(否定)의 형식, 진정 실재하는 감각적 존재와 언어적 사고에 의해서 허구로 되어버린 관념적 존재, 인식과 대상의 관계, 모든 인식은 자기인식에 다름 아니라는 것 등이 논의된다. ▲후쿠다 요이치

19장
'나'는 어디에도 존재하지 않는다

인도의 대승불교철학은, 가장 먼저 나가르주나(150~250년경)가 나타나 반야경(般若經)의 공사상(空思想)을 철학적으로 표현한 것에서 시작되었다. 그 후 오랜 기간의 명상체험 등을 바탕으로 모든 것은 의식의 발로에 지나지 않는다고 주장하는 유식사상(唯識思想, ☞ 용어해설3)이 대두했지만, 6세기 이후에는 다시 나가르주나의 입장을 이어받은 중관사상(中觀思想, ☞ 용어해설3)이 세력을 회복했으며, 그 이후의 인도불교는 계속해서 중관사상을 근간으로 하면서도 유식사상이나 밀교, 소승의 입장, 윤리학 등을 받아들이며 전개해 나갔다. 인도불교가 티베트에 전해진 때는, 이 후기인도불교가 시작된 7~8세기(전전불교기)와 인도불교가 힌두교의 대두와 이슬람교에 의한 파괴에 의해 위기에 봉착하게 되었던 10세기 이후(후전불교기)인데(6장 참조), 각각 인도불교가 논리학을 받아들이면서도 중관사상을 최종적인 철학적 입장으로 확립시킨 시기와, 밀교를 포함하여 불교의 다양한 입장의 체계화가 이루어진 시기에 대응한다.

중관사상의 가장 근본적인 명제는 "일체의 존재가 무자성이다"라는 것이다. 이것을 논증하기 위한 방법을 둘러싸고, 독립된 논증식을 이용하여 이 명제를 논증할 수 있다고 주장하는 중관자립논증파(☞ 용어해설4)와, 이 명제를 인정하는 자와 그것을 인정하지 않는 자 사이에는 논증을 위한 공통된 기반은 없다고 하여, 존재에 자성(실체·본질, ☞ 용어해설7)이 있다고 생각하고 있는 상대방의 모순을 찌름으로써 존재에 자성이 없다는 것을 이해시키고자 하는 중관귀류논증파(☞ 용어해설 4)라고 하는 두 가지의 입장이 있다. 티베트의 전전불교기에는 전자의 입장을 가진 번역자들이 중심이 되어 불교를 전파했기 때문에 자립논증파가 우세했지만, 후전불교시기에는 후자의 입장을 견지하는 번역이 다수 이루어졌고, 또한 훗날 티베트 불교에 큰 영향을 미친 아띠샤(982~1054, 6장 참조)가 후자를 중관사상의 최종적인 입장으로 삼기도 했기 때문에, 귀류논증파에 대한 이해가 증진되었다. 달라이라마 14세가 속한 겔룩파에서는 그 창시자인 쫑카빠(1357~1419, 16장 참조)가 귀류논증파 지상주의를 강력하게 추진했다. 여기에서는 이 귀류논증파 입장에서 중관사상의 내용을 해설해보고자 한다.

중관사상의 근본 명제는 단 하나 '일체의 존재가 무자성·공이다'라는 점에 있다. 이 주장명제를 둘러싸고 방대한 논의가 겹겹이 쌓여 왔다. 우선, 도대체 무자성이란 어떤 것인가, 그것은 다시 자성이란 무엇인가라는 문제제기로 이어진다. '무자성이다'로 술어가 한정되는 주제가 되고 있는 '존재'란 어떤 것인가라는 물음 또한 논의의 대상이다. 또 이 주장명제를 논증하기 위해서는 어떤 근거가 필요해지는가가 문제된다. 이 근거가 불교의 근본사상 중 하나인 '연기'(다른 것이 인연[緣]이 되어 일어남[起])에 다름 아니다. 공과 연기는 모든 불자들이 불교의 근본사상이라고 생각하는 중요한 개념인데, 중관사상은 이 둘의 관계를 앞에서 말한 근본명제에 관련지어 명확히 하려고 했다. 이 논증식을 구성하는 ①주제로서의 존재, ②부정되어야 하는 것으로서의 자성, ③무자성의 논거로서의 연기라고 하는 세 가지 개념을 중심으로 쫑카빠의 중관사상을 정리해보자.

2부 설국의 불교

중관파의 조사(祖師) 나가르주나와 그를 공양하는 용녀(龍女).

달라이라마 14세는 공에 대해서 설명할 때, "나라고 하는 말의 대상인 나라는 것을 찾아보아도 그 어디에서도 찾을 수 없다. 그러나 나는 존재하고 있다"라는 예를 자주 이용한다. 이 말을 들으면 무언가 속은 듯한, 어딘가 석연치 않은 기분에 사로잡힐 것이다. 확실히 적어도 '나'라는 말이 가리키고 있는 것을 찾았을 때, 나의 여러 부분이나 단편을 떠올릴 수 있지만, 정확히 '나'라고 하는 말에 대응할 것 같은 것을 정확히 지적하려고 해도 무엇을 가리켜 '나'라고 하면 좋을지 알 수 없다. 또한 나라는 것은 그런 부분이나 단편들의 총체에 대해서 '나'라는 이름을 붙였던 것이므로 확실히 '나'에 대응하는 것은 없어도 총체로서의 나는 존재한다고 말할 수 있을까. 이것이야말로 "그럼에도 불구하고 나는 존재한다"라는 말의 의미라고 생각할지도 모르겠지만, 쫑카빠에 의하면 이는 중관귀류논증파 이외의 모든 불자에게 공통적으로 나타나는 이해에 지나지 않으며, 귀류논증파의 독자적인 주장은 아니다.

그렇다면 쫑카빠는 자성의 부정과 나의 존재를 어떻게 생각한 것일까. 쫑카빠에 의하면 우리의 사고는 모두 말에 기초하고 있는 것이다. 사물을 생각하고 있을 때에도 소리를 내서 말하지 않아도 말을 사용하여 생각하고 있다. 더욱이 단지 경치를 보고 있을 때에도, 냄새를 맡고 있을 때에도, 요컨대 사물을 생각하지 않고 지각을 하고 있을 때에도 대상은 각각의 사물로서가 아니라 어떤 의미를 지닌 것으로, 즉 언어적인 구조하에 인식되고 있다. 우리의 인식은 말의 의미에 침투되어 있는 것이다. 또한 어떤 행위를 할 때에도 그 행위를 하기 전에는 역시 말에 의해서 하려 하고 있는 것을 생각하며, 한창 행위를 하고 있는 중에도 실제로 하고 있는 것을 생각하고, 끝나고 나서도 이미 이룬 것을 생각하고 있다. 우리의 인식도 행위도 모두 언어적인 인식에 바탕을 두고 있는 것이다. 물론, 말은 소리를 내서 다른 사람과 커뮤니케이션을 하기 위해 사용하는 것이 본래의 역할이다. 타자와의 관계 또한 말에 의해서 구축되며, 그것을 넓혀 보면 사회도 말을 매개로 해서 구성되어 있다고 이야기할 수 있다.

이 모든 경우에 우리는 별다른 문제없이 말을 사용하여 사고하며, 사물을 보거나 사람에게 자신의 의사를 전하고, 또한 다른 사람의 이야기를 들으며 그것에 맞추어 행동을 한다. 실은 "나는 존재하고 있다"라는 것은 나라는 것이 존재하고 있다는 것이 아니라, "나는 존재하고 있다"고 소리 내서 말하여, 정확하게 이야기는 통하고 누구도 그것이 무엇을 말하는지에 대해 조금도 의심을 품지 않는다는 의미에 지나지 않는다. 이에 대해서 나라는 것이 존재하고 있다고 말할 수 있도록 생각했던 순간에, 그렇다면 그런 나라는 것은 어떤 것인가를 보이지 않으면 안되게 된다. "나는 존재하고 있다"라는 표현은, "나는 오늘 우동을 먹었다" 혹은 "오늘 내 점심식사는 우동정식이었다"고 사람들에게 이야기하는 것과 아무런 차이가 없는 언어행위인 것을 깨달으면, 나란 무엇인가라고 물을 때에 그것이 단순한 언어행위로서가 아니라 언어 바깥으로 나와서 나라고 하는 것이 어떤 것인가를 생각할 수 있게 하려는 것임을 알 수 있을 것이다. 그때 우리는 '나'라는 말에 대응하는 실체, 즉 자성을 생각하고 있는 것이다. 이런 것을 생각하지 않아도 혹은 그런 실체가 없어도, '나는…'이라는 나와 관련된 언어표현은 유효하게 기능하고 다른 사람에게 자신의 의도를 전달할 수 있으며 누구도 의심을 품는 일이 없다.

이처럼 말이 유효하게 기능하고 있는 것을 정지시키고 그 말이 가리키는 것이 무엇인가를 생각해보려 했을 때, 우리는 대개의 경우 그것이 무엇인가에 대해서 일치된 견해에 이르는 경우가 없으며, 확정적으로 이것이다라고 말 할 수 있게 하는 것을 보일 수도 없다. 결국 그것은 그런 실체가 존재하지 않는다는 것을 의미하고 있다. '나'란 무언인가에 대해 철학이 최종적인 결론에 도달할 수 없는 것은 문제가 어렵기 때문이 아니라 애당초 존재하지 않는 것을 찾아내려 했기 때문이다. "나에게는 실체가 없다"라는 것은, '나'라는 그 누구나 아는 말 외에 그 근거가 될 만한 것은 존재하지 않는다고 하는 것이다.

그렇다면 그런 언어 바깥의 존재에 대해서 따져보려고 하지 않는 보통사람들은 사물이 무자성인 것을 이해하게 된 것일까. 아니다. 절대로 그런 일은 없다. 언어표현은 그것을 사람이 어떻게 인식하든 그 자체로서는 건전하게 기능한다. 그러나 우리는 그것이 단지 언어표현의 틀 속에서 기능하고 있다고는 생각하지 않고 언어를 투과하여 그 맞은편에 있는 사물의 일을 생각하며, 게다가 그것이 언어표현과는 독립적으로 존재하고 있다고 생각한다. 언어표현의 작용은 이름에 의해 다양한 사물을 구별하고 그들 사이에 갖가지 연관짓기를 하는 데에 있다. 이름이 붙으면서 비로소 대상이 나타나고 존재하기 시작한다. 그런 대상은 언어적인 의식에 의해 만들어진 것이며 그 자체로서는 존재하고 있는 것이 아니다. 그러나 말을 의식하는 일 없이 사용하는 우리는 그것이 언어적 의식에 의해 만들어진 것임을 잊고 처음부터 그 대상이 그대로 존재하고 있다고 생각하는 것이다. 그것이야말로 대상을 자성의 어떤 것으로 받아들이는 잘못된 믿음일 뿐이다.

이상의 이해를 조금 전에 말한 세 가지의 개념에 적용시킨다면, ① '모든 존재'는 언어적인 의식에 의해 이름이 붙었을 뿐인 존재, 즉 언어행위 속에 의의를 갖는 존재로 보이는 것이다. ②언어 바깥의 그것에 대응하는 실체, 즉 '자성'이 존재하지 않는 것은, ③그것이 언어적 의식에 의해 만들어졌다는 뜻으로 '연기했던(언어적 의식으로 인연(緣)이 되어 일어났던(起)) 것이기' 때문이다. 이것이 귀류논증파의 가장 깊은 의미에서의 연기에 대한 이해이다.

무자성을 체득하는 것에 의해 고통스러운 윤회의 수레바퀴로부터 해탈할 수 있지만 그것만으로 부처가 되는 것은 아니다. 그 주어로서의 '존재'가 남아 있는 한, 그것은 다만 말에 의해 드러나는 허구이며, 따라서 진실한 것은 아니다. 세상은 진실로 존재하지 않는 것이다. 진실만을 보고 있는 부처의 완전한 지혜에 이르면 그런 허구로서의 세계가 확연히 드러나는 일은 없다. 부처의 지혜에는 존재는 드러나지 않고 오직 공성(空性)만 보일 뿐이다. 부처가 되기 위해서는 갖가지 존재에 실체가 없다고 깨달을 뿐만 아니라, 애당초 대상을 허구화하는 언어적 의식 또한 지워버리지 않으면 안되는 것이다. ▲후쿠다 요이치

20장
부처가 되기 위한 등용문

밀교에서 없어서는 안되는 의식이 관정(灌頂)이다. 관정은 밀교의 독자적인 의식으로 현교의 가르침에는 없다. 통설에서는, 밀교가 고대 인도의 왕이 즉위시에 사해(四海)의 물을 정수리에 부어 대관(戴冠)하는 의식을 받아들여서, 성수(聖水)를 정수리에 붓는 것으로 삼계(三界)의 법왕인 부처의 지위를 제자에게 계승시키는 의식을 행하게 되었다는데 확실한 것은 아니다.

한편, 이 관정에 대해서 밀교경전 『구햐사마자』(秘密集會)의 해설 딴뜨라인 『금강만』(金剛鬘)에는 다음과 같이 설명되어 있다.

> 관정은 [모든 밀교 수행의] 중심이며 모든 실지(悉地, 성취·완성의 의미. 밀교비법에 의해 얻어지는 깨우침)가 항상 머무르는 곳이다. 내[붓다]가 올바른 의미를 설명해줄 테니 잘 들어보아라. 최초에 제자는 지혜를 갖춘 [아사리(阿闍梨)]로부터 관정을 받게 되면, 그때 구경차제(究竟次第)요가를 수행해도 좋은 그릇이 될 수 있다. [그러나] 올바른 관정을 받지 못하게 되면 성취자(成就者)가 딴뜨라의 의미를 안다고 해도 아사리와 함께 견딜 수 없는 대지옥에 떨어지게 된다.

그것 없이는 밀교 수행을 아무리 한다 해도 성취에 이를 수 없을 뿐만 아니라, 아사리(관정을 수여하는 스승)와 제자가 함께 지옥으로 떨어지게 되는 것, 밀교에 있어서 결코 결여되어서는 안되는 것, 이것이 관정이라는 것이다.

그럼 도대체 관정이란 어떤 것일까. 티베트의 관정은 크게 허가관정(許可灌頂, 티베트어로는 제낭)과 관정(灌頂, 티베트어로는 왕꾸르) 두 종류로 나눌 수 있다. 하나씩 설명해보자.

허가관정

허가관정이란 본존이 지닌 공덕력(功德力)을 받는 것이 목적이다. 아사리는 자기 안에 본존을 일으키며, 동시에 도량(道場)에 본존을 초청한다. 그리고 제자의 악업을 참회토록 하고, 이타의 필요성과 긴박함을 설파하여 보리심을 일으킨 후 본존에게 소개한다. 한편, 그렇게 제자를 소개받은 본존은 제자를 가지(加持)시킨 후 보살로서 이타생을 실천하기 위한 방편으로 제자에게 자신의 공덕력을 전수하는 것이다.

예컨대 흰 타라보살*의 장수관정이면, 흰 타라보살의 가지력(加持力)에 의해 마귀에게 빼앗겼던 건강의 요소를 되찾거나, 신체를 구성한다고 여겨지는 5대(땅·물·불·바람·허공) 요소가 균형을 잃어 몸 상태가 나빠진 경우에는 그것을 외계로부터 회복시켜 균형을 조절한다고 하는 식이다. 또한 이때, 본존의 표정이나 소지품, 수인(手印)이나 우담바라, 본존의 가슴에서 뿜어져 나오는 빛 등에 대해, 그때마다 아사리가 설명해주는 내용을 연상할 수 있으면 그 연상된 이미지를 통해 부처의 가지를 전수받게 된다.

이렇게 흰 타라보살의 허가관정이면, 흰 타라보살에게 특징적으로

---

* 티베트 불교권에서 중시되는 여성보살로, 티베트어로는 '될마'(구원하는 여인)라고 한다.

갖추어진 장수와 건강의 공덕력을 전수받는 게 목적이 된다. 이 밖에 비사문천(毘沙門天, 사천왕 중 북방을 수호하는 신. 다문천이라고 함)이면, 경제력의 공덕력을 전수받는 게 목적이 되는 것이다.

이 허가관정에서는 본존이 갖추고 있는 공덕력을 제자에게 나누어 주는 것을 목적으로 하고 있으며, 상세한 성불방법을 설명하고 있는 것은 아니다. 또한 과실을 범할 가능성이 낮고 비교적 단시간에 전수가 이루어지며 공덕 또한 크다고 여겨진다. 이런 이유로 일반 대중을 대상으로 실시되는 일이 많은데, 그들 역시 쉽게 공덕이 전수된다고 여겨 일반적인 법회보다 훨씬 집중하여 설법을 듣기 때문에 포교에 효과적인 측면도 있다.

또한 여담이지만, 관정의 의식은 예외 없이 우선 제자가 아사리에게 관정을 청원하는 말을 읊는 것에서부터 시작된다. 귀메 밀교학문사(密敎學問寺)의 전 관장인 로상 아왕 선생님에 의하면, 이것은 청원 없이 설법하는 것을 금지한 붓다의 가르침에 따르는 것이며 석가세존이 범천권청(梵天勸請, ☞ 용어해설1)을 받아서 초전법륜(初轉法輪)을 행하시게 된 것과 같다는 것이다.

관정

관정은 단지 공덕력을 전수할 뿐만이 아니라, 본존 그 자체가 되어 붓다의 경지를 성취하는 것을 목적으로 한다. 따라서 제자는 자기만의 이익을 원하는 것이 아니라 단기간에 스스로가 성불함으로써 모든 중생의 구제를 실현하고자 하는 궁극의 동기가 필요해진다.

티베트에서 최고수준 무상요가딴뜨라의 관정에는 병관정(瓶灌頂), 비밀관정(秘密灌頂), 반야지관정(般若智灌頂), 말로만 이루어지는 관정 등 네 가지가 있다. 차례대로 간략히 설명해보자.

① 병관정: 병관정에서는 물, 보관(寶冠), 금강저(金剛杵), 금강령(金

20장 부처가 되기 위한 등용문

剛鈴), 금강명(金剛名)의 다섯 가지 관정이 수여된다. 이들 관정에 의해 제자는 '범속한 만심(慢心),' 즉 부정(不淨)하여 깨달음에는 도저히 다다를 수 없는 육체를 지닌 자로서의 고정관념을 배제하고, 자신이 아축여래(阿閦如來), 보생여래(寶生如來), 아미타여래(阿彌陀如來), 불공성취여래(不空成就如來), 비로자나여래(毘盧遮那如來)라는 다섯 부처(부처의 깨달음의 의식의

관정의 후반부에 남성원리를 나타내는 요구르트를 내리는 승려(다보. 촬영: 이시하마 유미코).

다섯 가지 측면, 즉 오지〔五智〕를 존격화한 오체의 부처)가 되어 다시 태어난다고 상념하는 것이다. 이 관정이 끝나면 생기차제(生起次第)를 명상할 허락을 받는다(21장 참조).

② 비밀관정: 감로수(甘露水, 대락〔大樂〕을 마음에 일으키는 성스러운 물)를 마심으로써 구생(俱生, 날 때부터 갖추어진 것)의 대락이 일어나도록 명상한다(21장 참조). 이것에 의해 장래 구생의 대락이 생겨날 습기(習氣, 업에 의한 잠재적 여력)를 갖추게 된다. 이 관정을 끝냄으로써 환신(幻身)의 구전을 받아도 좋다는 허락을 받는다(21장 참조).

③ 반야지관정: 앞에서 일어났던 구생의 대락은 마음의 기쁨을 가리키는데, 이 기쁨의 힘, 즉 대락의 힘에 의해 공성(空性)을 이해하는 경지를 광명이라고 한다. 이 관정에서는 '진짜 광명'이 마음에 일어났다고 명상한다. 이것에 의해 진짜 광명이 생겨나는 습기(習氣)를 갖추게 된다. 이 관정을 끝냄으로써 나서 광명의 구전을 받아도 좋다는 허락을 받는다(21장 참조).

④ 말로만으로 이루어지는 관정: 병관정·비밀관정·반야지관정 능과는 달리 네 번째 관정은 관정 도구들을 필요로 하지 않는다. 『구햐사마자

(秘密集會) 딴뜨라』에 "세 번째는 반야지, 아울러 그 네 번째도 같다"라고 기술되어 있는 것을 근거로 성립한 이 관정은, 세 번째인 반야지관정과 '같다'고 하는 수수께끼 같은 말의 의미를 묻는 데 주안점을 두고 있다. 그 목적은 구경차제의 최종단계인 '쌍입'(雙入)의 구조를 제자에게 이해시키는 데 있다(21장 참조). '쌍입'이란 환신(幻身)과 광명이 동시에 성취된 경지를 말한다. 반야지관정을 받은 제자는 자신을 비밀집회아축금강(秘密集會阿閦金剛), 명비(明妃, 부처 화현의 일면인 명왕의 여성형. 분노존의 파트너)를 촉금강녀(觸金剛女)라고 명상하면서, 자신의 마음속에는 진짜 광명이 출현했다고 명상하는 것이지만 이것과 '같은' 쌍입의 경지에서는 청정한 환신과 진짜 광명을 동시에 성취한다는 설명을 아사리로부터 받는 것이다.

이렇게 관정에서 제자는 그 딴뜨라 성불과정을 그대로 따라하고, 그것을 통해 제자는 부처가 되는 씨앗을 본존으로부터 받아서 배양하게 된다.

또한 올바른 아사리 밑에서 정식으로 관정을 받게 되면, 제자는 관정에서 최초로 성불과정을 배우기 때문에, 나중에 반드시 성취해야 하는 수행들이 성불체계 전체에서 어떤 위치를 차지하는지 이해하면서 수행을 해나갈 수 있다. 이리하여 의미 없는 부정(不正)한 수행이 아닐까 하는 걱정도 떨쳐버릴 수 있다. 따라서 티베트 밀교의 수행방법을 배우고 싶어 하는 사람에게는 반드시 우선 관정을 받기를 권한다.

▲히라오카 고이치

21장
생성의 과정과 완성의 과정

티베트 밀교의 최고 수준에 해당하는 무상요가딴뜨라(☞ 용어해설4)의 성취방법은, 생기차제(生起次第)와 구경차제(究竟次第) 두 가지로 이루어져 있다(13장 참조). 티베트에서는, 난해한 무상요가딴뜨라를 해독하여 그 안에 감춰진 부처가 되기 위한 구체적인 방법을 명확히 한 것이 생기차제와 구경차제가 된다. 여기서는 『구햐사마자(秘密集會) 딴뜨라』의 생기차제와 구경차제의 한 유파, 성자류(聖者流)에 대한 쫑카빠의 해석을 들어서 그 의미를 찾아보고자 한다.

생기차제
부처에게는 세 가지 몸이 있다. 법신(法身, ☞ 용어해설10), 보신(報身), 응신(應身)이 그것이다. 법신이란, 모든 것은 공(空)이라는 것을 항상 알고 계신 부처의 지혜를 가리킨다. 보신은 공을 이해하는 맑은 의식과 룽(바람)으로 이루어진 몸으로, 원하는 장소에 순식간에 나타나 중생제도 활동을 한다. 그러나 매우 높은 경지의 숭생들 외에는 나타나는 것이 허용되지 않는다고 한다. 여기서 보신의 부처는 그 몸에서부터 응신을 유출한다. 일반 사람과 같은 모습을 지녀 누구와도 만날 수 있는 모습으로 나타나는 것이 이 응신이다. 예컨대 석존이나 티베트라면 달라이라마가 이에 해당한다.

이 삼신(三身, 법신·보신·응신)을 얻는 것이 부처의 경지에 다다른 것에 다름 아니라고 할 수 있는데, 법신 획득의 과정을 죽음에의 과정, 보신 획득의 과정을 중유(中有, ☞ 용어해설20)의 몸을 얻는 과정, 응신 획득의 과정을 내세에서 삶을 받는 과정에 각각 중첩시켜 명상하는 것이 생기차제의 가장 큰 특징이다.

생기차제에는 두 단계가 있다. ①조대(粗大)한 요가와 ②미세한 요가이다. ①조대한 요가의 단계에서는 스스로를 명비(明妃)인 촉금강녀(觸金剛女)를 동반한 아축금강(阿閦金剛)으로 하고, 동시에 권속(眷屬)인 30존이 자신을 둘러싸고 머문다고 명상하는 것이다. ②미세한 요가는 미세한 겨자씨 정도의 '물방울' 안에 모든 만다라를 순식간에 명상할 수 있게 되는 수준을 말한다. 이 두 가지 단계의 요가를 자유자재로 명상할 수 있게 되어야 비로소 생기차제를 성취하게 된다.

덧붙여서 생기차제의 단계에서는 어디까지나 이미지만을 명상한다. 그러나 이 생기차제를 자유자재로 명상할 수 있는 단계에 이르지 못하면, 어떤 소질이 있는 수행자라 하더라도 구경차제에 나아갈 수는 없다. 어디까지나 생기차제의 단계를 졸업해야 비로소 구경차제에 나아갈 수 있는 것이다.

구경차제

생기차제를 원만하게 달성한 수행자는, 다음으로 '구생(俱生)의 대락(大樂)'을 일으키는 데 힘쓴다. 무상요가딴뜨라에서 '의식'은 단독으로는 인식대상에 도달할 수 없으며, 의식과 늘 일체인 '룽(風)'이라는 탈 것을 상정하고 있다. 룽은 요가에서 말하는 '쁘라나'나 도교에서 말하는 '기'(氣)에 상당하는 것이라고 말할 수 있다. 또한 그런 룽이 몸 안을 움직일 때 그 통로를 맥관(脈管)이라고 한다. 온몸에는 이 룽이 흐르는 영적인 맥관이 7만 4천 개가 있는 것으로 되어 있다. 이 중에서 중심이 되는 것은 중앙 맥관이라고 불리는 것인데, 미간으로부터 정수리를 지나 척추와 나란히 이어져 성기 끝을 하단(下端)으로 한다고 한다. 이 중앙 맥관에는 다른 여러 맥관들이 연결되어 있어 평상시에는 진공상태로 되어 있다. 이 중앙 맥관에 인위적인 명상을 통해 룽을 보내는 것이 외적인 요인이 되어 대락이 일어난다. 이 대락을 '구생의 대락'이라고 하는 것이다. 그런데 구생의 대락은 어디까지나 폭발적인 마음의 기쁨을 말하는 것으로 신체적인 쾌락을 가리키는 것은 아니다. 또한 한 번 일어난 구생의 대락은 두 번 다시 쇠약해지지 않는다고 한다.

그런데 이 구생의 대락을 일으킬 수 있다면, 수행자는 구경차제의 단계에 나아가게 된다. 구경차제의 단계에서는 이 구생의 대락을 가지고 공성을 인식한다. 이 경지를 낙공무별(樂空無別, ☞ 용어해설12)의 지혜라고 한다. 한편, 『구하사마자 딴뜨라』의 성자류(聖者流) 구경차제는 '정적신'(定寂身), '정적어'(定寂語), '정적심'(定寂心), '환신'(幻身), '광명'(光明), '쌍입'(雙入)이라는 여섯 가지 차제로 구성되어 있다. 구경차제에 진입한 수행자는 이 낙공무별의 지혜를 이용하여 여섯 가지 차제 중 앞에 나온 세 가지 '정적신' '정적어' '정적심'에 나아가며, 신구의(身口意, 몸가짐·말·정신. 곧 일상생활의 모든 행위)에 있어서 어떤 행동을 해도 대락, 즉 마음의 기쁨이 더욱 넘쳐나는 상태가 된다. 이후, 본래는 환신의 차제에 나아가야 하지만, 구경차제의 목적을 좀 더 쉽게 이해하기 위해서 여기서는 편의상 먼저 '광명'을 설명하고자 한다.

광명

무상요가딴뜨라에서 의식의 단계는 크게 두 가지로 나누어진다. 첫 번째는 일상적으로 사용되는 의식으로 수태(受胎)에서 죽음까지 활동을 계속한다. 두 번째 의식은 매우 미세한 의식이라고 하며, 아주 오래전부터 존재해온 의식이다. 이 의식은 전생에서 내세로, 윤회하는 동안 줄곧 존재해온 것으로 간주된다. 이 매우 세밀한 의식은 수태 순간부터 죽는 순간까지는 가슴 속 깊은 곳의 '불멸의 물방울'이라고 불리는 아주 작은 알맹이 상태의 물질 안에 잠들어 있다가 죽음의 순간에 깨어나서 내세로 여행을 떠나는 것이다. 이상의 두 가지 의식이 동시에 깨어나는 일은 없으며, 하나가 활동할 때 다른 하나는 활동을 멈춘다.

구경차제에서는 통상적으로 잠자고 있는 이 매우 세밀한 의식을 인위적으로 깨어나게 하여 낙공무별의 지혜로써 활동하게 한다. 이때 공성은 이미지로서가 아니라 직접 이해할 수 있다고 한다. 이 단계를 '진짜 광명'이라고 한다. 이 '광명'이 부처의 법신에 대한 직접적 원인이 되는 것이다.

환신

죽음의 순간에 깨어나는 대단히 미세한 의식과 그 탈 것인 룽은 그 자체로 그들이 직접적 원인이 되어 내세에서 태어날 장소를 찾기 위해 의식과 룽으로 생겨난 중유(中有)의 신체를 성취한다. 구경차제에서는 이 구도를 그대로 이용한다. 요컨대 진짜 광명으로 깨어난 아주 미세한 의식은 그 탈 것인 룽과 함께 청정한 의식과 룽으로 생겨난 신체를 성취한다. 이것이 환신이다.

그런데 중관귀류논증파(☞ 용어해설 4·19장 참조)에서는 깨달음을 얻기까지의 의식에서 무루(無漏), 즉 완전히 때 묻지 않은 의식은 공성을 직접 이해하는 의식뿐이라고 정의하지만, 이런 신체는 공성을 직접 이해하는 의식과 그 탈 것인 룽이 원인이 되어 생기기 때문에, 무루 즉 완전히 때 묻지 않은 신체인 것이다. 이 신체는 명상 중의 이미지로서 존재하는 것이 아니라 사후에 중유의 신체를 성취하는 때와 같이 육체 밖으로 체외 이탈한 형상으로 출현한다. 이것을 '청정한 환신'이라고 부른다. 이 '환신'이 부처의 삼신 중 하나인 보신의 직접적인 원인이 된다.

또한 이 '환신'과 '광명'을 모두 성취할 수 있을 때 수행자는 부처의 경지에 오르기 위한 직접적인 원인을 모두 갖춘 것이 된다. 이 단계를 '쌍입'(雙入)이라고 한다.

이렇게 무상요가딴뜨라에는 구경차제를 통해 법신, 색신(色身, ☞ 용어해설10)의 질료인(質料因)을 갖추기 위한 구체적인 방법이 제시되어 있다. 그리고 다른 단계의 딴뜨라에서는 성불하기 위한 방법론이 애매하여 구경차제만큼 명료하지 못하다고 평가받기 때문에, 티베트에서는 무상요가딴뜨라를 모든 딴뜨라 중에서 최상위에 위치시키고 있다. ▲히라오카 고이치

22장
티베트 밀교의 판테온 분노존

부처의 모습에는 온화한 얼굴을 한 적정존(寂靜尊)과 매우 무서운 얼굴을 한 분노존(忿怒尊), 두 가지가 있다. 적정존의 부드럽고 온화한 얼굴은 자애가 가득한 다정다감한 표정으로 표현된다. 티베트에서도 관세음보살, 혹은 아미타여래나 흰 타라보살 등 대중에게 인기 있는 적정존들이 많다. 자애가 가득한 모습으로 중생을 깨달음의 세계로 끌어들이는 것이다. 학교에서 예를 들면, 다정하게 학생의 기분을 이해하여 솜씨 좋게 이끌어주는 선생님 같은 느낌이라고나 할까. 이에 비해서 엄격한 질타와 격려를 해주는 생활지도 선생님 같은 이미지를 가진 것이 분노존이다.

티베트의 분노존
일본에서 유명한 분노존으로는 부동명왕(不動明王, 대일여래가 모든 악마의 항복을 받기 위해 변신하여 분노한 모양을 나타낸 형상)이 있지만, 티베트에서 분노존이라는 존재가 차지하는 비중은 일본에 비할 바가 아니다. 대표적인 것만 든다 하더라도 야만따까, 여존(女尊)인 하모존, 깔라루빠, 마하칼라(大黑天) 등 일일이 셀 수가 없으며, 확실히 티베트 밀교를 대표하는 존격(尊格)인 것이다.

그런 분노존이 많이 등장하는 것 중 하나가 십분노(十忿怒)이다. 십분노란 결계(結界, 밀교에서 수행하는 장소에 악마·장애가 들어오지 못하도록 일정 지역을 제한하는 것)된 성스러운 공간인 만다라를 외적으로부터 수호하는 열개의 불상을 말한다. 티베트의 명상수행법을 살펴보면 이 십분노의 생생한 활동을 점차 알게 된다.

비밀집회성자류(秘密集會聖者流)의 생기차제에는 이 십분노의 기능을 자세히 명상하는 부분이 있다. 십분노의 수비 위치는 십방(十方), 즉 여덟 방위와 위·아래이다. 각각 동쪽에 야만따까, 남쪽에 무능승(無能勝), 서쪽에 마두(馬頭), 북쪽에 군다리(軍茶利), 동남쪽에 부동(不動), 남서쪽에 애염왕(愛染王), 북서쪽에 니라단다, 북동쪽에 대력(大力), 위쪽에 불정전륜왕(佛頂轉輪王), 아래쪽에 손파(遜婆)가 지키고 있다. 각각의 공통된 표정에 대해 쫑카빠는 "적황색의 머리칼은 곤두서 있고, 같은 색의 눈썹과 수염은 불타오르며, 얼굴은 둥근 세 개의 눈을 갖추고 네 개의 날카로운 이를 드러내어 '하, 하' 하고 큰소리를 내고, 분노에 찬 표정으로 이맛살을 찌푸리고 있다. 배는 한껏 아래로 늘어뜨리고 있다"고 말한다.

분노존들에 의한 만다라의 수호

십분노가 만다라를 지키는 모습은 대략 다음의 ①~⑩과 같다.

①중심존인 백색의 지금강(持金剛, 寂靜尊의 하나)이 십분노를 권속으로 거느린 진금강(嗔金剛, 忿怒尊의 하나)을 초청한다. 또한 지금강은 그 파란색의 진금강으로 모습을 바꾼다.

②진금강은 열 방향에 널리 꽉 차서 분노를 지닌 자들의 분노를 정화하고 이축의 위치에 오르게 하는 등의 활동을 한 후 중앙의 자리에 머문다.

구햐사마자(비밀집회) 딴뜨라의 본존, 구햐사마자존과 그 비(妃).

③중심존인 진금강이 아랫방향의 수호존인 손파를 살짝 본다.

④아랫방향을 지키고 있는 손파는 제2의 손파를 응신으로 내어 중심존 앞에 무릎을 꿇고 "저는 무엇을 할까요"라고 묻는다.

⑤주존이 진언(眞言)을 독송한다. Oṃ sumbha nisumbha hūṃ gṛhṇa gṛhṇa hūṃ gṛhṇāpaya gṛhṇāpaya hūṃ ānaya ho bhagavān vidyārāja hūṃ phaṭ (옴 손파여 손파여 훔 잡으소서 잡으소서 훔 잡아오소서 잡아오소서 훔 데려오소서 오 세존 명왕이시여 훔 팟).

⑥명령을 받고 손파의 첫 번째 손에 있는 금강저(金剛杵)는 금강구(金剛鉤)가 되어 장애마(障碍魔, 불도를 실천할 때 방해를 하는 마귀)의 심장을 갈고리(鉤)로 잡고 머리부터 밧줄로 묶어 잡아당긴다.

⑦열 방향 각각의 분노존에 장애마를 끌고 가 삼각형 구멍 안에 집

손파(遜婆). 출처: ローケーシュ・チャンドラ『佛教圖像集成第二卷』(臨川書店, 1986).

어넣는다.

⑧북쪽의 군다리가 두 번째 군다리를 응신으로 내어 위로는 군다리 아래로는 독고저(獨鈷杵)의 모양으로 한 금강궐(金剛厥)이 되고, 이를 열개로 나누어 각 장애마의 머리를 찌른다.

⑨손파가 진언을 독송한다. Oṃ gha gha ghātaya gh taya sarva duṣṭān phaṭ phaṭ ……(옴 죽이소서 죽이소서 때리소서 때리소서 모든 악을 팟 팟……).

⑩손파가 손에 쥐고 있는 금강구는 불이 활활 피어오르는 금강퇴(金剛槌)로 변하여 열 방향에 있는 금강궐을 쳐서 장애마의 머리부터 발바닥까지 꿰뚫어버린다. 이렇게 하여 장애마의 신구의(身口意)는 움직일 수 없게 되었다고 명상한다.

이상이, 결계된 성스러운 공간인 만다라를 십분존이 수호하는 모습이다.

중심존 진금강과 십분노존에 대한 명상 포인트

우선, ①에서 지금강(적정존)이 진금강(분노존)으로 변하는 이유에 관해서, 나는 무언가 특별한 의미가 있을까 기대했지만, 쫑카빠의 제자 케둡제는 이에 대해서 "자신이 진금강으로 변신하는 이유는 십분노에게 명령을 내리기 위해서이다"라고 말한다. 즉 적정존의 모습으로는 십분노를 움직이기에 역부족이라는 것으로, 용맹한 부하를 움직이기 위해서 상사도 평소의 온화한 얼굴과는 달리 박력 있고 엄한 얼굴로 명령을 내리고 있는 느낌이라고 할까.

또한 중심존인 진금강은 ②에서와 같이 "분노를 지닌 자들의 분노를 정화하고 아축의 위치에 오르게 하는" 특별한 활동을 한다. 이에 대해서 생각해보자.

무릇 밀교에서 부처와 보살은 각각 불덕(佛德)이 구체적인 존격의 모습을 띠고 나타난 것이라고 해석된다. 예컨대 부처의 자비가 존격의 모습이 되어 나타난 것이 관세음보살, 지혜가 문수보살(文殊菩薩), 룽은 타라존이라고 생각한다.

또한 부처는 탐(貪, 탐욕), 진(嗔, 분노), 치(痴, 무지)라는 삼독(三毒)이라고 불리는 세 가지 번뇌를 극복하여 깨달음을 열었던 것인데, 이 삼독 중에 진, 즉 분노를 극복한 부처의 공덕이 존격의 모습으로 나타난 것이 진금강이다. 진금강은 이렇게 성립한 것이기 때문에 중생의 분노를 정화하는 공덕력을 지녔다고 한다. 따라서 단지 분노한 얼굴 표정을 짓고 있다는 이유만으로 중생의 노여움을 정화할 수 있는 것이 아니며, 이 기능은 다른 분노존에는 없는 진금강의 독자적인 것이다.

다음으론 ③~⑩의 십분노에 의한 장애마 포박의 장면에 대해서 이다. 여기서는 얼핏 보면 십분노에 의한 장애마 살해라고 하는, 도무지 불교에는 잘 어울리지 않는 장면이 전개되고 있다. 그러나 이런 장면의 명상에는 금강궐에 찔린 장애마가 괴로워하고 있는 것이 아니라 대락(大樂)이 생겨서 낙공무별의 경지에 이르고 황홀경에 있다고 명상한다. 또한 실제 모래그림인 만다라(23장 참조)를 그리는 수행 중에는 만다라를 파괴하기 전에 금강궐을 뽑아 장애마를 놓아주는 장면도 볼 수 있다. 장애마라고 하면 윤회를 깨닫지 못한 자이며 부처가 구제해야 하는 중생의 한 사람일 뿐이다. '죽이소서'라고 말하는 과격한 진언의 의미도 '번뇌를 극복하게 하소서'라는 의미이며, 생명을 빼앗는 것은 아니다.

 이상과 같이, 얼핏 보면 매우 과격하고 엄한 모습을 하고 있는 분노존의 명상도, 중생을 어떻게든 깨달음의 세계로 이끌려는 자비심의 적극적인 현현일 뿐이라는 해석 또한 가능할 것이다. ▲히라오카 고이치

23장
환신과 함께 출현하는 부처가 사는 곳 만다라

이 원고를 의뢰받고 인도에 전화를 걸어 겔룩파 밀교의 총본산 귀메의 전 관장인 로상 간왕 스님에게 "만다라란 무엇입니까"라고 질문을 드렸다. 그러자 스님은 "환신(幻身)을 성취할 때 실제로 출현하는 것"이라고 즉석에서 대답했다. '환신'이란 구경차제(究竟次第)의 제3차제를 말하며, 이 경지까지 다다르면 틀림없이 성불하게 된다고 한다(21장 참조). 우선 이 환신의 내용에 대해 설명해보자.

환신과 만다라

무상요가딴뜨라(☞ 용어해설4)에서는 '죽음'에 대해 다음과 같은 설명을 하고 있다. 사람이 죽을 때 평소에 사용하는 의식은 소멸되어 버리고 대신 수태(受胎)된 이후 쭉 잠들어 있던 매우 미세한 의식이 깨어나 '죽음의 광명'이라고 불리는 경지를 체험한다. 이때 사람은 죽음을 맞이하고, 그 후 이 '죽음의 광명'을 체험한 매우 미세한 의식과 룽(바람)이 직접 원인이 되어 중유(中有, ☞ 용어해설20)의 신체가 되면서 다시 태어날 곳을 찾는 최대 49일간의 여행에 나선다고 한다. 구경차제의 제2차제까지 성취한 수행자는 이와 유사한 체험을 명상의 힘을 이용하여 인위적으로 만들어 낸다. 대개는 수면상태에 있는 아주 미세한

23장 환신과 함께 출현하는 부처가 사는 곳 만다라

의식을 깨어나게 해서 '죽음의 광명'과 흡사하면서 공성(空性)도 이해한다는 '비유의 광명'이라고 불리는 경지에 이른다. 또한 '죽음의 광명'을 체험한 매우 미세한 의식과 룽이 직접

귀메 사원(티베트 본토)에서의 밀교법요(촬영: 이시하마 유미코).

원인이 되어 중유의 신체가 된 것처럼, 공성을 이해한 의식인 '비유의 광명'과 룽이 직접 원인이 되어 '환신'을 구성한다.

그런데 환신은 단독으로 출현하는 것은 아니다. 환신의 특성을 경전에서는 꿈이나 환상 등 12개의 비유로 상징하고 있는데, 이 비유의 하나로 '간다르바의 성'이라고 하는 것이 있다. 간다르바라는 것은 인도 신화에 나오는 요정을 말하는데, 물 위에 순식간에 성(주거)을 만든다고 한다. 쫑카빠는 만다라의 거처와 여러 존격들도 환신과 동시에 출현하기 때문에 이 비유를 사용한 것이라고 해설하고 있다. 또한 19세기 겔룩파의 라마 셰랍갸초는 "의식상으로만 아니라, 수행자의 몸으로부터 장소를 밖으로 옮겨 만다라와 여러 존격들을 동반하는 지금강(持金剛)의 몸을 현실에 만들어낸다"고 기술한다. 깨끗하고 미세한 의식과 룽으로 만들어진 환신이 수행자의 몸으로부터 체외 이탈하여 만다라와 함께 현실에 출현한다는 것이다.

따라서 만다라란 깨달음의 의미가 상징적으로 보이는 것은 아니다. 구경차제의 제3차제인 환신의 단계에서 실제로 출현하는 것이며 그 자체로 깨달음의 경지에 이르는 것, 그것이 쫑카빠가 상정한 만다라이다.

생기차제(生起次第) 등에서 만다라를 명상하는 의미

관세음보살을 본존으로 하는 모래그림 만다라를 만들고 있는 승려들(다람살라, 촬영: 이시하마 유미코).

그러면, 생기차제 등에서 만다라를 명상하는 의미는 무엇일까. 생기차제에서 명상하는 만다라는 어디까지나 의식상의, 이미지상의 만다라일 뿐이다. 이미지화하는 것에 어떤 의미가 있는 것일까.

이에 대해서 빤첸라마 1세 로상최기겔첸은 생기차제 등에서 만다라를 명상할 때 단지 명상하는 것이 아니라, 낙공무별의 지혜가 형태를 취해 나타나는 것이라고 판단할 필요가 있다고 했다. 그 위에서 생기차제로 만다라를 명상하는 것이, 환신을 성취할 때 지혜와 룽으로 만들어진 진짜 만다라를 출현시키기 위한 선근(善根, 좋은 보답을 받을 만한 착한 업인)을 성숙하게 하는 중요한 요인이 된다고 한다.

이런 생기차제에서 만다라를 명상하는 것은 환신을 성취할 때 만다라를 출현시키기 위한 준비단계로 자리매김 되고 있음을 알 수 있다.

모래그림 만다라와 입체 만다라

그러면 모래그림 만다라와 입체 만다라에는 어떤 의미가 있는 것일까. 우선 모래그림 만다라에 대해서 설명해보자.

돌을 부순 가루에 색을 넣거나 색깔이 있는 모래를 이용하여 조성한 만다라를 모래그림 만다라(뒬첸뀔코르)라고 한다. 이 의식은 제작 개시부터 파괴까지 약 1주일이 소요된다. '지의궤'(地儀軌)를 따라 엄밀히 제작해 나가는데, 먹줄을 친 후 가느다란 관으로 색깔 있는 모래를 떨어트려 가면서 만다라 전체를 묘사한다. 완성 후에는 각각의 존격을 상징하는 삼매야(三昧耶, 각각의 존격을 상징하는 부처의 사물들)의 형상이 그려진 곳에 진짜 부처인 지혜살타(智慧薩埵)가 강림한다고 명상하고, 그 각각의 본존에 대해서 공양한다. 공양이 끝난 뒤 발견(撥遣)이라는 의식을 하여 본존이 각각의 주거로 돌아갈 수 있었다고 명상하고, 마지막에는 모래그림 만다라를 파괴하는 것으로 끝을 낸다. 이런 의식은 시간이나 재료들을 준비하기 위한 비용이 들기 때문에 복덕자량(福德資糧, 성불하기 위해 필요한 덕을 쌓는 일)을 쌓기 위한 최적의 행위로 간주된다. 이 만다라는 인도 밀교의 전통을 계승한 것으로, 관정 때 관정의 본존으로 강림하시는 장소로 이용되기도 한다.

다음으로 입체 만다라(룔랑낄코르)에 대해 알아보자. 입체 만다라는 명상 속의 만다라를 삼차원상에 나타낸 것으로, 명상을 명료하게 하기 위한 참고 모델에 지나지 않는다고 한다. 쫑카빠의 만년에 스승의 건강을 염려한 제자 케듭제가 하룻밤 사이에 입체 만다라를 조성하여 그 공덕을 회향(回向, 자신의 공덕을 다른 사람에게 베풀어 극락왕생하도록 바라는 것)했다는 이야기가 유명하다. 전설에 의하면 샴발라의 왕인 링덴 장뻬탁파가 깔라짜끄라 관정을 닝마신타 등의 선인(仙人)들로부터 입체 만다라에서 받았다고 하지만, 이것은 유일한 예외이며 입체 만다라에서 관정 등의 의례를 행한 일은 전무하다고 해도 좋다. 가나자와(金澤) 대학의 모리 마사히데(森雅秀) 교수에 의하면 입체 만다라를 조성하는 관습은 인도밀교에는 없었던 것 같으며, 인도밀교에서 기원한 것을 자랑하는 티베트 밀교에서도 입체만다라에서 관정을 하지는 않았을 것으로 생각된다.

티베트인에게 만다라란 장래에 자신이 깨달음을 얻었을 때의 주거이며, 구경차제의 환신단계에서 현실에 나타나게 하는 것이라고 생각한다. 그리고 생기차제에서 만다라를 명상하는 것은 앞으로 환신을 성취할 때 만다라를 나타나게 하기 위해 필요한 시뮬레이션, 이미지 트레이닝이라고 해도 좋다. 모래그림 만다라나 입체 만다라의 조성도 거의 같은 이유에서, 그런 행위들 안에서는 장래 출현할 만다라의 예행연습이라는 색채가 강한 것이다. ▲히라오카 고이치

24장
전생하는 고승들

티베트에는 라마(高僧)가 죽고 난 후 그 전생(轉生)을 어린아이들 중에서 찾아내어 죽은 라마의 지위를 계승시키는 유명한 전생상속제도가 있다. 불교가 침투한 사회에서는 많든 적든 윤회전생을 믿는 풍조가 있는데, 전생을 사회제도로까지 승화시킨 것은 티베트뿐일 것이다. 전생을 반복하는 이런 고승들을 일본이나 중국의 매체들은 '활불'(活佛) 즉 '살아 있는 부처'라고 표기한다. 그러나 이것은 달라이라마가 자서전 첫 머리에서 부정하고 있듯이 올바른 것은 아니다. 부처는 윤회로부터 해탈을 했고, 우리가 이해하는 의미로 다시 태어나는 일은 없으며, '전생하는 부처' 등은 존재하지 않기 때문이다. 티베트어에서는 이런 전생승(轉生僧)을 뚤꾸(化身)라고 하는데, 이것이 의미하는 바는 부처나 보살 등 초월적인 존재가 현세에 드리운 '그림자'인 것이다. 이 말은 불교를 공유하지 않은 문화의 언어로는 번역하기 곤란하기 때문에, 영어에서는 이를 티베트어인 뚤꾸의 음을 그대로 영어로 빌려와 'tulku'라고 표기한다.

전생상속제는 문헌에 나타나 있는 것으로는 13세기에 까르마 까귀파에서 우선 시작되었으며, 얼마 지나지 않아 겔룩파에서도 이를 채택했다. 달라이라마란 겔룩파의 개조 쫑카빠의 제자 겐뒨둡(1391~

1474)을 기점으로 하여 시작된 전생자들의 총칭이다.

전생승의 라이프사이클을 간략화하면 대체적으로 다음과 같다.

고승이 사망하면 측근과 신도들은 중유(中有, ☞ 용어해설20)에 있는 고승의 의식을 완성시키는 의식—공죡—을 행하고, 또한 "이 세상에 가능한 한 빨리 돌아와 주십시오"라는 기원을 한다. 나무가 적은 티베트에서는 시신을 새에게 먹이는 조장(鳥葬)이 일반적이지만, 고승의 경우는 다비(茶毘, 즉 화장)하거나, 결가부좌(結跏趺坐, 16장 참조) 자세의 유해에서 수분을 뽑아내고 성형을 하여 금박을 입힌 후 탑 안에 모신다. 최근 이런 미라 식으로 장례를 치른 경우는, 1981년에 타계한 까르마빠 16세(48장 참조)와 1989년에 타계한 빤첸라마 7세(47장 참조) 등이 있으며, 전자의 미라는 시킴의 룸텍 사원에, 후자의 미라는 티베트의 따쉬륀뽀 사원에 모셔져 있다.

다음에는, 측근들에 의해 화신을 찾기 위한 팀이 조직되어 이 고승의 생전언동, 측근의 꿈, 무당의 신탁, 점 등을 참고하여 전생이 언제, 어디서, 어떤 상황에서 이루어지는지 검토한다. 그리고 어느 정도 확증을 얻게 되면 그 징후가 가리키는 곳을 직접 방문하여 후보자가 되는 어린아이를 선정한다. 태어날 때 천둥이 치거나 무지개가 생겨나는 등의 상서로운 징조가 있었던 것, 또 전세자(前世者)를 예감케 하는 언동이 있는 것 등이 선정기준이 된다. 다음으로는 이런 아이들의 전생 기억을 보기 위한 테스트가 시행된다. 테스트를 잘 치른 경우에는 라마 생전의 측근에게 천민 속인의 복장을 입혀 이 아이가 그를 분별하는지 여부를 본다거나 라마가 생전에 애용하던 법구를 유사품과 섞어놓고 그것을 식별해내는지 여부를 본다. 4세 전후의 아이는 부모라도 부모 생각대로 조종하는 것이 불가능하다. 따라서 이 아이가 라마 본인과 측근밖에 알 수 없는 행동을 한다든지 바로 전세자의 유품을 골라내든지 하면, 이는 전생의 기억이 존재하는 것을 객관적으로 증명하

24장 전생하는 고승들

즉위 직후, 어린 시절의 달라이라마 14세. 출처: dGa' ldan cho 'byung.

는 것으로 인정된다.

　현재 중국정부는 이상과 같은 방식에 더하여 청대(淸代)에 사용된 금병의례(金甁儀禮)를 전생승 확인의 필요조건이라고 주장하고 있다. 금병의례의 시작은 18세기 건륭제(乾隆帝) 시대로 거슬러 올라간다. 1780년, 건륭제는 베이징 체류 중 객사한 빤첸라마 4세의 유해를 거액의 부의(賻儀)와 함께 티베트로 돌려보냈다. 당시 빤첸라마 4세의 동생은 까르마파의 샤마르 화신승(化身僧)이었는데, 빤첸라마의 거처인 따쉬륀뽀 사원에 형의 유산에 대한 분배를 요구했다. 그러나 이 요구가 받아들여지지 않자 샤마르는 보복조치로 네팔의 구르카 군대를 부추겨 티베트를 침공하도록 했다. 이 사건에서 건륭제는 구르카로부터 티베트를 지키기 위해 많은 부담을 질 수밖에 없었기 때문에, 티베트에서 두 번 다시 이런 사건이 일어나지 않게 하기 위해서 특정 가계에 고승의 전생(轉生)이 집중해서 나타나지 않도록 제비뽑기 형식의 의례를 도입하기로 결정했다. 금병의례라고 불리는 이 의례는 중국에서 파견된 대신의 참석하에 금으로 만든 병(金甁)에 넣어둔 제비를 뽑아 거기에 기록된 후보자를 전생자로 결정하는 것이다. 현재 중국은 이 제비뽑기의례에 의한 후보자 결정을 중국에 의한 고승의 임명과 같은 의미라고 하여, 달라이라마 11세 등이 이 금병의례에 의해 선발된 것을 들어 청조가 티베트의 종주국이었다는 증거로 주장한다. 그러나 금병의례를 도입하게 된 경위를 살펴보면 분명해지듯이 건륭제는 고승의 부패를 척결하고 불교계를 쇄신하기 위해 이런 금병의례를 도입했던 것이지, 티베트를 정치적으로 지배하려는 의도는 아니었다. 또한 제비뽑기라는 것은 일종의 신비적인 영역의 의사를 묻는 것이며, 제비로 뽑힌 화신승을 중국정부의 선정이라고 주장하는 것은 아무리 생각해도 무리가 있는 것 같다. 덧붙이면, 청조의 금병의례 역시 전통적인 티베트의 선정법과 마찬가지로 객관적으로 화신승의 전생(轉生)을 판단하는 수단이므로, 티베트의 전통적인 선정법과 모순되지 않는다고도 말할 수 있다.

어쨌든, 이상과 같은 '객관적'인 테스트를 통과한 아이가 전대의 전생이라고 인정받아, 전대의 사원에 맞아들여져서 즉위한다. 이후, 이 아이는 전대의 측근들에 의해 종파의 전통을 교육받고 각별한 보살핌을 받는데, 그 결과 전생승이 성인이 되었을 때에는 대체로 학식이 풍부한 고승이 된다. 전생상속제도의 목적은 바로 여기에 있는바, 성자(聖者)를 순수배양해서 기르고 종파나 사원의 전통을 유지하기 위한 시스템인 것이다.

이런 티베트의 독자적인 전생상속제도에 대해서는 비판도 많다. 그 중에서 자주 거론되는 것은, "석가모니는 전생(轉生)이 있다고도 없다고도 말하지 않았다. 그렇기 때문에 전생을 사회제도로까지 만들어 개인숭배 비슷한 것을 행하는 것은 잘못이다" 혹은 "종파의 사정으로 한 사람의 어린아이로부터 자유로운 인생을 빼앗아간다면 옳지 못하다"라는 것들이 있다. 이런 주장에 대해서 우선 말할 수 있는 것은, 어떤 사회가 역사적 필요성 때문에 만들어낸 제도에 대해서 외부 사람들이 자신의 가치관, 혹은 원리주의적 가치관에 의거해서 그 옳고 그름을 판단하는 것은 무의미하며 오만한 짓이라는 것이다. 달라이라마 14세는 "티베트인이 필요로 하지 않게 되면 나는 마지막 달라이라마가 된다"라고 입버릇처럼 말한다. 이것은 전생승이나 전생상속이 어디까지나 티베트 사회의 필요성으로부터 생겨난 것임을 보여준다.

아울러 어린아이의 인생선택에 대한 자유를 빼앗는다는 문제나, 전생의 진위는 결정짓기 어렵다고 하는 전생상속제에 대한 비판에 대해 검토해보자. 원래 불교는 매우 윤리적이며 고결한 가르침이다. 많은 사람들의 사랑을 받으며 어렸을 때부터 불교를 교육받고 고결하게 자라나는 것이 전생승이 된 아이에게 과연 불행이라고 할 수 있을까. 달라이라마 14세의 언행을 초기에서부터 추적해가면 해를 거듭할수록 스스로를 전대 달라이라마의 전생으로서, 혹은 관세음보살의 화신으로서 긍지를 갖게 되는 것을 확인할 수 있다. 이것은, 달라이라마가 '달라이라마로 태어났다'는 것이 아니라 '달라이라마가 되어간다'는 것을 암시한다. 즉, 전생의 진위는 확실하게 결정짓기 어렵지만 제도 안에서 그 전생으로서 양육되는 가운데 '그런 존재가 되어' 가며, 주변사람들도 '그런 존재로 보게 되'는 것은 엄연한 사실이라고 할 수 있다. 알기 쉽게 말하면, 세상사람들의 마음에 평안을 가져다주는 성자 달라이라마는 전생상속제도가 낳았다고도 이야기할 수 있는 것이다. 외부에서 보면, 확실히 전생상속제도에는 이런저런 문제가 있지만, 이 제도가 세계적으로 유명한 정신문명인 티베트 문화를 유지하고, 티베트 사회의 붕괴를 막고 있다는 측면 또한 동시에 평가해야 할 것이다.

다시 전생승인 달라이라마로 돌아오면, 전생승이 나이를 먹어 병이 들거나 하는 경우에는 제자들은 뗀슉(장수기원의식)이라고 불리는 의례를 행한다. 예컨대 2002년 1월, 달라이라마 14세가 갑자기 병으로 쓰러져 깔라짜끄라 의례를 취소했을 때, 티베트인은 물론이고 전 세계의 티베트 지지자들이 달라이라마 14세를 위한 뗀슉을 행했다. 이런 뗀슉은 전생승이 병이 들었을 때 외에, 생일 등에도 행한다. 마지막으로, 모두의 기원에도 불구하고 전생승이 생을 마감하면, 다시 이 글 처음에서 언급한 화신승 찾기로 돌아간다. ▲이시하마 유미코

25장
성지순례 네꼬르

이 위대한 궁전 띠세(카일라스의 티베트 이름)를
한 번 돌면, 일생에 걸쳐 쌓인 죄의 더러움을 씻을 수 있다.
열 번 돌면, 한 겁(劫)에 걸쳐 쌓인 죄의 더러움을 씻을 수 있다.
백 번 돌면, 열 가지 징표 중 여덟 가지를 완성하여, 이 생애에서 성불할 수 있다.

—『성지 카일라스 해설』

티베트인만큼 성지순례에 열심인 민족은 없을 것이다. 우선 티베트인에게는 믿을 수 없을 만큼 많은 성지(티베트어로 '네')가 있다. 이는 성자가 명상을 했던 동굴이라든지, 경전을 숨겨놓은 바위라든지, 바위 위에 저절로 나타난 성스러운 그림이라든지, 신들이 사는 성산(聖山)이나 호수라든지, 성자가 살았던 땅이라든지, 이유는 다양하지만, 아무튼 티베트 도처에 무수한 성지가 존재한다. 사람들은 성지를 방문하면 우선 '성스러운 것' 앞에서 오체투지(五體投地)를 하며 전생(前生)에서부터 쌓아 온 죄를 참회하고 내세의 복을 기원한다. 아울러 경의를 표하기 위해 그 주위를 오로지 시계방향으로 돈다(티베트어로 '꼬라'). 오체투지는 합장한 손을 이마, 목, 심장 세 곳에 댄 후, 오체(五體)를 대지에 내던지는 예불의 한 형식으로, 자신의 신체·입·의식을 통해 행한 모든 업(業)을 그 성스러운 존재에게 바치는 것을 의미한다. 또한 순례에서는 불교가 번성한 땅에 다시 태어날 수 있도록 성지에 몸에 걸치고 있던 것을 벗어두고 간다. 예컨대, 송짼감뽀 왕이 명상을 했던 동굴로 알려진 라싸의 닥랄루푹에는 동굴 벽면 한 쪽에 버터가 잔뜩 발라져 있으며, 순례자가 벗어두고 간 돈이나 단추, 여성의 땋은 머리 등이 덕지덕지 붙어 있다. 아래에서는 순례의 한 예로서, 티베트에 있는 무수한 성지들 가운데 세계의 중심에 있는 산으로 떠받드는 카일라스 순례를 살펴보자.

라싸에서 오로지 서쪽으로 랜드크루저를 몰고 9일, 즉 1,900킬로미터의 거리를 주파해서 끝에 이르면 성산 카일라스가 있다. 카일라스는 아름다운 피라미드 모양의 봉우리로, 그 신비한 아름다움에 더하여 인도와 티베트의 큰 강의 발원지라는 지세 덕분에 예로부터 세계의 중심에 있는 산으로서 불교·자이나교·힌두교·뵌교라는 4개 종교의 성지로 숭배되어 왔다. 카일라스는 인구밀도가 극히 낮은 티베트 고원 중에서도 특히 인적이 드문 인도·네팔·티베트 접경지대에 있음에도 불구하고 방문자가 끊이지 않는다.

순례자는 카일라스 남쪽 면에 있는 다르첸 거리에서 카일라스를 일주하는 순례로에 들어선다. 겔와 괴창빠(1189~1258)가 개척했다고 전해지는 이 순례로는 약 52킬로미터이며, 티베트인은 이 길을 해뜨기 전에 출발하여 불과 하루 만에 돌기도 한다. 열성적인 순례자는 이 순례로를 오체투지를 하면서 도는데, 이 경우에는 한 번의 오체투지로 사람 키 길이 정도밖에 나아가지 못하기 때문에 25일 정도 걸린다.

순례로는 카일라스의 외륜산(外輪山) 주위를 돌기 때문에 카일라스 봉우리를 바라보며 합장할 기회는 의외로 적으며, 가장 경관이 좋다고 입소문이 난 것은 카일라스에서 가장 가까운 북쪽 면에서의 전망이다. 순례로 이곳저곳에는 이곳을 방문했던 성자들과 관련된 작은 성지들이 있어서, 사람들은 성산을 보고 합장하는 동시에 이런 성인들의 성지에서도 절을 하면서 발걸음을 옮긴다. 다음에서는 1888년에 쓰인

25장 성지순례 네꼬르

【카일라스 순례로】

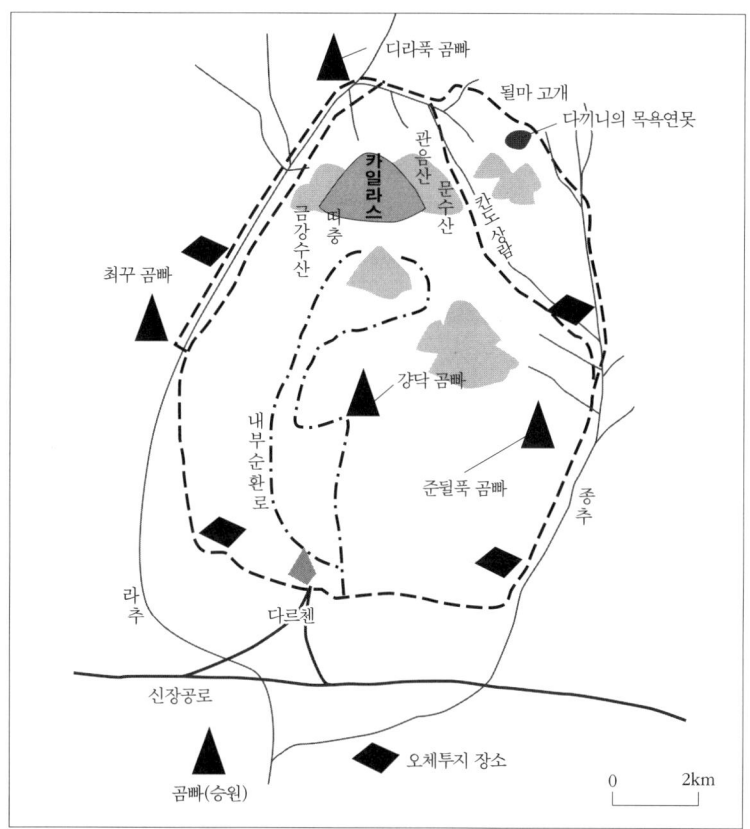

『성지 카일라스 해설』에 기초해서 이 순례로를 더듬어보자.

카일라스는 우리들처럼 수행을 하지 않는 범부의 눈에는 단지 아름다운 설산(雪山)으로 보인다. 불교 이외의 종교를 수행하는 자들의 눈에는, 겉으로는 수정으로 만든 탑으로 보이지만, 명상 중에는 마하데바존(힌두교의 쉬바신을 말함)과 우마데비비(쉬바의 아내)의 궁전으로 보인다. 다음으로 불교 수행자들 중에서도 성문(聲聞, 가르침을 듣고 깨닫은 자)과 독각(獨覺, 스스로 깨달은 사)의 눈에는 겉으로는 설산으로 보이지만, 명상 중에는 인게타나한(因揭陀羅漢, 붓다의 교화를 받고 아라한과를 증득한 16나한 중 13번째 나한)과 권속 오백나한(五百羅漢)으로 보인다. 그리고 불교 중에서도 밀교 수행을 완성한 자의 눈에는 이 성산이 짜끄라쌈바라존의 모습으로 보인다고 한다.

순례로의 시작지점인 다르첸을 출발하여 얼마간 걷다 보면, 서쪽으로 카일라스 서쪽에 세워진 최꾸곰빠(法身寺)가 보인다. 최꾸곰빠라는 이름의 유래가 되기도 한 절의 본존, '저절로 나타난 법신의 형상(최꾸)'에 대해서는 불가사의한 이야기가 전해 내려오고 있다. 일찍이 이 불상은 구게(10~17세기 서부 티베트에 존재했던 고대왕조)의 한 절에 모셔져 있었다. 하루는 카일라스의 신이 일곱 명의 요가 수행자의 모습으로 변신하여 구게로 탁발을 하러 나섰다. 그런데 구게의 승려들은 아무것도 공양해주지 않았기 때문에 일곱 명의 요가 수행자들은 일곱 마리의 늑대로 변하여 사라져버렸으며, 그로부터 이레가 지나자 이 불상을 카일라스 신들이 가져가 버렸다. 몇 년이 흐른 뒤, 구게의 왕은 불상이 카일라스 서쪽의 한 절에 있다는 것을 알고 군대를 파견하여 되찾아 오도록 했다. 그러나 불상이 너무 무거워서 들어올릴 수가 없었고, 불상의 머리에 밧줄을 감아서 끌고 가려고 했지만 이마저도 조금밖에 움직일 수가 없었다. 절의 보물인 나로빠(8장 참조)가 사용했다는 법라(法螺, 법회에서 사용하는 소라로 만든 악기. 티베트의 8가지 성물〔聖物〕중 하나임)와 대형 솥 등도 가져가려고 했으나, 신들의 신통력에 의해 법라는 하늘 높이 날아올랐다가 절 안으로 돌아갔으며, 솥 또한 차를 끓이려 하자 차가 피로 변해버렸기 때문에 군대는 이를 보고 되돌아갔다. 며칠 후 어떤 노인이 법신불상이 바위투성이인 곳에 넘어져 있는 것을 발견했다. 불상은 노인을 향해 "나를 절에 데려다 주시오"라고 부탁했는데, 노인은 "군대가 끌어도 움직이지 않았는데, 제가 들어올릴 수 있을까요?"라고 대답하자, 불상이 "괜찮을 테니 들어올려 보시오"라고 하므로 노인이 들어올려 보자 불상이 솜처럼 가벼워서, 간단히 절에 데려갈 수 있었다고 한다.

계속해서, 라추 강을 따라 북상하면 양 쪽에 바위산들이 다가오는데, 그 바위 표면에는 폭포가 떨어지고 있는 것이 보인다. 더 길을 가면 카일라스 북쪽 사원인 디라푹 곰빠(야크뿔 사원)에 이른다. 이 절은 성지 카일라스를 개척한 괴창빠의 수행동굴이다. 일찍이 괴창빠가 순례로를 만들어 나가고 있을 때, 한 마리의 암컷 야크가 나타났다. 괴창빠가 명상 중에 관(觀)하여 보니 그것은 셍동마(사자의 얼굴을 한 여신)라는 다끼니(☞ 용어해설17)였으므로 그 뒤를 쫓아가 보니 어떤 수행동굴 안으로 사라졌고, 야크가 사라진 바위 위에는 그 발자국이 남아 있었다. 괴창빠는 이곳에서 셍동마의 보호를 받으면서 수행을 계속했고, 이후 이 땅은 디라푹이라고 불리게 되었다고 한다.

이 절을 지나면 색색가지 옷이 흩어져 있는 조장(鳥葬)터가 있다. 옷의 일부는 죽은 자의 것이겠지만, 대부분의 옷은 살아 있는 순례자들이 몸에 걸치고 있던 것을 바치고 간 것들이다. 이후 카일라스를 12번 순례한 사람에게만 허용된다는, 카일라스에 보다 가까운 순례로인 칸도 상람(다끼니들의 비밀통로)의 입구를 지나 심장이 터질 것 같은 비탈길을 오르면 순례의 최대 난코스인 될마(타라) 고개에 다다른다. 옛날에 괴창빠가 이곳에서 길을 잃었을 때, 스물한 분의 타라보살(티베트어로는 '될마')이 스물한 마리의 푸른 늑대의 모습을 하고 눈앞에 나타났다. 뒤를 쫓아가자 늑대들은 고갯마루에 이르러 한 마리씩 바위 안으로 사라져버렸다. 현재 될마 고개에는 색색의 기도깃발들이 나부끼고 이 늑대들이 사라진 바위가 성스러운 장소로 모셔져 있다.

될마 고개를 넘어 '다끼니의 목욕연못'이라고 하는 작은 호수를 지나면 카일라스 동쪽 면의 절 준될푹 곰빠(신통력 동굴사원)에 이르게 된다. 이 절 이름은 밀라레빠(15장 참조)가 이곳에서 신통력을 보여순 일과 관련해서 지어졌다. 밀라레빠와 뵌 교도 나로뵌충이 카일라스 순례 도중 이곳에서 만났다. 비가 내리기 시작했으므로 비를 피하기 위한 수행용의 작은 거처를 짓자고 이야기가 되어 나로뵌충은 벽을, 밀라레빠는 지붕을 만들기로 했다. 밀라레빠는 신통력으로 큰 바위를 들어올려 지붕을 올릴 때, '낮구나'라고 하며 바위를 머리로 밀어 올리거나, '높구나'라고 하며 발로 밟았기 때문에 이 큰 바위에는 밀라레빠의 머리와 발의 흔적이 선명하게 남아 있다. 현재 이 절에는 밀라레빠의 조상(彫像)을 모신 작은 사당이 있을 뿐이다. 이어서 다끼니들이 춤을 추었다고 하는 곳을 지나가면 눈앞에 멀리 굴라 만다타 산으로 이어진 평원이 펼쳐지고 순례로의 출구인 멘탕 까르뽀에 도착한다.

　평원에 위치한 다르첸을 기점으로, 계곡을 그 발원지를 향해 북상하면서 정북으로 순례로에서 해발고도가 가장 높은 될마 고개를 넘고, 다시 계곡을 따라 남하하여 평원에 돌아오는 순례로는, 삶(평원), 죽음(될마 고개), 또 다른 삶(귀로에 계곡을 내려옴)이라고 하는 윤회와 유사한 체험을 할 수 있도록 구성되어 있다. 요컨대 이 둥근 고리 모양의 순례로를 카일라스를 바라보며 계속해서 도는 것은, 지고한 깨달음의 경지를 우러러 보면서 윤회전생을 반복하는 우리의 삶 그 자체인 것이다.

▲이시하마 유미코

3부 삶의 문화

26장
라싸 근교 어느 농가의 생활

인적 없는 황야에서 울창한 삼림까지, 다양한 풍토 안에서 살아가는 티베트인의 생활을 한마디로 일반화하는 것은 불가능하다. 풍토가 변하면 그 생활양식 또한 달라지는 것이다. 여기서는 필자가 라싸 근교 펜뽀 지방의 농촌에서 실제로 보고 들은 농가의 생활상을 부분적으로 소개하고자 한다.

농가의 생활
이 농가주택은 2층 건물로, 1층은 헛간이나 가축을 기르기 위한 공간이다. 1959년 이전 지방관리의 주거였다고 하는 이 건물은 나무판으로 만든 틀에 점토를 여러 겹 넣어 굳히는 '판축'(版築)공법으로 만들어졌다. 돌을 쌓아 만든 집들에 비해서 벽이 매우 두껍고 견고하다. 오래된 사원 중에는 이 공법으로 지은 것들이 많다. 티베트 각지에 남아 있는 사찰 유적에서는 돌을 쌓아 만든 건물은 흔적도 없이 무너져 내린 데 반해, 다져쌓기로 만든 벽만은 무너지지 않고 우뚝 솟아 있는 풍경을 볼 수 있다.

가족은 70세 가까운 할머니와 그 딸 부부에 아이들까지 모두 6명. 딸을 제외한 아들들은 모두 집에서 내보내고, 사위를 받아들이는데,

펜뽀 지방의 농가.

이는 혈통을 잇는 딸 쪽이 부모의 노후를 돌봐주기 때문이라고 하며, 이 지방에서는 일반적인 관습인 듯하다.

  농민이라고 해도 어느 정도의 가축은 사육하며, 말 한 마리, 암소 한 마리, 양 20마리를 기르고 있다. 그 중에서 가장 값비싼 것이 말이다. 티베트를 이야기하면 연상되는 동물인 '야크'는 여기서는 기르지 않는다. 원래 티베트어로 야크라고 부르는 것은 수컷만을 가리키며 그 수 또한 매우 적다. 외국인에게 '야크'라고 불리는 것의 대부분은 암컷인 '디' 혹은 소와 교배종시킨 '조'이다.

티베트인의 식생활

티베트인의 식생활에서 빠뜨릴 수 없는 것이 버터차와 짬빠이다. 이 가족도 아침식사는 언제나 이것으로 해결한다. 짬빠는 네라고 하는 쌀보리의 일종을 볶아 가루로 만든 것으로, '미숫가루'라고 할 수 있다. 버터차는 벽돌모양으로 단단히 뭉쳐놓은 보이차 계열의 찻잎을 부수어 냄비에 넣고 끓여서 충분히 우려낸 차에 약간의 소금과 버터를 넣고 휘저어 만든다.

휘젓는 데는 나무로 만든 '동모'가 사용되는데, 최근에는 라디오에서도 광고하는 '전기 동모'라는 믹서를 이용할 수 있게 되었다. 차와 버터가 충분히 녹아서 하나로 섞여, 시간이 지나도 좋은 버터차를 맛볼 수 있다고 한다. 라싸에서 나무로 만든 동모는 골동품가게의 한 구석으로 밀려나고 있다. 다만 전기가 아직 들어오지 않은 지방에서는 아직 동모

동모를 가지고 버터차를 만드는 장면.

를 사용한다. 이 마을에는 이미 전기가 들어와 있기 때문에 믹서가 큰 역할을 한다. 티베트인에게 전기는 텔레비전을 보는 것보다 버터차를 만들기 위해서 더 필요하다.

중앙 티베트인 위·짱 지방에서는 '차'라고 하면 버터차를 가리킨다. 그러나 암도·캄 지방에서는 풍토가 다르기 때문인지 평상시에 버터차를 마시는 일이 거의 없다. 이 지방 사람들이 차라고 부르는 것은 대부분 버터를 넣기 전의 차인 '자탕'을 가리킨다.

사발에 차를 붓고 거기에 수북하게 짬빠와 버터, 건조 치즈 가루 등을 넣어 반죽한다. 반죽한 것을 '빠'라고 한다. 이것이 티베트인의 주식이다. 일본에서는 '짬빠를 먹는다'고 소개되어 있지만, 티베트인들은 그렇게 표현하지 않고 '빠를 먹는다'라고 한다.

옹꼬르의 경마.

주요 농작물은 주식인 짬빠의 원료가 되는 네이다. 그 외에는 밀이나 콩, 기름을 짜는 데 필요한 유채꽃이 있다. 네를 제외란 이들 작물은 같은 밭에서 혼작된다. 감자 또한 빠뜨릴 수 없는 농작물이다. 티베트어에서 야채류의 대부분은 중국어에서 차용한 말이다.

마을 한가운데 있는 탈곡작업 광장에 군데군데 녹이 쓴 고사포가 설치되어 있었다. "무엇 때문에?"라고 물으니, "우박을 내리는 구름이 나타나면 이 녀석을 쏘아 올려 쫓아버립니다"라고 대답한다. 처음으로 라싸를 방문했던 10년 전 구름 낀 날 아침이면 자주 '쾅, 쾅' 하는 소리가 났는데, 이것이 그 소리의 주인이었는가 하는 생각이 든다. 단 효과가 있는지는 확실하지 않다.

연중행사

여름 농번기에 틈을 내서 거행하는 '옹꼬르'는 설날인 '로싸르'와 더불어 가장 흥겨운 연중행사이다. 옹꼬르는 '밭(옹가)을 돈다(꼬르)'는 뜻으로, 풍년을 기원하는 축제이다. 깡규르, 뗀규르라고 하는 경전이나 불상 등을 짊어지고 마을사람들은 한 사람 빠짐없이 밭을 돈다.

옹꼬르에서 빠지지 않는 행사는 경마이다. 경마라고 해도 장거리 경주는 아니고, 말을 탄 채 활쏘기나 묘기를 하는 것이 중심이다. 속샤(몽골식 모자)를 쓰고 비단옷으로 몸을 치장한 기수들은 마을사람들 중에 제비뽑기를 해서 선발된다. 그래서 매년 같은 사람이 기수를 맡는 경우도 있다. 제비뽑기에서 떨어진 사람들에게는 기수의 농사를 거들어주어야 하는 의무가 생긴다. 확성기를 통해 나오는 아나운서의 경쾌한 실황중계 목소리와 마구의 방울소리 및 말발굽소리가 울려 퍼지는 가운데, 축제마당은 마을사람들뿐만 아니라 인근 마을이나 라싸 등지에서 온 구경꾼들로 열기가 가득하다.

겨울의 농한기에는 양털로 실을 잣거나 직물을 짜는 것이 일이다. 가정마다 직조기가 다 있는 것은 아니며, 갖고 있는 집에 부탁을 하면 빌려준다. 가족이 많은 집에서는 농한기에 라싸에 돈 벌러 가는 경우도 있다.

티베트인의 의상

티베트 의상 중 대표적인 것은 '추빠'라는 윗옷이다. 일본의 기모노와 마찬가지로 옷깃을 아래로 늘어뜨려 우측 앞으로 비스듬히 여민다. 소매는 통소매로 길다. 남자는 옷자락을 걷어 올려 허리띠를 동여매지만, 여자는 긴 옷자락을 늘어뜨린 채 입는다.

순례 등을 할 때에는 한쪽 소매를 벗는다 따위의 설명이 있는데, 이는 완전히 잘못된 것이다. 그것은 단지 너무 덥기 때문이거나 일하기 편하기 때문이며 한쪽 소매를 벗고 높은 사람 앞이나 불상 앞에 참배하는 것은 원래 결례이나. 한쪽 소매를 벗고 있을 때 갑자기 높은 사람과 만난다든가 하면 벗고 있는 쪽의 소매를 등 뒤로 해서 어깨에 걸쳐

경의를 표한다.

남녀 모두 착용하는 방법만 다를 뿐 기본적으로 같은 모양의 추빠를 입는데, 여성 고유의 의상으로 '푸메'가 있다. 푸메는 소매 없는 추빠로 1959년 이후 인도에서 점퍼스커트 형식의 간이형이 개발되면서부터 그 착용의 편리함과 아름다움 때문에 폭발적으로 유행했다. 이것은 그 때까지 '푸메'를 입는 습관이 없었던 암도나 캄을 비롯한 티베트 전역뿐만 아니라 타망이나 구룽이라는 주변 티베트계 여러 민족에게도 퍼져 나갔으며, 마침내 로열네팔항공 객실승무원의 유니폼이 되기까지 했다.

남성은 추빠를 잘 입지 않는 데 비해서 여성은 추빠를 많이 입는다. 이런 사실은 간이형 추빠의 존재와 관련이 있을 것이다. 푸메의 유행은 티베트 문화를 고려하는 데 있어서 아주 흥미로운 현상이다. 유행지역의 넓이를 통해 티베트권에서의 물류유통을 미루어 짐작할 수 있을 것이다. 또한 여성의 민족의상 착용이라고 하는 점을 젠더론의 관점에서 분석해볼 필요도 있다.

일상 속의 기도

날마다 하는 기도 속에서 잊어서는 안될 것으로 영토신 '월라, 쉬다'에 관한 것이 있다. 영토신에 대해서는 대지를 깨끗이 하기 위한 '상'이라는 향을 피워 올리는 일에서부터 기도가 시작된다. 정월 2일에는 각 호에서 대표자 한 명씩이 모여 마을 남쪽 영토신이 사는 산 정상에서 상을 피우고 기도를 올린다.

펜뽀 지역의 주민은 매년 한 번 샤라 붐빠라고 하는 까담파의 오래된 절에서 참배하는 관습이 있다. 그곳은 지역사람들의 교류의 장이며, 1년에 한 번 즐거운 소풍을 가는 기분으로 기도를 올리게 된다.

어느 해인가 그 집을 방문했을 때 "텔레비전이 있습니까"라는 이야기를 하게 되었다. "최근에 사긴 했는데 아직 보질 않습니다. 구입하자마자 바로 아버지께서 돌아가셔서"라고 대답했다. "근친이 죽은 후에는 49일 동안 오락은 물론 웃는 것도 절대 안되며, 빗질하는 것 또한 피합니다." 민담 '아쿠뙨빠'에서 조롱의 대상이 되는 관습이 남아 있었다. 다만 이 관습을 설명해준 이 집의 장남은, "이런 생각은 낡았다고 생각해요. 특히 웃는 것이 문제될 것은 없지 않겠습니까. 아버지의 일은 잊지 말아야겠지만, 슬픔은 빨리 잊는 게 좋습니다"라고 했다. 라싸에 사는 그도 해마다 한 번씩 샤라 붐빠 참배는 거르지 않는다.

▲미야케 신이치로

27장
해탈에 가까워지기 위한 승원생활

티베트 불교의 불교관을 보여주는 경전에 다음과 같은 구절이 있다.

> 모니(牟尼)들은 죄업을 씻어내지도 않으며
> 그들의 손이 중생의 고(苦)를 덜어주지도 않으며
> 그들의 깨달음이 다른 이들에게 전달되는 것도 아니다.
> 법성(法性)의 진실을 설파하는 것으로 해탈에 이르게 하는 것이다.

이는 모든 부처들이 이 윤회의 세계로부터 우리들을 구제하는 것은 단지 설법을 통해서일 뿐임을 이야기하고 있다.

그러므로 불교의 실천이라고 하는 것은, 우선 불법(佛法)을 입에서 입으로 바르게 전승하는 스승에게 불법(佛法)을 듣고, 그 의미를 이해하며, 그것이 의미하는 바대로 실천한다고 하는 것에 다름 아니다. 이것이 '문·사·수'(聞·思·修, 부처의 가르침을 스승의 입에서 나오는 목소리를 통해 듣는 것/들은 내용을 마음에 그려 그 내용을 이해하는 것/이해한 내용을 실천하는 것)라고 불리는 것이다. 티베트 불교의 승원이란 윤회로부터 해탈하고자 결심하고 출가한 승려들이 밤낮으로 聞·思·修에 노력하는 장소이며, 일반인에게는 이런 출가자들의 기도가 지향하는 바에 자신의 기도를 더하는 '기원의 장소'이다. 티베트 불교의 승원에서 이런 문·사·수에 의한 불교 실천이 어떻게 이루어지고 있는지 여기에서는 겔룩파 총본산의 하나인 데뿡 고망 학당의 예를 소개해보겠다.

데뿡 고망 학당에서는 인도 대승원의 전통을 계승했으며, 이후 티베트에서 발전한 전통교육프로그램을 바탕으로 하여 승려들에 대한 교육이 이루어진다.

티베트 불교에서는 출가하는 평균연령이 현재 일본으로 이야기한다면 중학생 정도, 즉 12~13세이다. 물론 5~6세 때 출가하는 사람도 있지만, 적어도 까마귀를 쫓아버릴 수 있을 정도의 나이는 되어야 한다. 한편 승려로서 제 구실을 하기 위해 전통적인 이수과정을 수료하기까지는 약 20년 정도의 세월이 걸리기 때문에 20세가 넘어서 출가하는 사람은 드물다. 또한 출가하기 위해서는 부모의 허락을 받을 것, 신체장애자가 아닐 것, 거세한 자가 아닐 것, 출가하려는 절의 주지에게 허락을 받을 것 등의 조건이 있다. 출신지 마을 촌장의 허락이 필요한 경우도 있다.

이런 조건이 모두 갖추어지면 삭발 의식을 행하고, 승복이 수여된다. 삭발 의식에서는 주지가 "그대는 출가하는 것을 기쁘게 생각하는가"라고 물으며, 제자는 "예, 기쁘게 생각합니다"라고 대답을 한 다음 삭발이 이루어진다. 이 의식이 끝나면 티베트력으로 10월 법회기간이 끝날 때까지 출가를 대기하는 상태가 된다. 이 시점부터 학당에 있는 출신지별 16개 기숙사에 들어가 상용 근행집(勤行集, 이 절의 법회에서 독송되는 경전들) 등을 암기해야만 한다. 10월 법회기간이 끝나면 신학기가 시작되는데 이때 주지로부터 사미계(沙彌戒)를 받아 '사미'가 된다. 이것이 본래 의미의 '출가'이다. 이때부터 문·사·수의 수행이 시작된다. 사미계를 받을 때는 그때까지의 속명(俗名)을 버리고 수지로부터 법명을 받는다. 통상적으로 주지는 자신의 이름자에서 일부를 법명으로 준다. 예컨대 '뗀빠 최닥'이라고 하는 주지 밑에서 출가하면 제자는 '뗀빠 아무개'가 된다. 그 후, 성인이 되면 구족계(具足戒)를 받아 '비구'(比丘)가 된다.

티베트 불교의 사제관계에는 크게 나누어 두 가지가 있다. 하나는 불교경전의 구전이나 밀교의 전수 등의 법맥을 전하는 종교적인 사제관계이며, 또 하나는, 생계를 함께 꾸려 나가는 생활상의 사제관계이다. 전자는, 불교경전 강독을 받는 경우에는 '뻬체 게겐'(경전의 스승)이라고 하며, 밀교 전수를 해주는 경우에는 '금강아사리'(金剛阿闍梨)라고 한다. 이러한 스승들을 모두 '라마'라고 이르는 경우도 있다. 한편, 생계를 함께 하는 스승은 '직뗀 게겐'(세간의 스승) 혹은 '케렌 게겐'(계약의 스승)이라고 불리며 일반적으로는 가족이나 출신지의 연고가 있는 사람이 담당한다. 제자는 스승 주변을 돌보는 것에서부터 요리까지 모든 일상생활상의 봉사를 한다. 스승은 제자를 의례 법식에서부터 경전의 스승으로 누구에게 사사하면 좋은지 등에 이르기까지 모든 것에 걸쳐 보살펴준다.

사미가 되어 새 학기를 맞으면 전통적인 교육프로그램에 의한 불교교리학습이 시작된다. 이때부터 '뻬체 게겐'을 따르게 된다. 승려에게 있어서 '뻬체 게겐'이라는 것은 석존이 설파한 말을 구전으로 가르쳐 그 법맥을 직접 전해주는 스승이다. 그러므로 한 번 이렇게 불교상의 스승에게 사사하면 깨달음에 이르기까지 스승을 존경하고 스승에게 봉사해야 한다. 우선 불교의 기초적인 교의를 배우기 위한 수업에 들어가 문답방법을 학습한 후, 불경강독수업을 받게 된다. 스승은 우선 자신의 스승으로부터 전수받은 불경을 낭독하여 제자에게 들려주고 그 의미를 문답형식으로 해설한다. 제자는 수업 전후에 전수받을 불경 텍스트를 몇 번이고 소리 내어 읽어야 하며, 암송할 뿐만 아니라 동급생과 문답을 하고 불경이 의미하는 내용을 모든 각도에서 이해하여 자신의 말로 설명할 수 있어야만 한다. 이런 암기와 문답에 의한 학습법이 티베트 불교 학습법의 핵심이다(18장 참조).

티베트 승원에서 교리문답은 놀라울 정도로 합리적인데, 수준 높은 철학적인 논의로 발전해왔다. 기본적으로는 답변자와 질문자의 두 조로 나누어 문답을 한다. 질문자는 명제의 주제·귀결·논거를 제시하며, 답변자의 답변에 맞추어 다양하게 명제를 구성해간다. 그래서 문답하는 것을 '딱셀'(논거와 귀결)이라고도 한다. 답변자는 질문자가 구성한 명제에 대해 '그렇다' '왜 그런가' '논거가 성립하지 않는다' '필연관계가 없다'라고 하는 네 답변 중 하나만 대답할 수 있다. 이런 규칙이 있어서 문답은 순조롭게 진행된다. 예를 들면 다음과 같은 것이다.

질문자: "사람이라면 반드시 무상(無常)한 존재이다."
답변자: "그렇다."
질문자: "사람이라면 반드시 무상하다고 할 수만은 없다."
답변자: "왜 그런가?"
질문자: "사람이라면 반드시 무상하다고 할 수만은 없다. 사람이면서 동시에 무상하지 않은 자가 있기 때문이다."
답변자: "논거가 성립되지 않는다."
질문자: "사람이면서 동시에 무상하지 않은 자는 없게 된다."
답변자: "그렇다."
질문자: "사람이면서 동시에 무상하지 않은 경우가 있게 된다."
답변자: "왜 그런가?"
질문자: "사람이면서 동시에 무상하지 않은 경우가 있게 된다. 부처가 그러하기 때문이다."
답변자: "논거가 성립하지 않는다."……

이는 "부처는 무상한 존재가 아니지만, 석존은 부처이면서 인간이기 때문에 석존은 무상한 존재가 되어버린 것은 아닐까"라는 문제에 대한 문답의 일부이다. 질문자는 하나하나 명제의 부정형과 긍정형을 제시하면서 답변자가 무엇을 생각하고 있는지 살핀다. 답변자는 자신이 내세운 주장이 반박당하지 않도록 신중히 대답해야 한다. 질문자는 상대방의 생각을 읽고 교묘한 덫을 치며, 답변자가 한 번 여기에 걸려들면 차례차례 명제를 하나씩 거슬러 올라가 최초의 주장을 뒤집지 않으면 안되는 시점에서 답변자를 이기게 된다. 이런 문답은 몇 시간씩 계속되며 승원에서는 이런 문답을 위한 '최다'(法座)가 하루에 아침·점심·저녁 세 번에 걸쳐 열린다. 어떤 때는 학급 대항전과 같은 것도 있으며, 두세 명의 사람이 몇 백 명이나 되는 질문자를 상대하지 않으면 안되는 경우도 있다. 출가한 승려들에게 이런 문답의 시간은 긴장감 넘치는 즐거운 시간이며, 문답에서 지지 않기 위해 그 토대가 되는 불경 암기를 소홀히 하지 않게 된다.

 이런 암기와 문답을 통해서 인도불교의 성전인 '오대성전'(五大聖典)을 차례차례 배워가게 된다. '오대성전'이란 달마끼르띠(18장 참조)의 『올바른 인식방법에 대한 주해』(불교논리학), 미륵(彌勒)의 『현관장엄론』(現觀莊嚴論, 반야사상), 찬드라끼르띠(16장 참조)의 『입중론』(入中論, 중관사상), 와즈반두(12장 참조)의 『아비달마구사론』(阿毘達磨俱舍論, 아비달마), 구나쁘라바의 『율경』(律經, 계율학)을 가리킨다. 매년 학기말 시험에서 낙제하지 않는 한 첫 수업에서부터 마지막까지 약 16년에 걸쳐 정규 커리큘럼을 이수한다. 낙제자는 1년만 유급할 수 있으며, 그 이상 낙제를 하면 승원을 떠나야 한다. 그러나 거의 모든 승려는 이 마지막 단계까지 진급한다. 그 중에서 우수한 자는 다시 '게셰'(善知識)라고 하는 박사학위를 취득하기 위해 수년간의 박사과정에 적을 두고 최종시험을 치른다. 이 시험에 합격하면 박사과정의 이수 연수와

27장 해탈에 가까워지기 위한 승원생활

데뿡 고망 학당의 문답 '최다'(法座)(데뿡 고망 학당 일본사무국 제공).

성적에 따라 게셰 도람빠(하급), 게셰 까쭈빠(중급), 게셰 라람빠(상급) 중 하나의 칭호를 얻을 수 있다. 그 중에서 가장 최고 칭호 '게셰 라람빠'는 현재 세라·데뿡·간덴 3대 승원이 공동으로 운영하고 있는 조직(겔룩파길상문화보존협회)이 매년 정월 대기도회(뫼람첸뽀) 전에 수여하고 있다.

게셰 학위를 취득하면 귀메 밀교학당이나 귀뙤 밀교학당에 들어갈 수 있다. 이 밀교학당에서 몇 년을 체재해도 괜찮으며, 그 후 승려로서의 인생도 기본적으로 각자의 자유이다. 수년간 밀교학당에 체재한 후에 다시 고망 학당에 돌아와 불경을 강독하며 제자를 양성하거나, 자신의 출신 사원으로 돌아가 불경을 가르치기도 한다. 또한 마을에서 떨어진 인적 없는 깊은 산속의 동굴에 틀어박혀 수행에 힘쓰는 자도 있다. 학당에 재적되는 승려들의 투표에 의해 선발되어 직의 사무를 맡아보는 자도 많다.

이렇게 겔룩파의 본산에서는 정규 커리큘럼에 의해 불법(佛法)을 듣고, 그 의미를 생각하면서 문답을 하며, 명상을 통해서 수습(修習)한다. 티베트 사람들에게 '승원'이란 유서 깊은 불상이나 벽화 같은 유형의 문화재가 있는 장소인 것은 아니다. '승원'의 재산이란, 불교에서 궁극의 목표인 윤회로부터의 해탈을 이루고자 하고 있는 무형의 문화재, 즉 승려들인 것이다. 그러므로 티베트에서 보다 가치 있는 승원이란 보다 많은 승려가 수행하고 있는 승원이다.

11세에 출가하여 현재 70세를 맞이한 나의 스승 데뽕 고망 학당 제75대 장관 켄술 린뽀체 뗀빠 겔첸 선생은 이런 승려로서의 인생을 돌이켜보고 다음과 같이 이야기하고 있다.

"승려가 막 되었을 때는 붓다라든가 보리심이라든가 지혜라는 것은 나 자신과는 상관없는 요원한 것들이라고 생각했습니다. 어렸을 때부터 스승을 모시면서 열심히 공부하고 노력해서 수행을 해왔습니다만, 죽음에 가까워진 지금에 이르러서야 겨우 그런 존재들에 조금 가까워졌다는 생각이 듭니다."

티베트의 승원, 그것은 불교에 평생을 바쳐 해탈에 가까워지기 위해 밤낮 온몸과 온 정신을 다해 정진하고 있는 사람들이 살고 있는 '성스러운 장소'이다. ▲노무라 쇼지로

28장
'기도'의 상징들로 수놓은 티베트 건축

입지: 남향 언덕의 경사면이 최적지

티베트의 명소와 옛 유적지들을 돌아보는 것은 꼭 즐겁지만은 않다.

예컨대 뽀딸라 궁은 아득한 언덕 위에 우뚝 솟아 있다. 지상에서 올려다볼 뿐이라면 상관없지만, 티베트 문화의 정수를 모아놓은 내부를 배견(拜見)하기 위해서는 한참동안 비탈길이나 계단을 오르지 않으면 안된다. 더구나 볼 만한 곳은 제일 위쪽에 있다. 그곳은 아래로부터 100미터 이상 떨어져 있다. 산소가 희박해서 몸에 무리가 온다.

이렇게 티베트의 사원·승원의 대부분은 산이나 언덕 경사면에 자리잡고 있다. 순례여행은 언제나 상당한 산행을 하지 않을 수 없다.

티베트의 마을들은 일반적으로 남쪽으로 트인 산비탈이나 계곡 사이에 있다. 가장 높은 곳에는 승원의 가람이 나란히 서 있으며, 그 밑에는 승려들이 머무르는 승방이 있다. 약간 내려오면 마을의 유력자, 즉 승원 후원자의 집이다. 더 밑에는 마을사람들의 집이 늘어서 있다. 높은 곳에 거주지를 조성해놓은 집일수록 티베트인적인 가치관에서는 지위가 높다. 전통적인 위계질서는 지금도 살아 있다.

티베트인은 오늘날 평화적인 불교도로 알려져 있는데, 옛날에는 전란도 많이 겪었다. 전략적 요충지인 언덕 위에는 '종'이라고 불리는 성

언덕 경사면에 겹겹이 들어서 있는 민가.

채가 세워지고 관청과 승원이 함께 들어서 있다. 정교일치의 상징인 뽀딸라 궁도 '종' 스타일로 지어져 있다.

외관: 벽의 경사가 아름다움의 비밀

뽀딸라 궁으로 대표되는 티베트 건축물의 외관상 특징 중 하나는 건물 하단으로 내려갈수록 완만하게 넓어지는 외벽이다. 아래로 내려갈수록 벽이 두꺼워져 건물의 무게를 지탱하기에 적합한 구조이다. 가장 밑 부분에는 벽의 두께가 2미터까지 되어 창문을 설치할 수도 없다. 일본의 성으로 말하자면 돌담 부분에 해당할 것이다. 이처럼 건물 하단 외벽을 넓게 만드는 건축양식은 건물에 묵직하고 중후한 안정감을 줌과 동시에 파란 하늘에 빨려 드는 듯한 실루엣 효과를 가져와 티베트 건축물을 아름답게 보이게 하는 데 한몫하고 있다.

색채는 매우 단순하다. 우선 눈에 띄는 색깔은 흰색이다. 민가 외벽은 기본적으로 회반죽으로 하얗게 칠해져 있으며, 승원에서도 건물 대

28장 '기도'의 상징들로 수놓은 티베트 건축

부분은 흰색이다. 이것이 티베트의 새파란 하늘과 잘 어울린다.

그리고 창문의 테두리만 검게 칠해져 있다. 창 자체는 장방형이지만 검은색 칠은 사다리꼴이다. 벽의 경사와 함께 밑에서 위로 흐르는 아름다운 선을 형성하고 있다.

또한 종교적 의미를 지니는 건물 중에는 적색이나 황색으로 칠해져 있는 경우도 있다. 하얀 건물들이 늘어서 있는 중간에 인상적인 악센트가 되기도 한다.

하얀 벽에 창의 테두리는 검은색. 1층 문은 길상문양의 도어커튼으로 가려 있다.

비나 눈이 적게 내리기 때문에 지붕은 평평한 것이 보통인데, 사원의 지붕에는 장식으로 중국풍의 지붕이 올려져 있기도 하다.

재질: 바깥은 돌, 안은 나무

외벽은 기본적으로 돌을 쌓아 만든다. 돌의 크기는 일정하지 않은 경우가 많지만, 빈틈은 작은 돌멩이나 몰타르, 슬레이트형의 평평한 돌들로 정성들여 메워져 있다.

새하얀 외벽의 가장 윗부분에만 붉은색의 띠가 있다. 옥상의 난간에

3부 삶의 문화

민가의 내부. 모두 목재로 꾸며져 있다.

해당하는 부분이다. 얼핏 벽이 도장되어 있는 것처럼 보이지만, 실은 타마리스크(버드나무의 일종)라는 관목의 가지를 묶어 위에서부터 다지면서 압력을 가해 빽빽이 깔아 고정시킨 것이다. 매우 견고하며 방수성이 뛰어나다고 한다. 인상이 마치 마른 볏짚을 쌓아올린 농가의 지붕과 흡사하다.

바깥 모습과는 반대로 건물 내부는 대부분이 목조이다. 주위에 나무 등이 자랄 것 같지 않은 중앙 티베트에서 의외일 정도로 넉넉하게 굵은 목재들이 사용되고 있다. 삼림이 풍부한 캄 지방(동부 티베트)에서는 1층은 석벽, 2층 이상은 굵은 통나무를 짜서 만든 오두막집 양식의 건물도 많다.

기본관점: 언제나 신불과 함께 하고 싶다
티베트에서 최초로 세워진 승원인 삼예 사원은 인도의 오단따푸리 사

28장 '기도'의 상징들로 수놓은 티베트 건축

입체 만다라라고 알려진 대불탑 갼쩨 꿈붐.

원을 모방한 것이라고 한다. 본전(本殿)의 사방팔방을 불당과 탑들이 둘러싼 배치는 만다라를 재현한 것이다. 갼쩨에 있는 거대 불탑인 꿈붐최뙨(빼코르최데 사원에 위치)도 8층으로 이루어진 거대한 입체 만다라이다. 또한 뽀딸라 궁 내의 붉은색으로 칠해져 있는 적궁(赤宮) 부분도 깔라짜끄라존의 만다라로 볼 수 있다(10장 참조).

신불(神佛)이 살고 있는 궁전인 만다라 세계를 지상에 출현시켜 그곳에 몸을 담그고 싶다는 것이 티베트 사원건축의 메인테마가 아닐까.

사원건축이 종교적으로 '기원'의 공간인 것은 당연하지만, 일반 민가에서도 "조금이라도 신령님과 부처님에 가까워지고 싶다"는 기본관점은 관철되고 있다. 생활수준과는 어울리지 않는다고 여겨질 만큼 제단이니 불당을 화려하게 꾸미고 있기 때문이다.

3부 삶의 문화

의장(意匠): 넘쳐나는 '기원'의 상징들

티베트 건축물은 외관상으로는 수수해 보이지만, 내부는 다르다. 사원이든 민가든 우선 눈에 띄는 것은 새빨갛게 칠해져 있는 기둥이다. 사원의 기둥 중에서 다각형으로 된 것은 만다라의 형상을 나타낸다.

문이나 들보, 기둥머리 등은 물질의 다섯 가지 구성요소인 지(地)·

악어의 몸과 코끼리의 코를 지닌 수호영물 추신.

수(水)·화(火)·풍(風)·공(空)을 나타내는 황·청·적·녹·백색으로 화려하게 채색되어 있으며 다양한 '기원'의 모티프가 온통 아로새겨져 있다. 사자나 가루다(Garuda, 힌두·불교신화에 등장하는 전설상의 새), 추신(혹은 Makara, 힌두신화에 등장하는 악어·돌고래·코끼리 모양의 영물)이라고 하는 귀신 쫓는 수호동물들이나 불교에서 유래하는 길상(吉祥) 문양이 벽화나 조각 등의 형식으로 풍부하게 이용되고 있다.

고풍스럽고 소박함을 좋아하는 일본인과는 매우 상반된 신앙의 표현, 이를테면 화려한 색채, 선명한 대비, 공간을 빈틈없이 메우고 있는 치밀한 장식이 여기에는 있다.

출입구 또한 아주 빨갛게 칠해져 있는데, 마치 포렴(布簾)처럼 흰 천으로 만든 도어커튼으로 가려놓은 경우가 많다. 커튼은 남색으로 따쉬따게(길상문양)가 수놓아져 있다.

28장 '기도'의 상징들로 수놓은 티베트 건축

처마의 장식. 가루다와 사자가 나란히 자리 잡고 있다.

일본인의 주거에서는 이제 '기원'을 느끼게 하는 것을 거의 찾아볼 수 없다. 일본인에게 신사나 절은 '바깥'에 있는 특별한 것이지만, 티베트인은 어디까지나 일상 '안'에 있는 것으로 여기고 있다고 할 수 있다. 생활의 터전에 마치 사원과 같은 공간을 만들어내려고 하는 자세에서, 신앙이 지금도 큰 무게를 지니고 있는 티베트인의 정신성(精神性)을 느낄 수 있다.

▲오사다 유키야스

29장
뽀딸라 궁정음악 낭마

음악이나 무용에서 비경은 존재하지 않는다. 이것은 특정지역에만 존재하는 일은 있을 수 없다는 의미이다. 또한 어떤 시대에도 음악이나 무용은 '흘러가는'(流行) 강물이나 질병처럼 전파되는 것이다. 즉, 다른 문화의 향수(享受)를 계기로 '유행'이 생겨난다. 또한 그런 음악이나 무용은 '요즘 사람'='문화적 최첨단 탐구자'에 의해 널리 전달되고 모방되며 변해간다. 알기 쉬운 예를 들면 지금의 힙합이 여기에 해당된다. 원래 다른 문화였던 것이 자신의 문화로 받아들여진다. 또한 어느새 '전통'이 되어 독창적이고 권위 있는 것으로 변해 간다.

현대에 있어서 '요즘 사람'은 반사회적인 '불량'한 이미지가 있지만, 과거에는 재력·권력에 의지하여 이문화(異文化)를 향수하던 특권계급이다. 즉 일상생활에 신물이 난 여유 있는 사람들이라고도 할 수 있다. 또한 그런 그들이 즐겼던 최신 이문화가 자신들의 문화와 융합되고 정착되어 '전통'이 된다.

17~18세기에 걸쳐 형성된 티베트 궁정음악은, 시간적으로는 더뎠지만, 마치 현대의 랩 뮤직처럼 광범위하게 유행했던, 유럽에서 류큐까지 비슷한 양식을 지닌 음악이다(류큐 동쪽은 아악[雅樂]). 이 시대 궁정음악의 공통된 특징은, ①음악가가 어떤 지위에 귀속하는 계급이었

고, ②종교와 직접적 관계를 엷게 한 작품들, ③무곡을 포함한 합주모음곡형식에 의한 연주형태, ④고정된 형식을 지닌 악곡, ⑤저음악기＋타현악기＋두 가지 정도의 솔로악기 혹은 가창에 의한 거의 동종의 악기에 의한 편성, ⑥명연기를 요구하는 장식음을 많이 사용하거나 악기편성에 의한 차이를 이용한 편성의 까다로움 등 연주능력의 과시, ⑦고용자인 권력자가 스스로 작사·작곡한 작품으로 전해지는 것이 남아있다는 것 등을 들 수 있다.

티베트 궁정음악인 낭마 또한 이런 유형의 음악이라고 확실하게 이야기할 수 있다. 티베트에는 원래 스타일이 정해진 궁정음악이 없었다. 그러나 17세기 달라이라마 5세 시대에 라닥에서 온 알현 단체가 가무단을 데리고 뽀딸라 궁을 방문하여 라닥의 궁정음악 스타일과 여행 도중에 배운 레퍼토리를 연주해 보였을 때, 당시 섭정인 상게갸초가 크게 마음에 들어 하며 뽀딸라에도 가무단을 창설하자고 제안하게 되었다고 문헌에 기록되어 있다. 결국 티베트 궁정음악은 중앙아시아를 경유해서 들어온 것이 된다. 그 레퍼토리는 '낭마'와 '뙤셰' 두 종류이다.

'낭마'는 라닥의 연주양식에 시가(詩歌)를 곁들인 독창적인 음악이다. 그 음악형식은 고정적인 양식으로, 연주형태는 기악합주와 솔로보컬이다. 우선은 느릿한 서곡과 같은 합주연주와 솔로가수의 춤으로 시작한다.

다음은 노래. 반주는 합주에 의한다. 중간 또는 곡의 마지막은 빨라지면서 스텝 중심의 춤을 펼친다. 무용수·가수에 의한 솔로 혹은 군무(群舞)이다. 곡에 따라 악기편성의 지정도 약간씩 다르다. 또한 모음곡의 순서도 달라진다. 주요 합주악기는 다녠(저음계열의 6현악기), 귀망 또는 양친(양금과 유사한 싱자형 타현악기), 삐왕(해금과 유사한 찰현악기), 링부(피리) 등이다. 노래가사는 달라이라마 6세의 시에 기초한 것

3부 삶의 문화

궁정음악 연습악보.

이나 시인들의 격조 높은 작품이 대부분이다.

낭마에서는 다녠이 기본 선율과 베이스를 담당하며 후술할 링부가 선율, 삐왕과 귀망이 번갈아가며 리듬과 희미한 잔향을 만들어 기악합주나 노래의 반주를 한다. '뙤셰'는 본래 서부 티베트 뙤 지방의 민요를 궁정에서 합주 혹은 그 중 몇 가지 악기로 낭마와 같은 형식에 따라 연주되는 음악이다. 이는 라닥의 가무단이 여행 도중 수집한 레퍼토리를 연주한 데서 유래한다.

그러면 궁정음악에서 쓰이는 악기들에 대해 좀더 상세히 알아보자.

다녠은 티베트 고유의 발현악기(撥絃樂器, 피크를 사용해서 연주하는 현악기)이다(발음표기는 '담녠'이지만 '듣기 좋은=녠' '소리=다'라는 원음을 중시해서 철자대로 표기했다). 궁정음악에서는 저음부를 담당한다. 히말라야 티베트계 민족들 사이에서 널리 연주되며 궁정음악 외에 지방민요나 춤의 반주, 거리공연, 독주 등 종교음악 이외의 모든 장르에서 사용된다. 크기는 궁정음악에서 쓰이는 것은 샤미센(三味線)의 호소자오(細棹)*에 해당하는 사양이며, 거리공연 등에서는 후토자오(太

* 일본의 전통현악기 샤미센은 목의 굵기에 따라 호소자오(細棹), 추자오(中棹), 후토자오(太棹) 세 종류로 나뉜다.

29장 뽀딸라 궁정음악 낭마

棒)가 일반적이다. 통상적으로 여섯 현을 두 줄씩 한 세트로 붙여서 조현(調絃)방법은 샤미센과 같다. 민간에서 사용하는 것은 하나의 저음 현이 추가된 7현짜리나 3현뿐인 경우도 있다. 3현의 경우 오키나와의 간카라 산신(三線)*처럼 소박하게 만들어진 것도 있다.

삐왕은 티베트의 문헌이나 불화 혹은 조각 등에서 비파형의 악기를 가리킨다. 그러나 구어(口語)에서는 두 현을 활로 켜서 연주하는 해금과 매우 흡사한 악기를 가리킨다. 인도의 발현악기 비나가 티베트문헌에서는 삐왕, 중국에서는 비파(琵琶), 또 일본에서는 비와(琵琶)라고 불려 각기 민족악기로 발전해간다. 중국에서는 호금(胡琴)류 중 호궁(胡弓)에 대해서 당대(唐代) 문헌에 '해

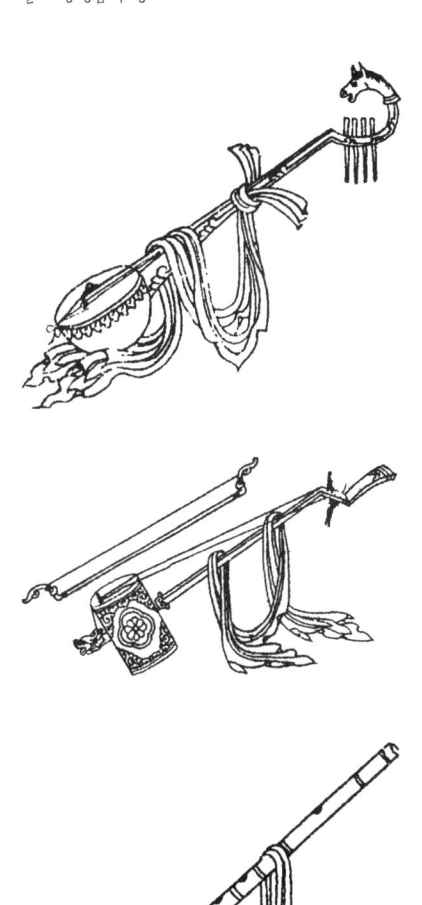

위에서부터 다녠, 삐왕, 링부.

* 3현 악기, 산신은 일본 오키나와 특산의 현악기로, 원래 뱀가죽으로 제작하기 때문에 매우 고가이다. 간카라 산신은 양철깡통을 이용하여 제작한 저렴한 산신을 가리킨다.

금'(奚琴)이라는 문자가 있으며, 한국에는 해금이라는 악기가 있어 북아시아나 한반도가 한 뿌리라고 추측할 수 있다. 요컨대 악기명칭과 모양이 반드시 아시아 공통인 것은 아니라는 점으로부터 유추를 하면, 계통이라 해도 때로는 전파해가는 것이 아니라고 말할 수 있다.

귀망은 '많은 현'이라는 뜻을 지닌다. 이 타현악기는 별명으로 양진이라고도 한다. 이 별명은 중국어 양친(楊琴)에서 유래하는 듯하다. 중국에서는 명대(明代)인 17세기경에 서아시아로부터 광둥 지방으로 전래되어 차츰 넓은 지역에서 사용되었던 악기라고 기록되어 있다. 티베트에서는 중앙아시아를 경유한 루트로 같은 시대에 전해졌고 궁정음악가들이 이야기하고 있다. 이 악기의 형태는 피아노선과 유사한 많은 현들이 팽팽하게 설치되어 있는 상자형태로, 현을 가느다란 술대로 쳐서 연주한다.(서아시아에서는 덜시머라고 하며, 유럽에서는 시타라고 부른다.)

링부는 대나무·갈대·살구나무·백단 등으로 만든 횡적(橫笛)으로, 겉에 6개의 구멍이 있는 단순하고 소박한 구조로 되어 있다. 한 가지 덧붙이면, 몽골에서는 피리를 링베라고 부른다.

마지막으로 최근 중국령 티베트(본토)측의 궁정음악은 악기의 연주법이나 악기 자체에 개조를 가한 결과 전통적인 사운드가 미묘하게 변해가고 있다. 링부는 전통적인 관보다는 가느다란 고음의 것을, 또한 귀망은 중국악기인 양금과 같은 펠트로 만든 술대를 사용하게 되었다. 현재 티베트에 있는 '요즘 사람'에 의해 이문화인 티베트 음악을 자신의 문화인 한족(漢族) 음악과 융합시켜 새로운 '전통'을 정착시키려고 하고 있는 것이다. ▲쓰보노 가즈코

30장
티베트 가극 아체라모

노래·춤·연극이라고 하는 오락을 통합한 가극이야말로 굳이 바그너를 들먹이지 않더라도 종합예술임에 틀림없다. 티베트에서는 아체라모라고 불리는 가극이 상연된다.

그러면 여기서는 독자 여러분에게 티베트 가극 아체라모를 글로 체험하게 해드리겠다.

아체라모의 공연은 본래 사원 경내 등 옥외에 스모 씨름판과 같은 공연장을 설치하고 이루어진다. 그 주위에서 장장 7~8시간 내내 깔개가 아닌 융단을 깔고 펼쳐지는 가극을 즐긴다. 자리를 잡을 수 있으면 퍼질러 앉아 차라도 한 잔 하면서. 자, 우선은 서극(序劇)의 시작이다.

아체라모는 된(서극)·슝기남타르(본극)·따쉬(대단원)의 3부로 구성되어 있으며, 본극 중간에 신작극에 의한 막간극이 삽입된다. 시작 몇 분 전부터 공연장에서 잘 보이는 위치에 있는 아(북)와 실녠(심벌)이 울려 퍼진다. 아체라모에서 반주에 사용되는 악기는 이런 비선율 악기들뿐이다. 먼저, 강한 리듬을 타고 가면을 쓴 남자 무용수가 격렬한 점프를 동반한 빙빙 돌기를 하며 등장한다. 그리고 경쾌하고 짧게 끊어시는 리듬을 타고 라보(女尊)가 부드럽게 발을 놀리면서 등상한다. 여기에서 바로 극이 시작되지 않고, 정화 의식이 거행된다. 서극은 일본노(能)극의 '옹'(翁) 장면과 유사하게, 각각의 상연 차례에 같은 아리아(남타르)가 불린다. 이와 함께 이야기꾼 어르신(걀)과 왕자가 본극의 내용을 번갈아가며 노래한다. 한두 시간의 서극이 끝나면 가벼운 휴식에 들어갔다가 바로 본극이 시작된다.

본극의 상연내용은 인도의 자타카 이야기(즉, 本生譚)나 '샤쿵타라 공주' 등의 불교설화를 티베트의 왕가나 상류계급의 이야기로 바꾸어 놓은 내용이다. 장면 도중에 삽입되는 막간극은 현대어로 구성되며 일상적인 주제를 이용하여 웃음을 자아내는 연극이다.

씨름경기장 모양의 공연장.

본극으로부터 휴식 없이 이어지는 대단원은 본극이 해피엔딩으로 끝난 것을 축하하는 의미에서 극단 단원들이 지방가무·궁정음악·사자춤 등 각자의 특기를 차례로 보여주며 마무리짓는다.

공연 중에 음식은 자유. 게다가 좌석 등의 위아래가 없이 아무 곳에서나 편하게 앉아 감상하기 때문에 관객들이 저마다 즐겁게 관람할 수 있다. 이는 가정에서 텔레비전을 즐기는 것과 다르지 않다. 그래서 공연이 끝나도 '끝났구나'라는 피곤감이 없다. 그뿐만이 아니라 오락을 즐긴 여운으로 관객들이 출신지역마다 그룹을 지어 직접 꼬르도(輪舞)를 노래하고 춤추면서 한바탕 더 즐기는 경우도 있다.

30장 티베트 가극 아체라모

다음으로, 지금까지의 시뮬레이션에 기초해서 아체라모의 특징에 대해서 서술해보겠다. 첫 번째로, 공연장이 옥외고 씨름장 형태여서 관객들이 이를 둘러싸고 퍼질러 앉아 밑에서 올려다보게 되기 때문에, 선회(旋回) 중심의 춤사위를 비롯해서 가면이나 의상의 흔들림 등의 시각적 요소들을 어느 위치에서나 즐길 수 있다.

두 번째로, 3부 구성으로 된 이유는 아체라모의 성립·발전과 관련이 있

극 시작부분의 가면 춤.

다. 아체라모는 14세기 까귀파 승려인 탕똥겔뽀가 교량을 놓기 위해서 극단을 만들어 자선순회공연을 한 것이 기원이라고 알려져 있다. 아마도 그 당시에는, 간단한 공연장의 정화의식과 포교를 겸한 불교 고사의 본극만으로 구성되어 있었을 것이다. 순회공연을 통해 익히게 된 지방의 노래와 춤들을 그대로 공연하게 되어 오락성을 높였고, 또한 전통적인 기존의 가면극을 더하게 되어 사원이나 공식적인 장소에서 공연이 가능해졌을 것이다.

세 번째로, 반주가 타악기만으로 이루어지기 때문에 가수나 출연자의 재량에 따라 공연되는 경우가 많다. 예컨대 서양이나 중국의 가극의

3 부 삶의 문화

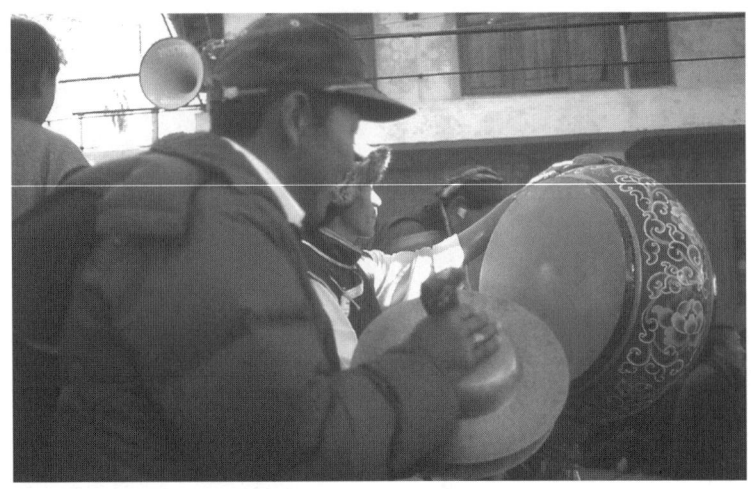
가극의 반주악기. 아(북)와 실녠(심벌).

경우 고정된 음높이로 공연이 진행되므로 가수의 몸 상태에 대한 융통성이 없고, 가수의 분위기가 그 역할에 맞아도 음역이 맞지 않는 경우 그 역을 맡는 경우는 없다. 딱 맞는 역할이 있어도 나이가 들어 목소리가 나오지 않으면 은퇴하기도 하지만, 티베트에서는 그런 이유로 은퇴하지는 않으며, 결혼이나 전업(轉業) 등의 이유로 은퇴한다. 그렇다면 아체라모에서 선율적인 반주가 전혀 없는가 하면 그렇지만은 않으며, 라모(女尊)를 연기하는 여성합창이 그 역할을 맡는다. 셰규르(간주)를 독창자에 의한 아리아들 사이에 둔다.

남타르(아리아)는 여러 사람이 함께 일하며 부르는 전통적인 노동요처럼, 장단을 차례로 바꿔가며 자유로운 리듬으로 노래할 수 있다. 또한 남타르를 번갈아 부르는 경우는 있으나 중창은 없다. 본극과 대단원에서, 연기자가 직접 무대에서 연주장면(극중 극)을 연기할 때는 멜로디 악기를 사용하기도 한다. 승원이 관련되는 장면 등에서는 종교악기도 연주한다. 한편 무용수에 따라서도 타악기반주가 융통성을 발휘한다. 무용수 각각의 점프 높이나 템포를 자유롭게 가늠해가면서 연주하는 것이 가능하다. 바꾸어 말하면 호흡을 맞춘 무대장면이 연출되는 것이다.

네 번째로, 대단원에서는 묘한 장단의 자유 리듬으로 박자가 없는 민요(루) 대신 비트감이 있고 정해진 리듬에 의한 민요(셰)가 연주된다. 의상과 멜로디 특징을 보면 어떤 지방의 민요인지도 알 수 있다. 이것은 특히 인도 다람살라 난민들(45장·46장 참조)에게는 망향의 감정을 자극하는 요소가 된다.

가극 갸사·벨사(문성공주·네팔 왕비)의 한 장면. 송쩬감뽀 왕의 독창.

다섯 번째로, 난투극이나 칼싸움 등 살인이 벌어지는 격투장면이나 검무가 존재하지 않는다.

마지막으로, 민족분리 이후의 변화에 대해서 이야기해보자. 쇼뙨 축제는 원래 하안거(夏安居, 승려들이 장마철에 한 방에 모여 수행하는 것) 후에 승려가 요구르트를 먹고 심신을 새롭게 가다듬기 위해 시작된 축제였는데, 현재는 탱화를 내거는 것으로 시작하는 가극 축제시기라고 해도 좋다. 인도 다람살라의 경우에는 티베트력 정월에 TIPA(Tibetan Institute of Performing Arts)의 공연장에서, 중국령 티베트의 경우에는 여름에 세라 사원을 필두로 극단의 지방순회공연이 시작된다는 시기상의 차이가 있다. 이 축제시기에는 다람살라에서는 정월 휴일기간이며, 본토에서는 이 날에 맞추어 여름휴가를 얻기 때문에 가극을 관람한다든지, 연회에 참석한다든지, 공연장 근처에서 오락을 즐긴다든지 하면서 여유 있게 가족과 함께 단란한 시간을 보낸다. 또한 최근에는 실내의 사각무대 때문에 독자성을 잃어가고 있기도 하다. 이것은 우선 본토 티베트에서 문화대혁명 이후 연출·미술 등에 있어서 한화(漢化)된 예술이 억지로 만들어지면서 시작되었다. 이 변화 속에서 백코러스적인 멜로디 반주의 역할을 하는 라모의 모습이 무대 중앙에서는 없어지고 무대의 가장자리 또는 뒤쪽에서 소리가 들려오게 되었는데, 이는 영락없이 천극(川劇, 중국 쓰촨 성의 가극. 가면에 특수장치가 있는 '변검'[變臉]과 백코러스를 특징으로 함)의 코러스이다. 또한 본래 티베트에서는 저질로 여기는 '아양' 떠는 몸짓과 대사 등도 늘어나고 있다.

한편 다람살라 측 역시 서구 등지에서 무대를 올리고, 이민족에게도 이해가 잘 되는 오버액션이 더해진다든지, 중국에서 교육을 받은 적이 있는 새로운 난민 단원들이 늘어남으로 해서(다람살라 측과 본토 측의 극 모두) 상당히 유사해지고 서로 가까워지고 있다. 엔터테인먼트인 종합예술은 가장 시대에 민감하여, 전통을 보존하기 어렵다는 것을 증명하는 것 같다. ▲쓰보노 가즈코

31장
양산의 살로 펜을 만든다: 말과 문자

티베트어는 일본인에게 습득하기 쉬운 언어이다. 하지만 여기에는 '구어에 관해서는'이라든가, '어느 정도까지는'이라는 한정을 가할 필요가 있다. 습득하기 쉬운 이유로는 무엇보다도 '어순이 같다'는 것을 들 수 있다. 그렇다면 문법적으로 완전히 같은가라고 하면 세 가지 점에서 크게 다르다. 하나는 수식어와 피수식어의 순서가 반대라는 것. 또 하나는, '나는 라싸에 간다'라는 자동사 문장의 주어 '나'와, '나는 모모를 먹는다'라는 타동사 문장의 목적어 '모모'가 조사에 의해 표시되지 않으며, 격으로 따져 같은 취급을 받는 '능격성'(能格性)을 지닌다는 것. 그리고 또 하나는 문장 마지막에 오는 조동사의 용법이다. 바로 앞에 오는 동사가 행위자의 의지를 나타내는 것인지 아닌지, 화제가 화자 자신의 일인지 아닌지에 따라, 같은 양상이어도 다른 조동사를 사용한다.

　티베트어를 말하는 사람들의 거주구역은 아시아에서 광대한 지역을 차지한다. 파키스탄 북부 벨띠 지방에는 무슬림이면서 티베트어를 사용하는 사람들도 있다.(라싸에도 티베트어를 말하는 티베트인 무슬림이 있다는 점도 잊으면 안되지만.)

　이렇게 광대한 시역에 흩어신 티베트어에는 "셰곡마다 말이 있고, 라마마다 가르침이 있다"는 속담에서 알 수 있듯이 많은 방언이 존재한다.

티베트어 방언은 크게 위·짱·캄·암도 방언으로 나뉜다. 그 중에서도 암도 방언은 다른 방언들과 크게 달라서 라싸 말에 익숙한 사람의 귀에는 다른 언어처럼 들린다. 그것은 성조가 없고 자음결합이 많은 데서 기인할 것이다. 원래 티베트어는 그 철자 면에서 볼 때, 한 음절 안에 많은 자음결합을 지니고 있었던 것으로 생각된다. 암도 방언은 이런 옛 티베트어의 상태를 음운상 비교적 잘 간직한 보수적인 방언이다. 한편 그 밖의 방언들은 자음결합이 없고, 그래서 발생한 많은 동음어와, 거기서 기인하는 의미의 혼란을, 성조를 부여함으로써 해결한다. 라싸 방언에서는 예를 들면 동물인 '야크'를 라싸에서는 '야-'라고 하는 것과 같이 단어 마지막의 자음까지 없애고 그것을 장모음화 하는 경향이 보인다. 또한 본래 동사가 지니고 있던 변화를 과거형으로 일체화하여 없애고, 그 대신 많은 조동사구들을 만들어냈다. 음운적으로나 문법적으로나 라싸 방언은 혁신적이다.

많은 방언을 거느린 티베트의 사람들에게 공통어가 있는가라는 물음에 바로 대답하기는 곤란하다. 암도 지방의 어떤 지역 사람들은 모어(母語)인 암도 방언에 대해 그것을 이해하지 못하는 사람과의 대화에 사용하는 티베트어를 '카께'(구어)라고 부른다. 그 표현 안에는 '카께'에 대응해서, 자신들이 매일 이야기하는 말은 '익께,' 즉 문어체에 가깝다고 하는 인식이 있어서일까. 그들이 쓰는 '카께'는 음운이나 조동사의 용법이 라싸 방언풍의 말을 가리킨다. 그렇지만 이 '카께'를 이해하는 것은 업무 따위로 인해 다른 지방에 체재한 경험이 있는 사람뿐이다.

중국령 티베트에서는 쌍방의 티베트어가 통하지 않는 경우 중국어를 사용한다. 라싸 젊은이들의 일부는 외국인인 나도 이해하기 쉬운 티베트어로 말하는 암도 사람들을 약간 무시하는 표정으로 처음부터

31장 양산의 살로 펜을 만든다: 말과 문자

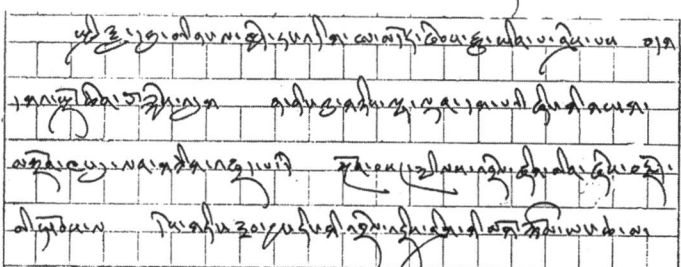

티베트 문자. 위로부터 숙링(장설 위에 연습하는 것), 쿠이, 같은 쿠이(같은 글자 자체도 시대나 지방에 따라 다름), 우쩬, 뻬추.

티베트의 문방구. 우측 상단에 있는 것이 잉크병, 그 아래 왼쪽에 두 종의 삽따, 그 오른쪽에 각종 펜, 밑에는 펜 케이스.

중국어로 이야기하는 사람도 있다.

인도·네팔의 망명 티베트인 사회에서는 각 지방의 방언이 혼재된 독자적인 공통어가 형성되고 있다. 어휘 면에서는 힌디어나 영어의 유용도 보이는데, 그런 경향은 본토 티베트에서는 중국어 차용이라고 하는 형태로 나타나고 있다.

문자는 퇸미 삼보따라고 하는 인물이 8세기에 창시했다고 믿어지고 있다. 그러나 현대 외국인 연구자들은 이런 설에 의문을 제기하곤 한다. 부뙨이라고 하는 대학자가 1322년에 쓴 불교사에는 문자의 창시자는 퇸미 아눕이라는 인물로 되어 있다. 퇸미 삼보따라는 인물은 더 이전 시대인 9세기에 활약한 역경승의 하나로 그 이름이 거론된다. 그렇지만 어떤 현대의 연구자가 '티베트 문자의 창시자는 퇸미 삼보따가 아니다'라고 실증을 하더라도, 티베트인의 생각은 흔들리지 않을 것이다.

다종다양한 서체의 존재는 그 문자세계를 풍부하게 한다. 기본적으로 해서에 해당하는 '우쩬'과 행초서(行草書)에 해당하는 '우메'로 크게 나누어지며, 우메에는 다시 '뻬추'나 '쿡이'라는 다양한 서체가 포함된다. 일상적으로 사용하는 것은 우메에 속하는 서체이다.

처음 배우는 사람은 나무로 만든 연습판인 '장성' 위에 연습을 한다. 처음에는 선생님이 직접 쓴 글자본 위에 잉크를 사용하지 않고 몇 번이고 덧그린다. 그 후에 특수한 잉크를 사용하여 쓰게 되는데, 물로 씻어내기만 하면 지울 수 있기 때문에 연습을 반복하는 데 안성맞춤이다.

장성 위에서의 연습은 '틱'이라고 하는 4개의 기준선을 긋고 행해진다. 각각의 문자는 마치 불상처럼 비율과 대칭이 정해져 있다. 초보자가 배우는 비교적 큰 서체의 비율과 대칭은 우첸, 빼추, 쿡이의 서체가 바뀌어도 변하지 않는다. 규칙에 따라 균형을 이룬 글자를 아름답다고 여기며, 틱을 그은 장성 위에 반복해서 연습을 한다. 약 10년 전에는 장성을 끼고 등하교하는 초등학생들의 모습을 볼 수 있었는데, 지금은 그렇지 않다. 현재는 처음부터 종이 위에 쓰도록 하고 있다. 필기구도 대나무로 만든 것에서, 글자체에 맞춰 펜 끝을 교체할 수 있게 한 특수한 만년필이 사용되고 있다.

균형을 맞춘 글자를 쓸 수 있게 되면 종이에 쓰는 것이 허용된다. 책상 위가 아니라 왼손 위에 여러 번 접은 용지를 올려놓고 손가락을 움직여 용지를 좌측으로 보내가며 쓰기를 진행한다. 초보자는 비교적 얇은 것을 사용한다. 이는 가능한 한 펜에 힘을 가하지 않고 속기를 하기 위한 훈련이다. 하지만 현재 이런 습관은 없어지고 있다.

글자체가 좋은지 나쁜지는 쓰는 사람의 기량은 물론, 잉크와 펜의 좋고 나쁨에도 달려 있다. 잉크는 나뭇재에 아교나 기름 그리고 '케슌'이라고 하는 나무 수액을 혼합해서 만든다. 중국의 먹과 비교하면 광택이 없는 차분한 색조이며, 이것으로 쓰인 문서는 오랜 시간을 보고 있어도 눈이 피로해지지 않는다고 한다.

펜을 가리키는 '뉴구'라는 단어가 대나무를 의미하는 '뉵마'와 축소사(縮小辭)인 '구'가 결합된 단어인 데서도 알 수 있듯이, 티베트 문자를 쓰기 위한 전통적인 필기구는 대나무 펜이다.

흥미로운 것은, 대나무는 티베트 땅에서는 찾아볼 수 없다는 사실이다. 그렇다면 어떻게 펜의 재료를 입수하는 것일까. 물론 펜 제작을 위해 대나무 자체가 수입되는 경우도 있다. 그러나 내부분의 경우에는 중국에서 들어온 대나무 제품들이 그 재료가 된다. 예를 들면 찻잎을

싸고 있던 짐 상자나 젓가락, 또는 오래된 양산의 살 등이다.

　필기자는 자기가 필요로 하는 펜을 직접 만든다. 장엄에 사용하는 펜은 가늘고 둥근 대나무를 그대로 사용한다. 그 외의 서체에 해당하는 펜은 둥근 대나무를 세로로 갈라 적당한 크기로 깎아 만든다. 펜에는 반드시 마디가 있는 부분을 사용하는데, 이는 펜 끝의 자른 부분이 갈라지지 않게 하기 위해서이다. 펜 끝은 수평이 아니라 약간 경사지게 잘려 있는데 글자체에 따라 그 방향을 다르게 한다. 우첸체용 펜 끝은 우메체용 펜끝과는 반대방향으로 자른다.

　빠뜨릴 수 없는 문구 중 하나가 필사판인 '삼따'이다. 이것은 3~5장이 한 세트가 되는 옆으로 길쭉한 판이다. 각 판의 양면은 검게 칠해져 있는데, 여기에 기름을 바르고 베이킹파우더를 뿌려 부착시킨다. 하얗게 된 판 위를 펜으로 그으면 밑의 검은색이 드러나 글자를 쓰는 것이 가능하다. 묶어두면 보존도 가능하며 닦으면 금방 지워지기 때문에 매우 편리한 문구이다. 문서 초안을 작성한다거나 비밀문서를 주고받을 때, 혹은 옥외에서의 메모에 이용된다.　　▲미야케 신이치로

32장
구전문학 「게사르 왕 이야기」와 그 계승자

'티베트 문학의 대표작은?'이라는 물음에 바로 대답하기는 어렵다. 구전문학에 한정한다면, 제일 먼저 「게사르 왕 이야기」를 추천한다. 티베트뿐만 아니라 몽골이나 파키스탄 북부까지 퍼져 나간 세계 최장의 이 영웅서사시는 대략 다음과 같이 전개된다.

1. 악마들에게 괴롭힘을 당해온 링 나라 사람들은 악마에 맞서서 자신들을 구해줄 사람을 보내주기를 신들에게 빌었다. 범천(梵天)은 악마를 퇴치하기 위해서 한 명의 신을 파견하기로 약속한다. 빠드마삼바바는 물속에 있는 나가 나라를 방문하여 파견될 인물의 어머니인 나가의 왕녀를 찾아낸다.
2. 범천에 의해 파견된 신은 나가의 왕녀와 링 나라의 대신 셍륀의 아들로 태어났다. 숙부인 토퉁은 그를 죽이려 했지만 성공하지 못한다. 이후 토퉁은 이야기 안에서 일이 있을 때마다 문제를 일으키는 악역을 맡게 된다.
3. 토퉁의 방해를 받아가면서도 그는 국왕을 결정하는 경마에 출전하여 승리한다. 왕위에 오른 그는 '게사르'라고 사칭했으며, 내신 깔모의 딸 둑모와 혼인한다.

3부 삶의 문화

게사르 왕. 노르부링카 궁전의 벽화에서.

4. 두 번째 부인 메사붐키가 북쪽에 사는 마왕 루쩬에게 유괴된다. 마왕의 나라에 잠입한 게사르는 메사와 루쩬의 딸 아따라모의 도움을 받아 루쩬을 퇴치한다. 마왕의 나라 사람들은 불교도가 되었으며 링 나라와 동맹을 맺는다. 메사의 약을 마신 게사르는 자신의 사명을 모두 잊고 메사와 함께 마왕의 나라에 남는다.

5. 게사르가 없는 링 나라에 호르 나라의 마왕 구르까르가 군대를 이끌고 침입한다. 호르 나라가 승리하여 둑모를 납치해가고 구르까르와 그녀 사이에 아들이 태어난다. 소식을 들은 게사르는 자신의 사명을 다시 상기하고 호르 나라와 싸워서 이긴다.

6. 그 후, 마왕의 나라 장 및 뫤과 싸워서 이긴다.

7. 중국을 방문한 게사르는 지혜와 요술에 의해 왕녀를 손에 넣는다.

8. 지옥에 떨어진 어머니를 구하기 위해 지옥을 방문한다. 그는 거기서 한순간에 몇 만 개의 불탑을 세우는 등 선행을 행하고 그 공덕을 회향함으로써 어머니는 물론 지옥에 떨어진 모든 중생을 구출한다.(한편 어머니가 아니라 아내 아따라모를 구한다고 하는 버전도 있다.) 지옥에서 귀환한 게사르는 자신의 사명은 끝냈다고 선언하고 신의 나라로 떠나간다.

요약하면, 링이라는 나라에 범천이 보낸, 경마에서 이겨 링 나라 국왕의 지위에 오른 게사르라고 하는 남자가, 주변 이교도의 나라들을 조복(調伏, 악을 다스려 복종시키는 것)시킨다는 이야기이다.

나는 여기까지 '게사르 왕 이야기'이라고 했지 '게사르 왕 전기'라고는 하지 않았다. 분명 이는 게사르 왕의 전기이다. 그러나 티베트에서 수없이 생산된 고승들의 전기 '남타르'가 아니라 '둥'이라고 하는 장르에 속하는 것이기 때문이다. 믿기 어려운 이야기를 들었을 때 "둥 마셰!"(둥을 이야기하지 마라)라고 하는 것처럼 '둥'이라고 하는 단어는 '사실이 아닌 이야기', '지어낸 이야기'라고 하는 의미가 있다. 그러나 게사르 왕의 '둥'은 실제로 일어난 일을 기록한 것이라고 믿어지고 있다. 티베트 각지, 특히 암도나 캄 지방에서는 게사르에 얽힌 수많은 전설들이 남아 있다. '지어낸 이야기'를 기념물과 결부된 '전설'로 믿게 된 것이다. 그 영향력을 평가하는 데 있어 20세기 초의 천재학승 겐뒨 최펠(1903~1951)은 다음과 같이 시로 읊었다.

설산의 사자는 어디에도 있지 않으며
게사르 왕도 계시지 않는다.
지어낸 것이 진짜같이 나타나니
이것이야말로 시를 짓는 조화로구나

전체를 구성하는 몇 개의 이야기들에는 저자가 있다. 그러나 앞에서 언급한 이야기의 저자는 확실하지 않다. 겐뒨최펠이 말한 '시를 짓는 조화'는 이 이야기를 구전으로 전해 온 '둥빠'라고 불리는 소리꾼들에게 돌아가야 할 것이다.

둥빠의 대부분은 샤머니즘적인 배경을 가지고 있는데 이것을 티베트 종교의 원시형태로 파악하는 경향도 많다. 둥빠가 된 계기를 하나 소개해보자. 티베트 북부에 넓게 자리 잡은 장탕 고원 속현 출신의 여성 둥빠인 위메이(玉梅, 1957년생)의 경우:

열여섯이 되던 해 봄, 야크를 방목하러 가서 따뜻한 햇볕 가운데 초원에서 졸고 있을 때 기묘한 꿈을 꾸었다. 검은 호수와 하얀 호수가 보였는데 검은 호수 한가운데서 날아온 붉은 얼굴의 요괴가 나(위메이)를 데리고 가려고 했다. 울부짖고 있을 때, 하얀 호수 한가운데서 오지보관(五智寶冠, 금강계의 대일여래가 머리 위에 쓰고 있는 관)을 쓰고 하얀 카따를 몸에 두른 여신이 나타났다. 여신은 붉은 얼굴의 요괴에게 이렇게 말했다. "그 여자는 우리 게사르 왕의 사람으로, 저는 그녀에게 게사르 왕의 업적을 일점일획도 빠뜨리지 않고 가르쳐 그녀가 그것을 모든 이들에게 전파할 수 있도록 하지 않으면 안됩니다." 빨간 얼굴의 요괴는 아무 말도 하지 않고 나를 놓아 검은 호수에 빠뜨렸다. 그때 하얀 호수로부터 하얀 옷을 입은 소년이 나타나 내 몸을 씻겨주고 보석과 아홉 가닥의 백마 말총을 주었다. 그리고 "너는 이것으로 우리들의 사람이 되었다. 집으로 돌아가도 좋다"고 말한 다음 여신과 함께 호수 가운데로 사라졌다. 그 후 독수리가 날아와서 조장(鳥葬)터로 데리고 가 어깨살을 쪼이게 되었는데, 그 아픔 때문에 잠에서 깨어났다. 집에 돌아와 큰 병에 걸렸다. 몇 달 동안이나 병으로 고생을 했는데 몽롱한 의식 중에 게사르 왕과 그 부하인 용사들이 싸우는 모습을 보았다. 병이 깊었기 때문에 아버지가 스님께 치유기도를 해달라고 부탁했다. 스님이 와서 기도를 시작한 네댓새 후 병이 나았다. 그 후 게사르 왕 전기를 이야기할 수 있게 되었다.

둥빠의 대부분이 문맹이다. 그들이 어떻게, 한순간에 몇 십 개의 이야기를 암송했는지는 매우 흥미롭다. 그들의 대부분은 게사르 왕 이야기가 많이 유포된 지역 출신으로, 게사르 왕 이야기의 낭송을 들을 기회가 많은 환경에서 자랐으며, 한편 본인도 둥빠가 되기 전에 그것을 특별히 좋아했다고 하는 사람도 있다. 닥빠라는 둥빠의 경우 밥 먹는 것을 잊을 정도로 낭송 듣기에 열중했다고 한다. 또한 그 아버지와 할아버지가 유명한 둥빠인 경우가 대부분이다. 위메이의 아버지도 당시 속 지방의 지방관에게 초청을 받아 수개월 동안 낭송한 경험이 있을 정도로 유명한 둥빠였다. 그렇지만 둥빠가 되는 결정적인 기연(機緣)은 위메이의 예에서 보이듯이 '꿈'이다.

이야기는 줄거리의 진행을 서술하는 이른바 '사'(詞) 부분과, 등장인물이 부르는 노래인 '루'에 의해 구성된다. 개개의 루는 각각의 독특한 가락으로 불리지만, 일정한 공식이 있다. "루알라타라"로 시작하는 도입부인 신령과 부처에 대한 기원, "이곳을 모른다면 알려주겠다"로 시작하는 노래가 불리는 장소설명, "나를 모른다면 알려주겠다"로 시작하는 자기소개를 거쳐 본 주제로 들어간다. 본 주제의 노래가 끝난 후, "만약 당신이 이 노래의 의미를 이해했다면 마음에 남겨두고, 이해하지 못했다면 아무런 설명할 것이 없다"고 하는 정해진 구절로 끝난다. 이렇게 하는 것이 암송을 용이하게 하는 것인지도 모른다.

라싸의 한 여관. 저녁시간을 때우기 위해 프론트로 간다. 한가하게 숙직을 하는 라싸 토박이들이 있다. 그녀들이 내게 재미있는 이야기를 해달라고 한다. 내가 이야기를 하나 하면 그녀들 중 한 명이 이야기 하나를 한다. 이런 주고받음이 몇 차례나 계속된다. 라싸 방언을 잘 하지 못하는 지방 출신들을 조금 깔보는 '샵조'라고 하는 라싸 토박이가 하는 우스운 이야기였다. 마치 무언가에 홀린 듯한 막힘없는 이야기는 듣는 사람 앞에 이야기 안의 세계를 펼쳐 보인다. 그것은 둥빠의 이야기를 방불케 했다. 우스운 이야기, 귀신 이야기, 소문, 욕, 외설적인 이야기 등 풍부한 일상생활의 이야기들 안에서 비일상적인 이야기인 「게사르 왕 이야기」의 원점을 보는 듯한 느낌이 들었다.

낙추 출신 둥빠 갸초가 들려주는 「게사르 왕 이야기」를 비디오(「天地樂舞」 제26권)로 볼 수 있음을 덧붙여두고 싶다. ▲미야케 신이치로

33장
약사불의 정토: 티베트 의학 입문

티베트 의학은 인도, 몽골, 중국(시짱 자치구, 쓰촨 성, 칭하이 성, 간쑤성, 윈난 성, 내몽골자치구) 등의 티베트인·몽골인 거주구역에서 지금도 임상에 이용되며, 아울러 연구되고 있는 전통의학으로, 일부 티베트 약은 세계시장에 진출하여 좋은 평을 듣기에 이르렀다.

티베트 의학의 바이블은 8세기경에 성립되었다고 하는『귀쉬』(四部醫典)이다.『귀쉬』라는 이름은「짜베귀」(근본 딴뜨라, 총6장),「셰뻬귀」(근본 딴뜨라의 해석 딴뜨라, 총31장),「멘아귀」(구전 딴뜨라, 총92장),「치메귀」(종결 딴뜨라, 총27장)의 네 부분으로 구성되었기 때문에 통칭이 되었으며, 정식 명칭은『여덟 가지 감로정수 비밀구전 딴뜨라』라고 한다. 티베트에서는 의학에 뜻을 둔 사람은 누구나 입문과 동시에 짜베귀·셰뻬귀·치베귀의 세 딴뜨라를 암송하고 스승으로부터 그 설명을 듣는 것에서부터 공부를 시작한다.

『귀쉬』가 언제, 누구에 의해서 기록되었는가에 대해서는 정설이 없다. 예컨대 데게판『귀쉬』의 에필로그에는 고대 티베트의 왕 티송데쩬의 시의(侍醫) 유톡이 인도·중국·샹슝(서부 티베트 뵌교의 성지)의 의학서적을 종합해서 편찬하고 그것을 유톡의 자손(1126~1201)이 완성시켰다고 하는 설과, 요가수행자 빠드마삼바바가 티베트 최초의 승원인 삼예 사원의 기둥 밑에 숨겨두었던 것을 11세기에 다빠왼셰(1012~1090)가 찾아냈다는 설 두 가지가 병기되어 있으며, 한편 17세기에 『귀쉬』의 유명한 주석서 『바이두랴왼뽀』(靑瑠璃)를 쓴 상게 갸초(1653~1705)는, 티송데짼 왕 시대의 번역가 바이로짜나에 의해 인도의 언어로부터 티베트어로 번역되었으며, 이것을 티송데짼 왕의 대신인 침 도르제데충의 자손이며 바이로짜나의 전생자인 다빠왼셰가 발굴했다고 하여 『귀쉬』를 인도인의 저작이라고 하고 있다. 이렇게 성립의 유래가 여러 가지로 전해지지만, 전설은 모두 『귀쉬』의 기원이 고대 티베트에 있으며 현재의 형태가 된 것은 11세기 이후라는 것을 암시하고 있다. 다음에서는 『귀쉬』의 내용을 간단히 살펴보자.

「짜베귀」(근본 딴뜨라)는 『귀쉬』에서 서설의 위치를 차지하며, 의학의 부처인 약사불에 대한 설명과 나머지 세 딴뜨라의 전체구조 및 그 내용에 대한 개요를 담고 있다. 도입부의 약사불에 대한 묘사는 『귀쉬』가 단순한 의학 실용서가 아니라 불교서적임을 나타내는 것이기 때문에 아래에서 조금 상세히 기술해보겠다.

> 약사불의 궁전은 동서남북이 약초의 뜰로 둘러싸여 있으며 궁전 자체는 약석(藥石)으로 만들어져 있다. 또한 이 궁전의 주인인 약사불은 온몸에서 푸른빛이 뿜어져 나와 의학에 대한 완벽한 가르침을 완벽한 장소·해설자·청강자·시간의 조건하에 설파한다.

이것은 보신(報身) 부처는 언제나 장소·시간·설법자·성문(聲聞)의 완벽한 상태하에서 완벽한 가르침을 설파한다고 하는, '보신부처의 다섯 가지 완벽한 조건'이라는 불교사상에 준하는 것으로, 저자가 『귀쉬』를 불설(佛說)로 제시하려 한다는 것을 나타낸다.

이어 약사불은 '404가지의 병을 고치는 약왕'이라는 이름의 명상에

【불경으로서의 『귀쉬』】

약사불		무명(無明)을 제거하는 대원경지(大圓鏡智)
짜베귀(근본 딴뜨라)	약사불의 심장	진(嗔)을 제거하는 법계체성지(法界體性智)
셰뻬귀(해석 딴뜨라)	약사불의 머리	자만을 제거하는 평등성지(平等性智)
멘아귀(구전 딴뜨라)	약사불의 배꼽	탐(貪)을 제거하는 묘관찰지(妙觀察智)
치메귀(종결 딴뜨라)	약사불의 은밀한 곳	질투를 제거하는 성소작지(成所作智)

들어가 빛을 내뿜는다. 빛은 온 사방의 생명 있는 것들의 심적 결점을 없애 무명(無明)으로부터 생겨나는 세 가지 독(三毒, 貪·嗔·痴)이라는 병을 모두 소멸시키고 다시 약사불의 심장으로 돌아간다. 그 후 약사불의 심장으로부터 릭뻬예셰 선인이 화현(化現)하여 약사불 앞에서 공중을 떠다니며 성문(聲聞)들에게 의학을 배워야 한다고 호소한다. 그러면 약사불의 혀에서 수많은 빛들이 사방을 향해 뿜어져 나와 사방 천지의 생명 있는 것들의 말에 있는 결점을 없애고 병이나 마귀를 진압한 후 다시 혀로 돌아온다. 이후 약사불의 말에서 이레께 선인이 화현한다. 이레께는 릭뻬예셰에게 왜 의학을 배워야 하는가를 묻는다. 그리하여 이레께의 질문에 대해 릭뻬예셰가 대답을 하는 형식으로 『귀쉬』의 각 부(部)가 설명된다. 그리고 릭뻬예셰는 「짜베귀」(근본 딴뜨라)를 설명한 다음에는 약사불의 심장으로, 「셰뻬귀」(해석 딴뜨라)를 설명한 다음에는 머리로, 「멘아귀」(구전 딴뜨라)를 설명한 다음에는 배꼽으로, 「치메귀」(종결 딴뜨라)를 설명한 다음에는 은밀한 곳으로 녹아 사라진다.

이상의 상징적인 표현들은 『귀쉬』가 단순한 의학서가 아니라 부처의 의식[智]을 열어 보이는 경전이라는 것을 나타낸다. 밀교에서는 부처 신체의 네 부위(심장·머리·배꼽·은밀한 곳)를 각각 부처의 네 가지 지혜(大圓鏡智·平等性智·妙觀察智·成所作智)와 관련지어 설명한다. 따라서 약사불의 화신이 그 신체의 네 부위로 각각 돌아갔다는 것은 『귀

33장 약사불의 정토: 티베트 의학입문

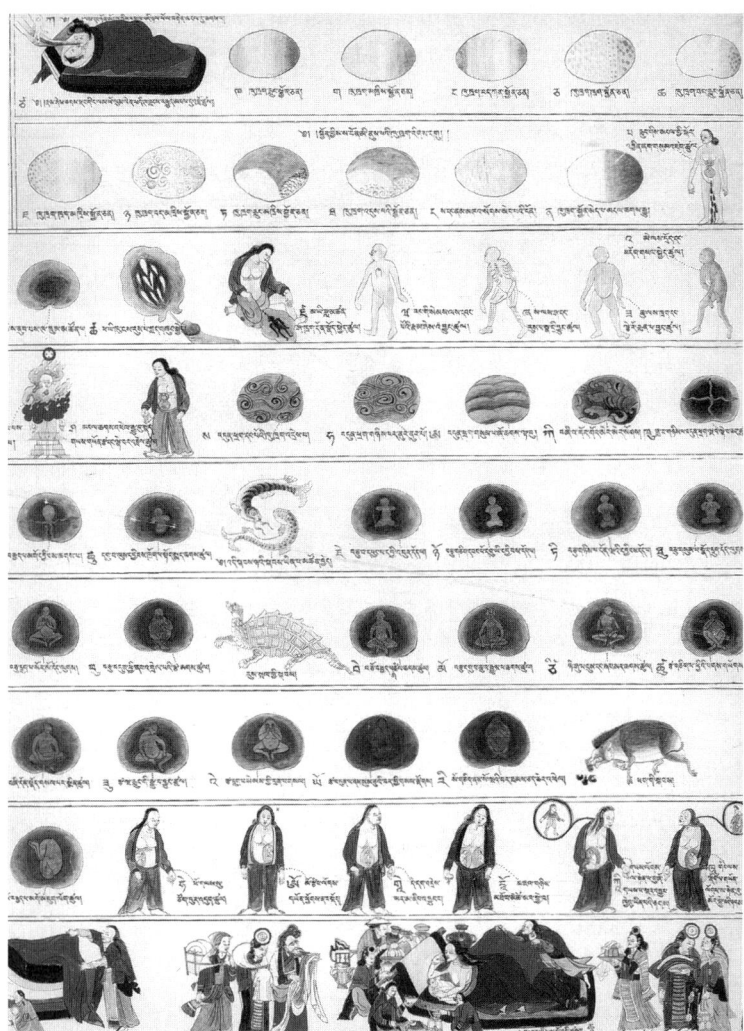

상게갸초가 그린 의학 탕카의 태생도. 탕카라는 것은 사원이나 불단 등에 걸기 위해 만들어진 족자형식의 불교회화를 말한다.

쉬』의 사부(四部)가 각각 부처의 네 가지 지혜의 발로임을 나타낸다. 티베트의 의사는 매일 아침 약사불의 만다라를 독송하여 약사불과 일체화하는 명상을 행하고 치유력을 얻은 후에 환자 치료에 임한다. 그런 것들은 모두 티베트 의학이 불교사상을 그 근원에 두고 있음을 나타내는 것이다.

짜베귀에 이어지는 세 가지 딴뜨라에서는 의학원리·진단법·치료법이라는 세 가지 커다란 기둥과 그로부터 파생되는 여러 가지 문제가 설명된다. 우선, 의학원리에서는 생리학과 병리학 두 가지가 설명되며, 생리학 부분에서는 인간의 몸에는 룽·티빠·베껜이라는 세 가지 체액이 존재한다고 설명한다. 이 세 체액은 각각 인도의학 아유르베다의 바따(vāta), 삣따(pitta), 카파(kapa)에 대응하며 그 이론 또한 거의 아유르베다와 같다. 그리고 병리학의 부분에서 이 세 가지 체액이 여러 원인에 의해 균형을 잃게 됨에 따라 병이 생기는 것을 설명하며, 그 중에서 가장 근본적인 병인(病因)은 불교에서 이야기하는 근본 번뇌, 무명으로 본다. 계속해서 진단법에서는 시진(視診), 문진(問診), 촉진(觸診)의 실제방법이 설명되어 있으며, 마지막으로 치료법에서는 식이요법(제), 일상요법(최람), 약물요법(멘), 외과치료법(체) 등 네 가지가 설명된다.

이 가운데 현재 연구가 한창인 약물요법에 대해서 이야기해보자. 최근 중국이나 해외에서 『귀쉬』에 이름이 올라 있는 약초를 현실의 식물들에 동정(同定)시키는 연구서들이 많이 출판되어 있다. 그러나 이런 연구서들의 출판으로 오히려 전통의학의 여러 문제점들이 드러나게 되었다. 예컨대 『귀쉬』에 위병이나 추위로 인한 병에 효과가 있다고 기록되어 있는 약초인 짜와에 대해, 이들 연구서에 의하면 모두 15개의 학명이 이 티베트 명칭에 나열된다. 그래도 과(科)는 일치할 것으로 생각했는데, 세리과, 난과, 백합과로 과까지 제각각이다. 이렇게 되는 이유는 간단히 설명이 된다. 의사는 『귀쉬』에 언급된 약재를 그때마다의 해석이나 경험에 근거하여 자기 주변에서 구할 수 있는 현실의 약재 중 하나에 동정시켜 임상에 사용해왔다. 의사가 사는 지역, 시대, 배경이 다르면 당연히, 얼마든지 다른 설이 제기된다. 이런 문제점을 극복하기 위해서는 우선 각각의 약재에 포함되는 화학성분을 분석하여 어떤 약재의 어떤 성분이 『귀쉬』에서 말하는 약효에 부합하는 것인지 검토한 후에 실제 약재와의 동정 여부를 결정해야 할 것이다.

티베트 의학은 인도의 아유르베다 의학이나 중국의 전통의학으로부터 많은 영향을 받았기 때문에, 중국 내에서는 그것을 중의학의 일부로 취급하며, 인도에서는 티베트 의학에 미친 아유르베다의 영향을 과장되게 설명하는 경향이 있다. 그러나 그 근본을 불교사상에 두고 있다는 것, 티베트 고원의 풍부한 동식물군은 다른 의학에는 없는 풍부한 약재를 티베트 의학에 제공하고 있다는 것 등의 이유로, 티베트 의학은 인근 전통의학과 확실히 선을 긋고 있다. 따라서 티베트 의학을 인도나 중의학의 일부로 볼 것이 아니라 티베트 의학 그 자체로서 연구하는 일이야말로 현재 티베트 의학 연구에서 가장 필요로 하는 부분일 것이다.

▲이시하마 유미코

34장
세상을 해독하는 실마리, 티베트의 점(占)

두 개의 사물 A와 B 사이에 A가 존재하면 반드시 B가 존재한다고 하는 결합관계가 있을 때, A를 지각하는 것에 의해 지각되지 않는 B의 존재를 추리할 수 있다. 이는 불교논리학에서 확실한 인식을 얻기 위한 두 가지 방법으로 들고 있는 것들 중 하나이다. 점(占) 역시 지각 가능한 현상을 실마리로 하여 지각할 수 없는 사항을 알아내는 방법의 하나라고 말할 수 있다. 점이 근거로 삼고 있는 필연적인 결합관계는 일상적인 이해에서는 은밀하게 감추어져 있는 다양한 상징적 코드체계이다. 그것은 또한 티베트 문화 특유의 세계관 전체와 관련되어 있다. 아래에서는 다양한 점의 방법을 개관하고, 점쟁이가 세상의 상징적 의미체계를 읽어내는 실마리의 일단을 엿보기로 하자.

점의 실마리가 되는 지각 가능한 현상 A는 다음의 세 종류로 나눌 수 있다.
① 점치는 사람의 행위와는 독립적으로 존재하는 경우
② 점치는 사람의 행위에 의해 만들어지는 경우
③ 일정한 규칙으로 계산되는 경우
이 세 가지 경우를 각각 설명해보자.

① 점치는 사람의 행위와는 독립적으로 존재하는 경우

모든 현상은, 거기에 숨겨진 필연적 관계를 읽어내는 것이 가능하면 무언가를 의미하는 상징적인 존재로 간주될 수 있다.

예컨대 인상(人相), 손금에서 시작하여 인체의 여러 부위에 나타난 형태상의 특징(첸)은 사람의 성격이나 장래를 가리키는 실마리가 된다. 『티베트 대장경』에는 신체의 특징에서 무언가 의미를 간파하기 위한 텍스트가 수록되어 있다.

또한 우발적인 현상은 무언가의 전조로 볼 수 있다. 전조로 보이는 현상을 '떼'라고 한다. 떼는 천문, 기상, 생물현상 등 여러 가지이다. 『티베트 대장경』에 수록되어 있는 인도의 전조 점 『가르가산히따』에서 예를 들어보면, "까마귀가 부리 끝으로 땅바닥을 두드리는 불길한 혹은 불명료한 소리를 낼 때, 매우 무서운 일이 일어난다"고 되어 있다.

꿈 또한 무언가의 전조로서 점의 실마리가 된다.

② 점치는 사람의 행위에 의해 만들어지는 경우

어떤 도구를 사용해 실마리를 만들어내는 점을 '모'라고 부른다.

모에는 염주를 굴려 구슬을 세는 텡모, 화살을 사용하는 다모, 북을 사용하는 아모, 양털로 만든 끈을 사용하는 주틱 등이 있다.

쇼(주사위)를 사용하는 쇼모에서는 세 개의 주사위를 던져 나온 숫자의 합을 실마리로 하는 방법, 문수보살의 육자진언 '아·라·파·차·나·디'의 각 문자를 여섯 면에 한 문자씩 표기한 주사위를 두 번 던져 나올 수 있는 36가지 조합을 실마리로 하는 방법 등이 있다.

거울 앞에서 의식을 거행하여 거울에 나타난 환영을 해독하는 따, 혹은 다르쪼라고 하는 점도 있다. 그런 환영은 점쟁이에게는 보이지 않아 신댁빋은 소년이나 소녀가 그것을 해독하고 점쟁이는 그 신탁을 듣고서 상징적인 의미를 해명한다.

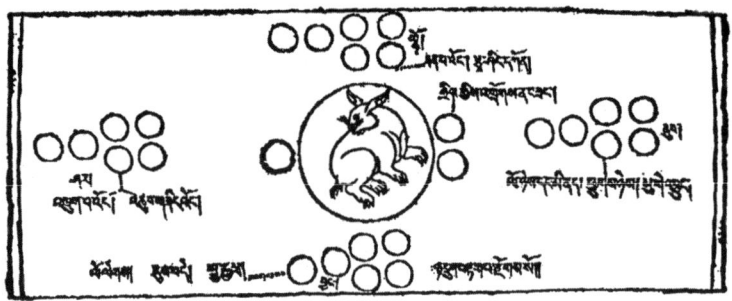
냐둑좀의 도안(『바이두르야깔뽀』 28장에서).

③ 일정한 규칙으로 계산되는 경우

어떤 계산을 하는 것으로 실마리를 얻는 점을 '찌'('계산'의 의미)라고 부르며, 여기에는 까르찌·양차르·중찌 세 분야가 있다.

별(까르마)의 계산을 의미하는 까르찌는 역(曆) 계산을 주요 내용으로 하는 분야이다. 우리에게는 같은 시간에 보이는 것도 점쟁이의 눈에는 다양한 상징적인 의미를 띤 것으로 보인다. 예를 들면, 요일을 의미하는 티베트어 '사'는 천체인 동시에 초자연적인 존재이기도 하여 일곱 개의 '사'가 해뜰 때부터 그 다음날 해뜰 때까지 서로 계속해서 영향을 끼친다. 매 순간순간에는 '사'뿐만 아니라 여러 종류의 의미 부여가 몇 차례씩 반복·종합되며, 어떤 시각(時刻)에 사람이 하는 행위는 그 시각이 갖는 성질의 영향을 받는다. 따라서 그때그때 시각의 성질을 실마리로 하여 미리 행위의 결과에 대한 길흉을 예측할 수 있다. 시각이 갖는 여러 성질은 정해진 순서에 따라 계산한 결과를 달력에 비추어 보아 알 수 있다. 달력은 길흉판단을 위한 암호일람표라고 할 수 있다. 어떤 행위에 대해서 길흉을 판단해야 하는지에 대한 목록도 생겨났으며, 판단의 방법도 정해져 있다. 대상이 되는 행위는 일상생활의 여러 행위, 농업과 목축업에 관련된 것, 의료행위, 토목공사, 종교의례

등등 여러 분야에 걸쳐 있으며, 텍스트에 의해 40~60종류로 분류되어 있다.

날씨 예측도 역(曆)의 계산결과를 실마리로 해서 이루어진다. 계산된 혹성의 위치나 운행 모양에 의해 미래의 날씨가 예측된다. 달력과 관측을 조합한 날씨예측도 있다. 예를 들면, 양력 3월 25일경부터 9일간을 '꿍까(귀제비) 9일'이라고 하여 그 기간 동안 강수가 관찰될 경우 그 60~70일 후에 가뭄이 든다고 판단한다. 냐둑좀이라고 불리는 점 역시 달력계산과 천체관측을 조합해서 행해진다. 티베트력 10월(양력 12월경) 보름은 달이 묘성(昴星, 티베트어로는 '민둑') 근처에 있을 때 발생한다. 보름(냐)과 묘성(둑)이 만날(좀) 때 달과 묘성의 위치관계를 관찰하여 날씨 등을 예측한다.

양차르는 산스크리트어 '스바로다야(모음의 출현)를 번역한 것으로 인도 계통의 점이다. 여러 가지 시간 간격에 각각 특정한 하나의 음절을 할당하고 자기 이름의 첫 음절과의 관계에서 길흉을 판단한다. 양차르는 홀로스코프 점성술의 요소도 포함하고 있다. 서양점성술의 별자리와 같은 사고방식에 의해 시간의 길흉을 판단하는 방법이나 목적에 따라 코르로(산스크리트어로 얀트라[Yantra])라고 하는 그림 혹은 도안을 그리고, 그림의 정해진 위치에 한 음절의 문자나 별의 위치를 표시하기 위한 숫자를 적용한 후, 태양이나 달을 포함한 혹성들의 위치를 이용하여 길흉을 판단하는 기법도 있다. 코르로는 일종의 홀로스코프이다.

중찌는 중국계통의 점이다. 수화토금목(水火土金木)의 오행(티베트어로 중와)의 관계에 의해 어떤 시간의 길흉 등을 판단한다. 금은 티베트에서는 철이라고 하는데, 어쨌든 금속을 의미한다. 오행은 상생, 상극관계에 기초하여 시모 母—子, 敵—友 관계로 묶인다(그림 참조).

오행은 12지(十二支)와 조합이 되어 60종류가 된다. 연, 월, 일, 뒤

3부 삶의 문화

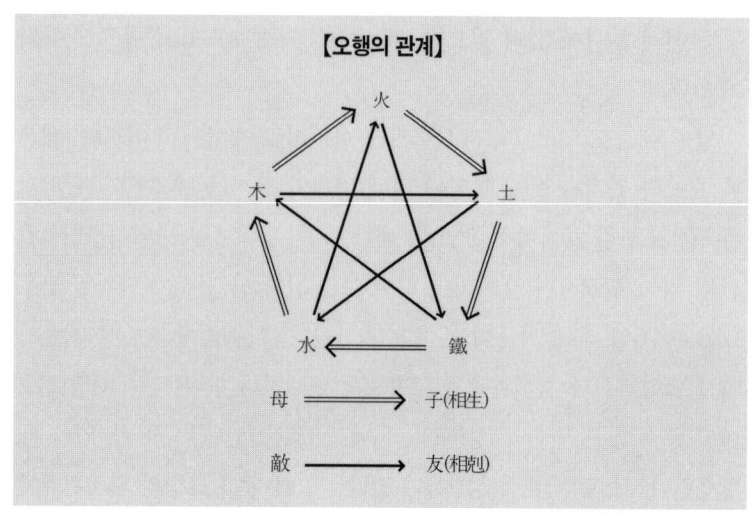

쵀(약 2시간의 시간단위)의 각각에, 정해진 규칙대로 60가지 중 하나를 배치시킨다. 60개 각각에 대해 라(魂), 속(命), 뤼(體), 왕탕(力), 룽따(運)라고 하는 5개의 요소가 설정되어 각각 오행의 어디에 해당되는지 정해져 있다. 예를 들면, 수양(水羊)에 관해서, 속은 양에 대해 토(土)로 정해져 있고, 라는 토의 어미인 화(火), 뤼는 수양의 조합에 대해서 목(木)으로 정해져 있다. 왕탕은 연(年)의 오행인 수(水), 양년(羊年)의 룽따는 12지 가운데 뱀의 오행인 화(火)로 정해져 있다.(뤼의 오행은 음양도[陰陽道]에서 말하는 납음오행[納音五行]과 일치한다.) 그 사람이 출생년이 지니고 있는 다섯 요소 가운데 속·류·왕탄·룽따 네 가지를 이용하여 여러 순서로 오행의 상생·상극관계를 중첩시켜 운세나 길흉을 판단한다. 오행은 또한 구성(九星, 즉 一白, 二黑 등등)이나 팔괘, 팔요(八曜, 七曜에 羅睺를 추가), 28수에 배당되고 정해진 순서에 의해 조작되어 여러 가지를 판단하는 데 이용된다.

지각될 수 있는 것에 기초해서 지각될 수 없는 것을 안다고 하는 방법은 점으로 분류되는 것에 국한되지 않는다.

34장 세상을 해독하는 실마리, 티베트의 점(占)

티베트 의학의 진맥(診脈)에서는 환자의 몸 상태를 진단하는 것뿐만 아니라 건강한 사람의 맥을 봄으로써 가족의 운세나 손님의 유무, 태아의 성별 등 알아내는 '경이칠맥'(驚異七脈)이라고 하는 진단법이 있다. 티베트 의학의 기본 텍

진맥을 보고 있는 예셰된덴 선생(다람살라에서, 촬영: 이시하마 유미코).

스트인 『귀쉬』의 주석서 『메뼤셀룽』(선조의 가르침)은 "모 중에서도 최고인 쥬틱(양털로 만든 끈을 사용하는 점술)도 오행의 상생·상극 관계로 판단할 수밖에 없고, 치 역시 속 따위나 팔괘 등을 계산하여 길흉을 판단할 수밖에 없다. 〔그런 절차를 거치지 않고〕 건강한 사람의 맥을 보는 것만으로 모나 치보다 확실한 지식을 도출하므로 경이로운 맥이라 한다"고 강조해서 말한다. ▲니시와키 마사히토

35장
딴뜨라에 기초한 역(曆)

양력이 정착되어 있는 일본에서는 이 글을 쓰고 있는 오늘이 2004년 2월이지만, 중국에서는 양력 1월 22일에 태음태양력에 의한 신년인 춘절(春節)을 쇠었다. 티베트력에서는 춘절로부터 다시 한 달 후인 양력 2월 21일이 새해 1월 1일에 해당한다. 전통적인 역법에 기초한 티베트 달력은 현재 다람살라와 라싸에 각각 존재하는 멘찌캉(달라이라마 13세에 의해 창설된 의학·역산학 교육 및 연구기관)에 의해 편찬되는데, 해마다 3월부터 이듬해 2월까지를 한 권의 책으로 매년 발행한다. 아래에서는 티베트의 역법을 개략적으로 설명하고 달력에 기재되어 있는 사항을 일부 소개하고자 한다.

양력 2월 21일에 시작된 이번 티베트의 신년은 티베트력 978년에 해당한다. 서기 2004년이 티베트력 978년이 되는 셈이라면 티베트력 원년은 서기 1027년이 된다. 이 연도는 인도불교의 가장 후기에 성립된 밀교경전『깔라짜끄라 딴뜨라』에서 역법계산의 기준이 되는 연도이다.『깔라짜끄라 딴뜨라』는, "불교 멸망을 예감하는 가운데 미래에 대한 희망을 걸겠다"라고 밝히고 있으며, 시간에 대해서 강한 관심을 보이고 있다고 한다. 세계의 구조를 이야기하는 1장에서는 인도 고전 천문학을 반영한 태음태양력의 계산이 기술되어 있다. 티베트의 역법은 기본적으로는 『깔라짜끄라 딴뜨라』의 역법계산에 기초를 두고 있으며, 그 정합적인 이해를 통해 딴뜨라의 진의를 밝히는 것이 역학연구의 주요 동기 중 하나이다.

양력에서 100년을 단위로 '세기'라고 부르는 것처럼 티베트력에서는 60년을 하나의 주기로 하여 '랍중'이라고 부른다. 따라서 티베트력 978년은 제17랍중의 18년째가 된다. 한 랍중 안에서 몇 년째인지를 표기하는 것은 중국식 간지(干支)의 원리에 의해 목(木), 화(火), 토(土), 철(鐵), 수(水)의 5행에 12지(十二支) 동물들의 이름을 결합시켜 나무-쥐에서부터 물-돼지까지 60개의 명칭이 사용된다. 서기 1027년이 중국 간지로는 정묘(丁卯)에 해당하는 것과 일치하여 티베트력에서는 랍중의 첫해를 불-토끼로 한다. 그 순서에서 18번째에 해당하는 것이 나무-원숭이이기 때문에 새해는 '제17랍중의 나무-원숭이 해'가 된다. 랍중 번호와 간지를 결합시킨 이 표현이 연도를 부르는 일반적인 명칭이다.

태음태양력인 티베트력에서는 달이 한 번 차고 기우는 것이 한 달(삭망월이라고 함)로, 삭(朔, 새 달)을 가지고 달이 바뀌는 기준으로 삼는다. 1년은 1월부터 12월까지의 달들로 이루어지지만, 태양의 연주기 운동으로 정해지는 1년(항성년이라고 함)과 열두 삭망월의 길이의 차이를 조정하기 위해 정기적으로 윤달을 삽입한다. 가장 최근에는 물-말(2002~2003)해 10월 다음의 삭망월이 윤10월(뒤10월이라고 부름)이 되어 그해에는 열세 개의 삭망월로 1년이 되었다. 이후, 물-말해 11월을 첫 번째로 하여 계산한 33번째, 67번째에 해당하는 삭망월을 윤달로 한다. 각각 나무-새(2005~2006)해 윤6월, 흙-쥐(2008~2009)해 윤3월이 된다. 이후에는 완전히 같은 주기로 기계적으로 윤달이 결정되며 태양의 위치 관측 등에 의해 수정을 하지 않는다. 2004년 2월 21일에 시작되는 달이 1월이 되는 것도 이런 원칙에 의해 결정된 것이다.

67삭망월 중 두 달이 윤달로 지정되므로, 65년 동안 24번의 윤달이 두어지며, 1년의 길이와 12삭망월의 길이의 관계는,

$$1항성년 : 12삭망월 = 67 : 65 \cdots\cdots ①$$

이 된다.

 티베트력에서는 일출 때부터 다음 일출 때까지를 하루로 한다. 태양과 달의 방향이 일치하는 순간이 삭(朔)이며, 삭은 하루 중 어느 시각에도 일어날 수 있다. 개념상으로는 삭의 순간이 달이 바뀌는 때지만, 역법상으로는 삭을 포함하는 날을 월말로 하고 그 다음날이 다음달의 첫날이 된다. 하나의 삭망월은 약 29.5일이기 때문에 달력상 한 달은 29일 또는 30일이 된다. 한 달 안에서의 날짜를 다루는 방법은 인도계 역법에 특징적으로 나타나는 다음과 같은 방법에 의한다.

 삭으로부터 다음 삭까지 천구상에서 달은 태양을 정확히 한 바퀴 추월한다. 즉 하나의 삭망월 사이에 달은 태양보다 $360°$ 더 운행을 한다. 달과 태양의 천구상의 각도차가 12의 배수가 될 때마다 한 삭망월 내에 시간의 구분을 설정하고, 하나의 구분단위의 시간을 체라고 부른다. 한 삭망월이 30체로 나뉘게 된다. 15체와 16체가 교체되는 기점이 망(望, 보름)이 된다. 체의 값은 월령(月齡)과 같은 개념이라고 생각해도 좋을 것이다. 매일 일출시각은 반드시 어느 체인가에는 포함된다(일출 순간과 체의 교체점이 일치하는 경우는 그 시점에서 시작되는 체에 포함된다). 그렇게 해서 일출시각을 포함한 체의 값을 가지고 하루의 날짜로 삼는 것이다. 예를 들면, 1일(초하루)에 해당하는 티베트어는 '1체의 날'이라고 한다. 체에 의해 날짜를 새긴다는 것은 항상 그 날의 월령을 의식하고 있음을 의미한다. 월령이나 달의 위치에 대한 강한 관심은 인도계 역법의 특징이다.

35장 탄뜨라에 기초한 역(曆)

[표1]   【티베트력 연월일의 관계】

1일	일출 때부터 다음 일출 때까지
1개월	29일 또는 30일
1년	(평년) 12개월 = 354일 전후
	(윤년) 13개월 = 384일 전후
1 랍중	60년

윤년은 65년 동안 24번 있다.

체의 평균길이(즉 평균 삭망월의 30분의 1)와 1일의 길이의 비는,

$$1체 : 1일 = 11135 : 11312 \quad \cdots\cdots \quad ②$$

가 된다. 태양과 달의 운행이 같지 않기 때문에 실제 체의 길이는 장단이 있어 정해진 순서에 의해 추가로 조정된다. ②로부터 체의 평균시간은 1일보다 짧다는 것을 알 수 있지만, 조정된 체가 하루보다도 길어지는 경우가 있다. 그런 경우에 1일 전체가 하나의 체에 포함되어버리며, 체의 교체 점을 포함하지 않는 날이 생기게 된다. 한편, 1일 안에서 체의 교체점이 두 번 포함되는 경우도 생기게 된다. 날짜를 붙이는 법의 원칙에 따라 그런 날의 다음날의 날짜는 전자에서는 앞날과 같게 되며, 후자에서는 하나를 건너뛰게 된다. 티베트력이 소개되는 경우 종종 언급되는 '여일'(餘日), '결일'(缺日)이 바로 이것이다.

①, ②로부터 하나의 삭망월, 항성년의 길이를 일(日)을 단위로 하여 표시하면,

$$1 \text{ 삭망월} = (11135/11312)\,30(\fallingdotseq 29.530587)\text{일} \ [29.530589\text{일}]$$
$$1 \text{ 항성년} = 13 \text{ 삭망월}(67/65)(\fallingdotseq 365.2/065)\text{일} \ [365.25636\text{일}]$$

3부 삶의 문화

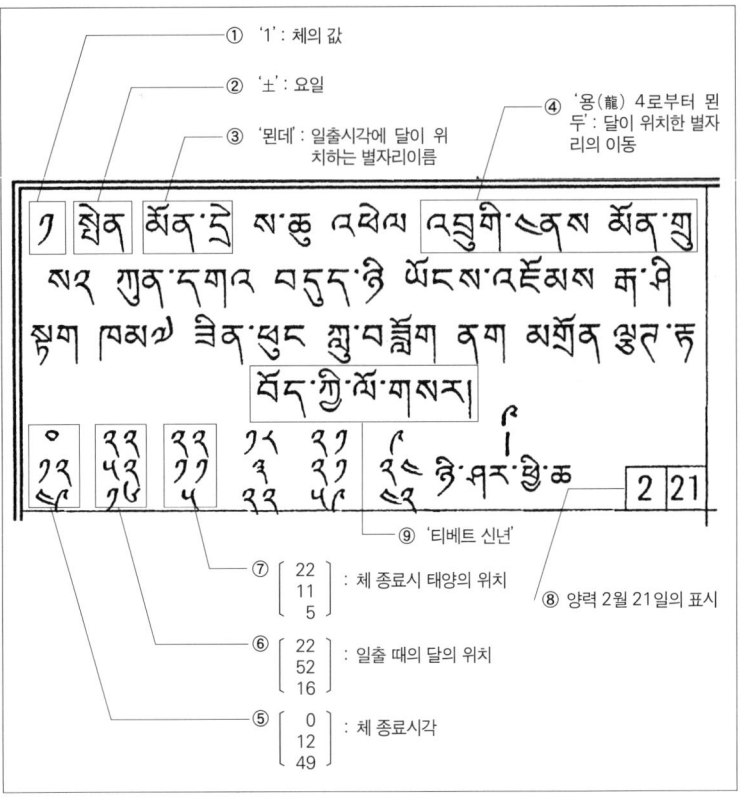

티베트력 978년 1월 1일(서기 2004년 2월 21일)의 달력(西藏藏醫院天文曆算研究所編, 『2003年藏曆曆書』, 四川民族出版社, 2002, p.175를 참조하여 작성).

이 된다. 〔 〕 안에는 『이과연표 2004』*에 의한 값을 제시했다. 삭망월은 매우 정확한 값임을 알 수 있다. 티베트력 연월일의 관계를 표1에 정리해두었다.

위의 그림은 달력의 1월 1일 난이다. 이 날을 예로 하여, 체의 값이나 달의 위치가 어떻게 달력에 표시되어 있는지를 보자(시각이나 천체의 위치표시는 표2, 표3 참조).

* 『理科年表 二〇〇四』. 일본국립천문대가 매년 발행하는 자연과학관련 데이터를 수록한 연표.

35장 탄뜨라에 기초한 역(曆)

[표2]　　　　【1일을 기준으로 한 시간단위】

1 일 (약 24시간)　　　 = 12 뒤최
　　　　　　　　　　　 = 60 추최
1 뒤최 (약 2시간)　　　 = 5 추최
1 추최 (약 24분)　　　 = 60 추상
1 추상 (약 24초)　　　 = 6 욱
1 욱 (약 4초)

※ '일'은 0부터 6까지의 숫자로 각각 요일을 표시함.
0 : 토요일. 1 : 일요일, 이하, 6 : 금요일.
'뒤최'는 하루 중 시각의 표시로, 해뜰 때를 '토끼'로 하여 순서대로 12지(支)로 표시함.
달력에는, '일/추최/추상'이 기재되어 있다.
욱은 '숨'을 의미한다. 성인 남성이 한 번 호흡하는 시간이라고 한다.

[표3]　　　　【달, 태양의 위치(방위각)을 표시하는 단위】

하늘의 일주 (360도)　　= 27 별자리
한 별자리 (약 13.3도)　 = 60 추최
1 추최 (약 13.3분)　　 = 60 추상
1 추상 (약 13.3초)　　 = 6 욱
1 욱 (약 2.2초)
추최 이하는 시간과 같은 단위계열이다.
달력에는 '별자리/추최/추상'이 기재되어 있다.

　　좌측 상단의 숫자 '1'(①)이 1월의 1체를 나타낸다. 좌측 하단의 수치[0;12;49](⑤)는 1체의 종료시각으로, 맨 위의 0은 그 시각이 토요일에 포함되는 것을 나타낸다. 요일은 일출 때부터 다음 일출 때까지의 하루에 대한 명칭이다. 12월의 30체는 금요일에 끝나는 것으로 계산되기 때문에 '1체의 날'은 토요일로 달력상에 나타나게 되어 '1' 뒤를 따르는 '토'(②)로 기록된다. 요일은 양력과 일치하며, 이 토요일이 양력 2월 21일에 해당하는 것이 오른쪽 하단에 기록되어 있다(⑧). 또한 ⑤의 시각 이후는 '1체의 날'이긴 하지만, 실제 체 값은 '2'가 되어 있게 된다.

　　⑤의 시각에서 태양의 위치가 하단 세 번째에 [22;11;5](⑦)로 기

록되어 있다. 체의 종료시각에서 태양의 위치가 정해지면 그때의 달의 위치가 정해지며, 그것에서부터 거꾸로 토요일 일출 때에 해당하는 달의 위치가 결정된다. 그것이 하단 두 번째의 수치〔22:52:16〕(⑥)이다. 하늘에서 태양이나 달의 통로는 한 바퀴가 27등분되어 0부터 26까지 번호가 매겨지며 거기에 자리하는 별의 이름으로 불린다. 그것이 27 성수(星宿)이다. ⑥, ⑦ 의 수치에서 제일 먼저 나오는 '22'가 그 번호이며 달력에서는 일출 때 달이 위치하는 22번째 별자리 이름 '뫤데'(③)가 기재되어 있다(③). 달은 약 27.3일 동안 27 성수를 일주한다. 토요일의 일출 때 뫤데 자리의 끝 부근에 위치하던 달은 오전 중에 23번째 뫤두 자리로 옮겨간다. 달력에는 '용 4로부터 뫤두'(④)라고 기재되어 있다. 용 시(時)에 다섯 추최 중 네 번째로부터라는 뜻이다. 뫤데 자리, 뫤두 자리의 위치는 물병자리 부근에 해당하며 당일 달의 위치로서 거의 정확하다. '티베트 신년'이라는 글자도 보인다(⑨).

일식과 월식, 다섯 혹성의 운행을 포함하여 티베트력은 2,796,235,115,048,502,090,600년 주기로 같은 상태를 반복한다는 것이 계산되어 있다. 제17랍중 나무-원숭이해는 그 주기의 8,2776,132,766,945,179,918년째에 해당한다고 한다.

이 주기는 『깔라짜끄라 딴뜨라』에는 기록되어 있지 않으며 티베트인에 의해 산출된 것으로 생각된다. 이처럼 정합성에 대한 강한 지향이 티베트 역학의 특징이라고 할 수 있을 것이다. ▲니시와키 마사히토

36장
제천이 주재하는 미래와 호법신

쫑카빠는 문수보살의 계시를 기초로 삼사(三士)의 람림(道次第)을 베이스로 하여 '비밀집회'(秘密集會), '승락(勝樂)', '포외금강'(怖畏金剛) 세 본존(이담)의 생기차제(生起次第)·구경차제(究竟次第)를 수행하여 즉신성불(卽身成佛)하기 위해서, 그 수행에 방해가 되는 일체의 액운과 장애를 제거해주는 세 존자인 호법신에게 사사하지 않으면 안된다고 설명을 하고 있다(16장·17장·21장 참조). 즉, 하사(下士)에는 선악의 업을 담당하는 야마법왕(夜摩法王, 티베트어로 '담쩬최겔'), 중사(中士)에는 계·정·혜(戒·定·慧) 삼학(三學)의 기초가 되는 계학처(戒學處)를 수호하는 비사문천(毘沙門天, 티베트어로 '남세'), 상사(上士)의 방편의 측면에서는 대비심(大悲心)을 근본으로 한 보리심을 수호하는 대흑천(大黑天, 마하카라), 상사의 지혜(반야, ☞ 용어해설5)의 측면을 수호하는 야마법왕(夜摩法王) 등 세 호법신에게 사사해야만 한다. 이것은 자비를 상징하는 관세음보살, 지혜를 상징하는 문수보살, 진언승(眞言乘)을 상징하는 금강승의 '삼명주'(三明主, 티베트어로 '릭숨괸뽀')에 대응하며, 관세음보살의 화신으로서 대흑천, 금강수의 부하로서 비사문천, 문수보살의 분노상(忿怒相)이자 포외금강의 화신으로서 야마법왕이라고 하듯 대응하고 있다.

3부 삶의 문화

위에서부터 관세음보살의 화신인 여섯 팔 대흑천, 문수보살의 화신인 야마천법왕, 호법신들에게 올리는 공물 또르마.

이들 가운데 대흑천은 '괸뽀'라는 애칭으로 불리며, 부처의 자비를 상징하는 관세음보살이 중생구제를 위한 분노의 모습을 드러낸 것이다. 다른 이름으로 '신속히 위업을 이루시는 관자재'(뉠제 첸레식)라고도 불려 관세음보살에 대한 신앙이 보급되어 있는 티베트 불교에서 대흑천은 종파를 불문하고 숭배의 대상이 되어 있다.

그 자태는 왼쪽의 사진과 같은데, 밑에서부터 차례로 묘사를 해보면, 연화대(蓮花臺) 위에 가네샤(大聖歡喜天)를 짓밟고 있고, 호랑이 생가죽으로 만든 하의와 50개 인간 50명의 머리로 만든 윤가사(輪袈裟)를 두르고 있다. 몸 색깔은 검은 색에 가까운 감색이며, 흩뿌려진 피를 뒤집어써서 핏방울이 뚝뚝 떨어진다. 오른손에는 고기 써는 식칼, 두개골로 만든 염주, 오싹한 소리를 내는 해골북

232

을 잡고 있으며, 왼손에는 피와 살이 담겨 있는 해골잔, 삼차극(三叉戟, ☞ 용어해설21), 금강의 견색(羂索, ☞ 용어해설21)을 꼭 쥐고 있다. 뱀이 전신을 휘감고 있으며 입은 엄니를 드러내고 혀에서는 야수가 고기를 먹은 듯이 피가 떨어지며 맹수처럼 씩씩대고 있다. 번개같이 날카로운 붉은 세 개의 눈을 가지고 있고 이마에는 피의 신두라가 칠해져 있다. 머리에는 아축(阿閦)의 인상을 한 다섯 개의 해골 영락(瓔珞)을 달았으며 분노로 곤두선 머리카락은 하늘을 찌르듯이 활활 타오르고 있다. 보드가야 근처의 시림(屍林, 시체를 묻는 숲)의 백단향 나무에서 태어났다고 한다.

이 대흑천은 호법신 중의 왕과 같은 존재로 그 밑에 네 명의 야차(夜叉, 티베트어로 '뇌진')를 비롯해서 내외의 팔부중(八部衆)* 등의 전속이 있으며, 대흑천과 그 권속을 향한 기도법으로는 '틴쬘'이라고 하는 의식이 곧잘 행해진다.

'틴쬘'이란 '호법신에게 일을 맡긴다'는 의미인데, 그 의식은 수행자가 직접 호법신에게 자기가 바라는 것이 이루어지도록 요청하는 의식으로, 호법신에 의해 수행자가 지닌 업의 숙성을 촉진시켜준다는 의미를 지닌다. 우선 진하게 우려낸 차를 식힌 다음 의식의 당사자는 자신이 지금 이 순간부터 포의금강 그 자체가 된다고 명상하여 '옴·마하·훔'이라는 진언을 세 번 읊고, 차를 가지(加持)하여 '황금 음료'(세르겜)라고 불리는 감로수로 변화시킨다. '옴·마하·훔'이라는 것은 각각 대일(大日)·아미타(阿彌陀)·아축 세 여래를 나타내는데, 아축여래의 가지력(加持力)에 의해 공물의 과실을 정화하고 아미타여래의 가지력에 의해 공물은 감로로 변하며 대일여래의 가지력에 의해 그것을 증가시

---

* 팔부중은 불법(佛法)을 수호하는 여덟 신을 가리킨다. 티베트에서 공양의 대상이 되는 팔부중은 모두 여섯 종류가 있으므로, 대상이 되는 신은 모두 48존이 된다. 내팔부중과 외팔부중은 그 종류 중 두 가지이다.

3부 삶의 문화

뺄덴라모(위)와, 네충(아래).

킨다. 그리고 그 '황금 음료'를 잔이 넘칠 정도로 부어가면서 경문(經文)을 읊어 라마, 본존, 용맹존, 공행모 등의 제천(諸天)에게 호소하면서 공물을 봉납해 간다. 물론 '틴쵤' 공양의 대상이 대흑천만 있는 것은 아니지만, 대흑천은 호법신의 왕과 같은 존재이기 때문에 대흑천의 틴쵤은 가장 대중적으로 행해진다. 멀리 여행을 떠나거나 중요한 거래 등이 있기 전날 밤에 이 의식을 행한다. 신들에게 자신이 미래에 바라는 업의 결실이 빨리 이루어지게 해 달라고 비는 것이다.

이런 호법신의 주된 활동은 수행의 장애물을 제거하는 것이지만, 그 중에는 미래를 예언하는 활동도 포함되어 있기 때문에, 인생의 이런저런 순간에 결단을 내려야 할 때 사람들에게 그 방향을 제시하는 역할도 한다. 예를 들면 대흑천의 권속 중에는 유명한 '뺄덴라모레마띠'(혹은 막소르계모)가 있다. 뺄덴라모는 미래를 아는 신통력을 가지고 있다고 하며, 티베트 불교권에서 널리 사용되는 '모'라고 불리는 주사위점은 이 뺄덴라모의 가지력에 의해, 주사위를 미래를 예언하는 눈으로 나타내는 밀교의식이다. 단, 주사위점이 적중하는지 여부는 주로 그 점을 치는 점쟁이인 수행자가 주사위를 던질 때 정말 뺄덴라모에게 제대로 권청(勸請)할 수 있었는지에 달려 있어, 올바른 눈이 나오지 않는 것은 요가 수행자가 제대로 뺄덴라모의 가지력을 끌어내지 못한 것이 원인이 된다.

또한 이 뺄덴라모와 소통하는 신으로 '네충'이라고 불리는 신이 있다. 네충의 정식명칭은 '도르제닥덴'이라고 하는데, 이 신은 대흑천이나 뺄덴라모처럼 일체중생제도의 자비심을 지니고 공성(空性)을 드러내어 입증하는 '성자'로 불리는 위치에 도달한 '출세간'의 보살이 아니라, 우리 범부와 같은 '세간'의 존재이다. 그렇기 때문에 네충은 '꾸땐'(신체의 거처)이라고 불리는 무당에게 강림하여 뺄덴라모의 주사위점보다도 좀 더 구체적인 미래에 대한 예언을 사람들에게 전해준다. 네충은 신이기는 하지만 '세간'의 존재이기 때문에 지위가 낮아 대대로 티베트 왕이나 정부를 위해 일하는 신하였으며, 달라이라마의 신하이면서 경호원 같은 존재이다. 네충 자신에게는 미래를 예언하는 능력이 있는 것은 아니며 달라이라마나 티베트 정부의 명령에 응하여 그것을 뺄덴라모에게 전달해주는 임무를 맡고 있다. 예를 들면 달라이라마 14세가 티베트에서 인도로 망명했을 때 그 망명 루트를 달라이라마에게 조언한 것이 네충이었으며, 지금도 달라이라마를 따라 인도로 망명하여 티베트 정부의 중요한 호법신으로서 여러 가지 예언을 조언하여 티베트인 사회에 공헌을 하고 있다. 달라이라마는 네충을 가리켜 '좋은 친구이며 좋은 신하이다'라고 말한다. 또한 네충은 반야경(般若經)에

통달하고 있어, 하리바드라의 반야경에 대한 주석서를 암기하는 사람을 드러내지 않고 돕는다고도 하며, 문답을 좋아하여 달라이라마가 게셰 라람빠라는 마지막 시험을 조캉(즉 퇴르낭) 사원에서 치를 때, 대중 앞에서 『현관장엄론』(現觀莊嚴論)의 발보리심(發菩提心)에 관해서 달라이라마를 상대로 문답을 던진 일은 매우 유명하다.

이런 네충과 유사하게 '꾸뗀'이라고 불리는 샤먼을 통해 사람들에게 예언을 하는 신으로 가동 왼뗀겔뽀라고 하는 신도 유명하다. 네충은 홀(즉 장탕 고원) 출신의 신인 데 비해 가동은 흑해 출신의 신이라고 하며, 네충의 꾸뗀이 승려여야 하는 데 비해 가동의 꾸뗀은 속세의 사람이어야 한다.

대부분의 티베트인은 이런 미래에 작용을 가하는 신들 가운데 자신이 선호하는 신의 브로마이드를 가지고 다니며, 아침저녁 그 신들에게 기도를 올림으로써 직접 신들에게 작용을 가하고 있다. 이런 현상을 표면적으로 받아들여, "티베트인은 비경의 땅에서 오로지 불교 가르침만을 바탕으로 비현실적인 세계를 순수하게 믿고 있는 사람들"이라고 하는 인상을 갖게 될지도 모르겠다. 그러나 그것은 완전히 잘못된 판단이다. 티베트인은 근대문명에서 교육을 받은 일본인보다도 훨씬 합리적이며 현실적인 사고를 하는 사람들이다. 의심이 많으며 무조건 사람을 믿는 일은 없다. 그들에게 있어서 '현실'은 유물주의적인 세계관에 기초하는 것이 아니라, 풍부한 불교의 전통적인 세계관에 기초한 현실적인 것이다. 티베트인에게 있어서 신이란 비록 눈에 보이지는 않지만 실제 거기에 존재하며, 자신에게 직접적인 작용을 가해오는 존재에 다름 아니다. 신들에 대한 신앙도 극히 현실적인 동기, 즉 스스로가 공덕을 쌓아 내세 혹은 현세에 행복을 이루고 싶다는 현실적인 욕망에 의한 것이다. 신들에게 기원이나 작용을 요청하는 것은 이런 현실적인 동기에 기초한 종교적 영위이다.

36장 제천이 주재하는 미래와 호법신

　불교에서 말하는 연기사상은, 모든 미래에 발생하는 사건은 언제나 원인이 있다는 것을 이야기한다. 인생의 모든 장면에서 제천에게 직접 기원을 한다면, 연기라는 진실의 힘에 의해 가까운 장래, 먼 장래에 반드시 그 제천들의 작용을 조금이라도 향수(享受)할 수 있는 것이다. 티베트인의 인생은 제천에 의해 방향성이 제시되고 창시된다. 안타깝지만, 중국에게 티베트가 침략당한다는 업의 결과는, 신들이 예언한 대로 된 것이며, 앞으로 미래의 티베트 문제가 어떤 방향으로 나아가더라도 그들의 미래는 언제나 신들로부터 작용을 받게 될 것이다.

▲노무라 쇼지로

37장
불교의 나라에서 살아남은 주변적인 종교 뵌교

티베트인이 '뵌' 또는 '뵌의 사람'을 의미하는 '뵌뽀'라고 하는 경우, 몇 가지 범주가 존재한다.

첫째는 '불교 전래 이전의 토착종교'라는 의미이다. 티베트인이 일상적으로 행하는 종교적 실천 중에 인도 전래의 불교로는 설명되지 않는 것, 예를 들면 기도 깃발인 '다르쪼'나, 말·용·호랑이·가루다에 의해 구성되는 모티프인 '룽따', 악령에게 빼앗긴 것을 몸값을 주고 돌려받는 '루' 의식, 산에 사는 영토신 '윌라·쉬다', 많은 정령들, 그런 신들과 소통하기 위해 두송(杜松)을 태우는 정화 의식 '상' 등등. '이들의 기원은?'이라고 묻는다면 '뵌뽀이다'라고 대답할 수밖에 없다.

둘째는 '융둥뵌,' 즉 '영원한 뵌'을 자칭하는 교단이라는 의미이다. 그들은 불교와 같이 사원을 갖추고 사원에는 출가한 승려들이 있으며 신자들의 보시에 의해서 운영된다. 방대한 독자적인 경전을 보유하며 그 경전들은 불교에서와 마찬가지로 깡규르·뗀규르로 크게 나뉜다. 성지를 순례할 때에는 불교도와는 달리 시계 반대방향으로 돌며, 경전이 들어 있는 통(코르로, 불교에서의 '마니차')도 왼쪽으로 돌린다. '옴 마니 팟메 훔'의 육자진언이 아니라 '아카아메……'라는 것을 읊는다.

이상의 분류에 덧붙여서 현대의 연구자들은 '둔황 문서'에 보이는

37장 불교의 나라에서 살아남은 주변적인 종교 뵌교

뵌교 사원의 내부.

왕가의 장례의식에 관련된 종교를 언급하기도 한다. 혼동을 피하기 위해 여기서는 두 번째 범주인 '융둥뵌'을 뵌교, 그 종교의 신자들을 뵌교도라고 부르기로 하고, 이야기를 진행하겠다.

뵌 교도는 뵌 종교의 창시자로 셴랍이라는 인물을 섬긴다. 그는 티베트에서 서쪽으로 멀리 떨어져 있는 타지크의 왕자로 태어났다고 한다. 왕자로 태어났다는 점은 붓다와 같지만, 태어났을 때부터 이미 뵌교의 가르침을 깨닫고 있었다고 하는 점이 다르다. 그의 가르침은 이후 서부 티베트, 샹숭에 전파되었으며, 그로부터 중앙 티베트에도 전해졌다. 경전 첫머리에 '샹숭의 말'이라는 제목이 기재되어 있는 곳에는 전래의 경위가 전해진다.

티베트가 중앙아시아를 석권해 나가던 시대에 전래된 이 종교는 많은 신자들을 얻었다. 훗날 불교가 도입되자 왕실 내부의 권력투쟁과도 연계되어 불자들과의 사이에 알력이 생겼다. 티송데쩬 왕이 불교를 국교로 삼자 뵌 교도들은 박해를 받고 추방되었다. 지도자들의 추방은 뵌교가 점차적으로 동쪽으로 전파되도록 했다. 암도 지방의 뵌 교도들은 자신들에게 뵌교의 가르침을 전해준 성인들이 이때 찾아왔다고 말한다.

11세기에 셴첸루가라고 하는 인물이 등장해서 매장경전의 발굴을 시작했다. 그의 동생들은 각 지방에 사원을 건립하고 교단을 형성하여 교리의 편성과 연구를 수행했다. 부흥하기 시작한 이 종교에 대해서 어떤 태도를 취해야 하는가라는 문제가 불교도들에게 중요한 주제가 되었으며, 많은 '반(反) 뵌교 서적'이 저술되었다.

12세기의 디궁파 학승 직뗀괸뽀(1143~1217)의 가르침을 한데 모은 『유일한 생각』이라는 책이 있다. 그는 이 책에서 뵌교를 "도(道)는 있지만 진실은 볼 수 없는 것"이라고 비판하고 있다. 그의 제자인 도르제셰랍은 이 책에 대한 주석을 쓰면서 "귀의하지 않은 까닭에 사견을 품게 되고, 사견 때문에 귀의하는 일이 없다"고 하는 논리로 뵌교 비판을 전개하고 있다. 그는 그때까지 있었던 '조잡한 뵌'이라고 하는 평가에 '미혹시키는 뵌' '번역된 뵌'이라고 하는 점들을 더하고, 그런 것들은 역사적으로 발전되어 온 것들이라는 견해를 표명했으며, 마지막 단계인 '번역된 뵌'에서는 불교를 변형시킨 표절자로 셴첸루가를 비판한다. 쫑카빠의 제자 첸아빠로되겔첸(1390~1448)도 뵌교를 비판하는 글을 남겼다. 그들의 공통점은 뵌교는 절대로 불교가 아니라고 주장한다는 점이다. 불교도 중에는 뵌교에 관용적인 태도를 취하며 흥미를 보이는 사람들도 있었다.

불교도들이 가하는 비난에 대해 뵌 교도들도 당하고만 있지는 않았다. 쫑카빠의 사상적 비판자였던 사꺄파 대학승 롱뙨(1367~1450)은 동티베트의 겔롱이라고 하는 뵌교 세력이 강한 지방 출신으로, 18세까지 뵌 교도였다. 젊은 시절의 저작이라고 하는 『뵌·불교의 차이』에서 그는 "불교경전은 뵌교 경전의 복제다"라는 견해를 표명했다. 그들은 비난에 대항하기 위해서 불교교리에 대해 치밀한 연구도 빠뜨리지 않았다. 인도불교의 중관학파를 '자립논증파'와 '귀류논증파' 두 가지로 구분한다고 하는 후세에 널리 인정되는 견해는, 『뵌 문명시(門明示)』라는 책에서 14세기 뵌교 학승 떼뾘 겔첸뻬가 처음 내세운 것이었다.

이론 이외의 면에서도 밀리지 않는다. 창시자 셴랍의 후손인 셴니마 겔첸(1306~?)의 전기에는 줄지어 앉아 있는 불교도들을 주술시합으로 물리쳤다는 이야기가 기록되어 있다. 이 이야기는 뵌 교도의 가슴을 뛰게 만드는 것으로 지금도 계속해서 회자되고 있다.

뵌 교도들은 뵌교가 불교 부흥에 도움을 주었다고도 말한다. 후전불교시기는 계율 부흥으로 시작된다. 암도 지방에서 계율 부흥의 주역인 공빠랍셀(953~1035)은 원래 뵌 교도였으며, 중앙 티베트로부터 계율을 구하러 찾아온 제자들에게 기념으로 뵌교의 모자를 주었다고 『부뙨 불교사』 등에 기록되어 있다. 티베트 불교승—물론 뵌교 승려도 착용한다—의 속저고리인 '뙨가'는 뵌교의 것이었음을 이 공빠랍셀의 일화를 인용해가면서 주장하기도 한다.

창시자인 셴랍과 나란히, 제2의 붓다로 추앙받는 대본산 멘리 사원의 설립자 셰랍겔첸은 쫑카빠를 만나 서로를 칭찬하는 시를 교환했다고 하며, 후에 롱뙨 밑에서 불교교리학을 공부했다고 한다. 또한 교리학의 대본산인 융둥링 사원의 설립자 다와겔첸은 사꺄파 사원에서 불교교리학을 공부했는데, 대본산 사꺄 사원에서 총수 뻬마뒤뒤로부터 '게셰 랍잠빠'의 칭호를 수여받았다고 한다. 두 사람의 업적은 각각 제자들에 의해 쓰인 전기물에 기록되어 있다. 그러나 유감스럽게도 이상의 업적들은 불교 측 기록에는 보이지 않기 때문에 이런 사실들은 날조된 것이라는 평가를 받을 위험성을 안고 있다.

'융둥뵌과 토착종교 사이에 관계가 있는가'는 연구자들의 최대 과제

3부 삶의 문화

제2의 붓다로 불리는 셰랍곌첸(1356~1415). 뵌교 특유의 푸른 모자 뻬샤를 쓰고 있다.
깡쩡 사원 소장 탕카(20세기 초엽의 작품)에서.

이다. 결론을 재촉할 필요는 없겠지만 '있다'고 하는 것이 대부분 연구자들의 의견이다. 그것은 융둥뵌이 소지하는 규범서에서 이야기되는 신화가, 불교에는 없고 '둔황 문서'에 보이는 양식의 것을 다수 포함하고 있기 때문이다.

확실히 그들의 교리에는 비판받는 것처럼 불교의 아이디어를 차용한 것들이 많지만(하지만 이들을 하나하나 자세히 검토한 연구는 아직 이루어지지 않았다), '우주는 알에서 생성되었다' 등의 개념은 독자적이라 할 수 있다.

물론 이렇게 독자적이라고 주장하는 것이 뵌 교도들에게는 자명한 이치일 것이다. 그들은 불교 전래 이전의 종교전통을 이어받았다는 큰 자부심을 가지고 있다.

뵌 교도는 대다수 불교도에게 계속해서 핍박받으면서도 그 전통을 각종 형태로 지키고자 노력하고 있다. "모든 물질의 근원인 전자는 좌회전을 한다. 뵌도 왼쪽으로 돈다"고 하는 의미심장한 말이 라마의 입에서 흘러나온다. 이런 유머와 날카로운 말은 소수파로 살아왔기 때문에 가능한 것으로, 거기에 바로 이 종교의 매력이 있다.

최근에는 그 방대한 문헌들에 대한 목록이나, 티베트 각지에 산재하는 여러 사원들의 약사(略史)·현황보고 등 기초적인 자료들이 모두 갖추어졌다. 이를 검토해보면 그들이 티베트 주변에서 얼마나 착실히 살아가고 있는지 알 수 있다. 사원은 위·짱 지방보다 암도와 캄 지방에 많다. 본격적 연구에 착수할 기회가 찾아왔다. 불교에게 억압받으며 불가사의하게 주변적 존재로 내몰려 있었던 뵌교에 이제 시선이 쏠리고 있다.

▲미야케 신이치로

4부 티베트와 오리엔탈리즘

38장
티베트를 지향한 탐험가들

> 나는 2년 동안 티베트를 여행했는데, 라싸를 방문하여 라마의 수장과 즐거운 나날을 보냈네. 노르웨이의 유명한 모험가 시겔손에 대해 들어본 적이 있겠지? 자네가 그의 뉴스를 듣고 있을 때 바로 내 소식을 듣고 있었던 걸세.
>
> —「빈집의 모험」, 『셜록 홈스의 귀환』

명탐정 셜록 홈스는 숙적 모리어티 교수와 라이헨바흐 폭포에서 최후의 대결을 벌이고는 이 세상에서 자취를 감췄다. 홈스는 모리어티와 함께 폭포에 떨어져 죽게 되어 시리즈는 여기서 끝났다. 그리고 10년 뒤, 홈스를 탄생시킨 아버지 코넌 도일은 세간의 요청을 끝내 거부하지 못하고 시리즈를 재개했다. 위의 대사는 홈스 부활의 제1편 「빈집의 모험」에서, 죽었다고 생각했던 홈스가 나타나니 기겁을 하며 놀란 왓슨을 향해 홈스가 말한 내용이다.

홈스의 죽음을 묘사한 『최후의 사건』은 1893년에, 홈스가 부활한 「빈집의 모험」은 1903년에 발표되었기 때문에 코넌 도일이 홈스를 부활시키기까지는 10년의 세월이 흘렀다. 그러나 작품상의 시간에서, 홈스는 1890년 폭포에 떨어졌고, 1893년에 모습을 드러냈기 때문에 행방불명 기간은 3년이나. 코넌 노일은 왜, 작품 중에서 죽었다고 알려진 동안 홈스를 티베트에 가 있도록 한 것일까. 힌트는 이 사이 코넌 도일의 고국 영국과 티베트의 관계에 있다.

19세기 말부터 20세기 초에 걸쳐 티베트는 여러 의미에서 당시 유럽 사람들에게 매혹적인 땅이었다. 아프리카 중부와 더불어 유일하게 남은 세계지도의 큰 공백지대였으며, 세계 최고봉의 산들이 우뚝 솟아 있고, 이 땅을 다스리는 사람은 전생(轉生)에 의해 그 자리를 이어받는 달라이라마라는 사실이 알려지면서, 사람들은 티베트를 동경하지 않을 수 없었다. 측량, 상거래, 그리스도 포교, 모험 등 여러 목적을 갖고서 사람들은 티베트로 향했다. 그러나 티베트 수도 라싸에 도착할 수 있었던 외국인은 한 명도 없었다. 왜냐하면 인도와 버마가 차례로 영국의 무력 앞에 굴복하는 것을 목격한 달라이라마 13세가 극단적인 쇄국정책을 취하여 티베트 영내에 침입하는 외국인을 있는 힘을 다해 영역 밖으로 쫓아냈기 때문이다.

티베트를 지향했던 외국 중에서도 특히 적극적이었던 나라는 인도를 지배하고 있던 영국이었다. 러시아의 남하를 늘 염려했던 영국에게 인도 바로 북쪽에 위치한 티베트 지역에 대한 정보 파악은 대단히 중요했다. 그러나 백인의 티베트 입국을 허가받을 수 없었던 시대에 영국인이 직접 티베트에 잠입하는 것은 불가능했다. 그 시기 인도 측량국(Survey of India)의 몽고메리 대위는 네팔의 산악민에게 측량기술을 가르쳐준 후 순례를 가장하고 티베트에 들어가게 하여 측량을 해오도록 한다는 방법을 생각해냈다. 이렇게 영국의 밀명을 띠고 티베트에 잠입한 인도나 네팔의 현지인을 팬디트 탐험가라고 한다. 그들이 소지한 염주는 진언을 읊는 수를 세기 위한 것이 아니라 걸음의 수를 재기 위해 사용되며, 마니차에는 경전 대신 측량결과를 기록한 종이가 감추어져 있었다. 팬디트들은 1865~1893년에 빈번하게 티베트 잠입을 거듭했으며, 인도 측량국에 풍부한 티베트 정보를 제공했다.

유명한 팬디트로는 1866년에 라싸에 도달한 나인 싱(3,352m의 고지

38장 티베트를 지향한 탐험가들

쿠마온에 사는 티베트계 주민), 마니 싱(나인 싱의 사촌형제), 카리안 싱(역시 사촌형제), 키셴 싱(역시 사촌형제), 넴 싱(시킴의 승려), 킨툽(시킴인), 사라트 찬드라 다스(1849~1917)가 있다. 마지막의 찬드라 다스는 벵골인이자 유명한 티베트 학자로, 루드야드 키플링의 소설 『소년 킴』에 등장하는 해리 찬드라 무켈지의 모델이기도 했다.

이렇게 팬디트 탐험가들에 의해 티베트 사정이 밝혀짐에 따라, 19세기 말에는 백인 탐험가들 사이에 티베트 모험에 대한 열기가 긍정적이든 부정적이든 높아졌다. 그들의 티베트 잠입 목적은 국위선양인 경우도 물론 있었지만, 록힐처럼 국익에 반대하든지 말든지 상관없이 어쨌든 라싸에 도달해보려고 하는 사람들도 많았다. 라싸로 향했던 백인 탐험가들의 족적을 간단하게 종합해보면 다음과 같다.

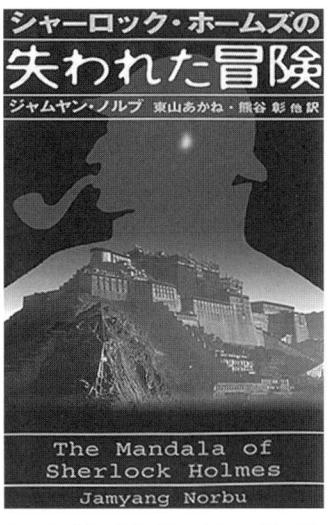

홈스가 티베트에서 머문 3년을 묘사한 잠양 노르부의 베스트셀러 소설 *The Mandala of Sherlock Holmes*.

1879~1880년, 러시아의 프레제발스키(Prejevalsky)가 제정러시아를 배경으로 코사크군의 호위를 받아 라싸를 공격했지만 두 차례 다 티베트 군대에 쫓겨나서 실패했다. 이후에도 1886년에는 영국 벵골 정부의 매콜리, 1888년부터 1889년에 걸쳐 미국의 록힐, 1888년에는 영국의 랜즈델, 1889~1890년에는 프랑스의 봉발로, 1895년에는 영국의 리틀데일, 1895~1899년에는 독일의 라인하르트 부부, 1899~1902년에는 스웨덴의 헤딘(Hedin) 등, 유럽 각국의 탐험가들이 중국 청(淸) 정부가 발급한 티베트 입국허가증을 휴대하고 티베트 수도 라싸로 가려고 했는데, 그들 모두 계획단계에서 포기해야 하는 곤경에

처한다든지 티베트군에게 쫓겨난다든지 하여 뜻을 이루지 못했다.

여기서 "코넌 도일은 왜 셜록 홈스를 티베트에 보낸 것일까"라는 의문으로 돌아가보자. 홈스가 티베트에 있었다고 하는 1890년부터 1892년은 각국 탐험가들이 라싸 잠입을 경합하고 있던 바로 그 시기와 겹친다. 그들은 백인인 것을 알아차리지 못하도록 얼굴에 검은 칠을 하거나 무슬림이나 인도인으로 변장하여 티베트에 잠입했다가 발각되어 국외로 추방되기를 반복했다. 이런 상황에서 홈스가 라싸 잠입에 성공하고 게다가 달라이라마(Head Lama)로 보이는 인물과 회견했다고 한다면 그것은 분명히 홈스의 변장술의 확실함과 정신적 능력의 뛰어남을 나타내는 것이 된다. 코넌 도일은 홈스의 초인성을 두드러지게 하기 위해서 홈스가 머물고 있었던 곳으로, 당시 백인이 발을 들여놓을 수 없었던 성지 라싸를 선택한 것이다.

코넌 도일이 「빈집의 모험」을 발표했던 1903년은 라싸가 금단의 도시로 백인을 거부하던 마지막 시기에 해당한다. 1903년 12월에 영국의 영허즈번드 부대가 티베트 침공을 결단했고, 이듬해인 1904년 8월 3일에 라싸를 침공했기 때문이다. 영허즈번드는 라싸 침공의 이유로, 1890~1893년에 영국이 라싸의 중국인 관리와 맺은 시킴 조약의 조항을 티베트 측이 준수하지 않았다는 명분을 내세웠으며, 또 다른 이유로는 티베트와 러시아가 비밀조약을 맺은 것에 대한 불안감을 내세웠다. 그러나 전자는 긴급하게 처리해야 할 문제도 아니었으며, 후자는 근거 없는 허위정보였다. 또한 영국 본국 정부가 이 침공으로부터 어떤 이익도 얻어내려 하지 않았다는 점도, 그가 언급한 것처럼 이 침공이 영국의 국익을 위한 것이 아니었음을 나타낸다.

그렇다면 영허즈번드는 왜 라싸를 침공한 것일까. 여기에 답하려면 영허즈번드의 경력을 살펴봐야 한다. 그는 20대 시절 휴가를 이용하여 베이징에서 인도까지 육로로 여행을 했으며, 그 공적 덕분에 1890년에 영국왕립지리학회로부터 메달을 수여받아 최연소회원이 되었다. 티베트 침공 당시, 그는 이미 전설적인 모험가였으며, 이런 그가 티베트를 눈앞에 둔 임무를 맡게 되었을 때 그 지위를 이용하여, 어떻게든 동경의 땅 라싸에 입성해보고 싶어 했을 것임은 누구든지 쉽게 상상할 수 있다. 만약 그것이 직접적인 원인이 아니었다고 해도, 그의 탐험가로서의 실존이 영국의 티베트 침공에 큰 원동력이 되었음은 틀림없을 것이다. 라싸의 신비로움은 에드워드 왕조 시대의 소설가나 군인들의 마음을 유혹했으며, 문학이나 역사의 내용을 바꿔놓을 정도였던 것이다.

▲이시하마 유미코

39장
숨은 성지 샹그리라의 전설

자비(사랑)와 비살생(비폭력)을 종지(宗旨)로 하는 불교도에게 이교도의 침략은 공포 그 자체였다. 일단 외국군대의 침략을 받게 되면 단지 열심히 도망가 숨을 뿐이며, 이교도의 점령이 길어지는 경우에는 이 세상에서 살 수 있는 곳을 잃게 된다. 그렇기 때문에 불교도는 자신의 문명이 위험에 처하게 되었을 때 이교도로부터 자신들을 보호해주는 다른 차원에서 '성지'의 꿈을 엮어왔다. 이런 숨겨진 성지의 전설이 사람들 입에 회자되는 것은, 물론 불교계가 위기에 봉착했을 때이다. 아래에서 인도와 티베트의 법란(法亂) 역사와 숨겨진 성지 전설이 어떻게 연결되어왔는지 시대순으로 추적해보도록 하자.

10세기에 인도에 무슬림이 침입했으며, 또한 농촌을 기반으로 한 힌두교가 나날이 세력을 확장해가는 것과 함께 도시의 종교인 불교는 어쩔 수 없이 세력을 잃어갈 수밖에 없었다. 당시 인도불교계는 마지막 단말마의 절규처럼 밀교경전 『깔라짜끄라 딴뜨라』를 세상에 내놓았다. 여기에는 육체를 요가수행에 의해 '공(空)의 신체'로 변화시키는 수행이 기록되어, 그 신체를 완성시키면 시공을 초월한 경지에 이른다고 설명하고 있다. 또한 이 딴뜨라의 관정(입문의식)을 받게 되면 사람은 누구나 샴발라(☞ 용어해설19)라고 하는 신비의 불교국에 다시 태

39장 숨은 성지 샹그리라의 전설

어나 거기서 평화롭게 살 수 있다는 것, 2327년에 즉위할 샴발라의 라우드라짜끄린 왕이 이교도 무리들을 무찌르고 다시 불교를 세상에 번영시키는 것 등이 설명되고 있었다. 즉 『깔라짜끄라 딴뜨라』는 불교 부흥의 시기가 도래할 때까지 육체를 초월한 신체를 지니고 이 세상 어디에도 속하지 않는 다른 차원의 공간으로 옮겨간다는 것을 설명하는 것이다. 이런 내용의 경전이 편찬되었다는 것 자체가, 어쨌든 당시 불교도들이 직면했던 냉엄한 상황을 여실히 이야기하고 있다.

　13세기 초, 무슬림이 나란다 사원을 파괴함과 동시에 인도불교는 그 발상지로부터 자취를 감추어버렸다. 한편, 마치 그것과 반비례하듯이 티베트의 불교는 번영을 계속하여 티베트는 기존의 군사국가로부터 승원세력이 세속세력을 압도하는 승원국가로 탈바꿈하고 있었다. 그런 후, 13세기 후반, 전 세계를 석권했던 몽골제국의 침략은 티베트라는 벽지에까지 밀어닥쳐 불교국가인 티베트는 이교도인 몽골군의 위협에 직면하게 되었다(7장 참조). 이런 대란의 시기에 샴발라 전설의 티베트판이라고도 이야기되는 베윌(숨겨진 성지) 전설이 생겨나게 되었다.

　티베트의 성지전설은 8세기의 밀교 수행자 빠드마삼바바의 예언이 발견되었다고 하는 형태로 전파되었다. 예컨대 '가르침을 뿌리내릴 곳이 없어진다면 숨어사는 마을로 도망가라'고 한 빠드마삼바바의 가르침이 라뜨나 링빠(1403~1479)가 '발견'한 『까탕데아』에 기록되어 있으며, 숨어사는 마을 위치를 표시한 빠드마삼바바의 『뻬마까탕』이라고 하는 책도 상계 링빠(1340~1396)에 의해 14세기에 '발굴'된 것이다. 『뻬마까탕』에는 숨어사는 마을로 티베트 동남쪽 변경의 뻬마링, 남서쪽 변경의 데모종, 북서쪽 변경의 켄빠종, 동북쪽 변경의 룽숨종이라고 하는, 한 개의 링('지역'의 의미), 세 개의 종('나라'의 의미)이 열거되어 있으며, 이들 숨어사는 마을에서 수행을 하면 수행능력이 떨어지는 자에게도 그 결여된 능력을 보충해주는 효과가 생긴다고 알려져 있다. 그 중에서 남서쪽 변경의 데모종은 현재 시킴 계곡을 가리키며, 동남쪽 변경인 뻬마링이라는 것은 베일리나 킹던 워드(1885~1958)가 여행을 하고 서양에 보고했던 꽁뽀 지역의 뻬마꾀(현재 黑脫)라고 알려져 있다. 14세기에 숨어사는 마을에 대해 기록한 예언서가 시의적절하게 발굴되어 그렇게 사람들의 입에 오르내리게 된 배경에는 몽골군의 침입을 받아 혼란해진 티베트 사회의 불안이라는 요소가 있었다는 것은 틀림없다.

몽골군이 물러간 후 티베트 고원에는 길게 평온한 시대가 계속되었다. 18세기에 오이라트 몽골인이나 만주인이 티베트에 침공해 오긴 했지만 그들은 모두 티베트 불교도였기 때문에 티베트 역사에 있어서 정신적인 상처를 줄 정도는 아니었다. 그러나 18세기 후반에 들어서 북쪽의 중앙아시아에는 러시아가 진출을 했고 남쪽 네팔에는 힌두교를 믿는 구르카 왕조가 성립되었으며, 또한 인도를 지배한 영국이 버마나 네팔에 영향을 미치기 시작하자, 이교도의 위협은 다시 현실이 되었다. 이 시기에 다시 성지전설이 티베트인의 입에 오르내리기 시작한 것이다.

18세기 말 빤첸라마 4세는 『샴발라에의 길』이라고 하는 유명한 책을 집필하여 샴발라로 가는 도정(道程)을 기록했다.(1915년에 알베르트 그륀베델에 의해 독일어로 번역되었다.) 그런데 빤첸라마가 입적한 직후부터 마치 둑이 터진 것처럼 이교도들의 티베트 침입이 시작되었다. 18세기 말부터 19세기 초까지 구르카 군대가 두 차례에 걸쳐 서부 티베트를 침략했으며, 또한 19세기에 접어들어 시크 교도들이 티베트 서쪽 변경을 침입했다. 게다가 19세기 말에는 중국의 개토귀류(改土歸流)정책*이 티베트 동쪽변경을 침식했으며, 20세기에 들어서자마자

---

* 중국 근세에 토착민이 맡던 토사·토관의 직을 폐지하고 중앙정부에서 관리를 파견하여 직접통치로 전환해간 정책.

39장 숨은 성지 샹그리라의 전설

이교도의 군대가 마침내 중앙 티베트에까지 들어오게 되었다. 1904년, 영국의 영허즈번드의 군대가 라싸에 진주하여 달라이라마 13세는 몽골로 탈출하여 그 후 10년 가까운 세월을 망명지에서 보내게 되었다.

이런 불안한 정세하에서 '숨어사는 마을'의 전설이 다시 유행할 조짐을 보이기 시작했다. 20세기 초엽에 중앙아시아나 티베트를 탐험했던 루리히·베일리·킹던 워드 등의 탐험가들은 티베트인이나 몽골인으로부터 샴발라나 뻬마꾀 등 숨은 성지에 대한 전설을 다수 채록했다. 예를 들어, 루리히가 1928년에 출판한『샴발라』에서는 몽골인이 샴발라의 입구라고 알려진 동굴을 가르쳐주는 내용을 기록하고 있다. 그러나 샴발라 전설이 루리히의 조국 러시아가 몽골 사회에 불안을 가져다주고 있기 때문에 유행하고 있다는 사실을 생각한다면, 아이러니라고 밖에 말할 수가 없다.

그리고 숨어사는 마을 전설의 최신 유행은 말할 것도 없이 20세기 중엽부터 시작되었다. 티베트 고원의 불교는 사회주의 중국의 티베트 침공에 의해 최후의 시각을 맞이했으며, 티베트 전역은 바로 '가르침을 뿌리내릴 곳이 없어진' 상황이 되었다. 1959년 달라이라마 14세의 국외망명을 따라 8만 명의 티베트 난민이 전 세계에 흩어졌으며, 그들은 숨어사는 마을 전설을 해외에서 계속해서 이야기했던 것이다. 현재도 망명 중인 달라이라마 14세는 지금까지 세계 각지에서 깔라짜끄라 관정(灌頂, 입문의식)을 주재해 왔다. 어떤 경우에는 히말라야 라닥의 산 한가운데서, 어떤 경우에는 뉴욕의 센트럴파크에서 달라이라마 14세는 세계 속에서 이 의식을 반복해 왔다. 달라이라마가 현재 이 깔라짜끄라 관정을 주재하는 동기는 설명할 필요도 없을 것이다. 달라이라마는 티베트 불교가 쇠락의 정점에 있는 현재, 한 사람이라도 더 많은 사람을 샴발라에 환생시켜, 먼 미래의 불교 무흥시기를 대비하려 하고 있는 것이다.

덧붙여서 말하면 티베트에서 생겨난 '숨은 성지'의 전설은 영국 소설가 제임스 힐턴에 의해 전 세계의 이상향 샹그리라로 재탄생했다. 힐턴은 소설『잃어버린 지평선』(Lost Horizon, 1931)*에서 티베트의 깊은 계곡 밑바닥에 샹그리라라는 이름의 이상향이 있으며 그곳에 사는 사람들은 정신적으로 정화되어 소유욕이나 권력욕도 없으며 모두 문화를 사랑하는 행복한 생활을 하고 있다고 기록했다. 샴발라를 연상시키는 샹그리라라는 명칭하며, 그 성지의 묘사방법이며, 힐턴이 중앙유라시아의 탐험가들이 조국에 가지고 돌아간 티베트 성지전설을 환골탈태시켜 샹그리라를 구상했다는 것은 명백하다. 힐턴이 만들어낸 이상향 샹스릴라는 머지않아 '비밀의 이상향'이라는 뜻의 일반명사가 되었는데, 예전에는 미국대통령의 피서지 캠프 데이비드나 제2차 세계대전 중 미군의 비밀기지를 가리키는 암호 등으로 사용되기도 했고, 현재는 팝송제목에서부터 호텔체인의 명칭에 이르기까지 엔터테인먼트 분야에서 폭넓게 쓰이고 있다. 사라져가는 불교도들을 위로하는 성지의 이름이 레저용어로 탈바꿈하여 세계인에게 위안을 주고 있는 현상에 대해 기뻐해야 할까 슬퍼해야 할까. ▲이시하마 유미코

---

* 이가형 옮김,『잃어버린 지평선』, 해문출판사, 2001.

40장
죽음에 이른 자에 대한 안내서 『티베트 사자의 서』

티베트의 닝마파 경전 『바르도 퇴 되』는 1927년에 에번스 웬츠(1878~1965)에 의해 『티베트 사자의 서』(*Tibetan Books on the Dead*)라는 제목으로 영역된 이래 수차례 세계적인 붐을 일으켰으며, 정신세계나 심리학에 관련된 많은 유명인사들을 고무시켜 왔다. 일본에서도 1993년에 NHK스페셜에서 특집이 편성되고 이와 연동해 출판된 『티베트 사자의 서―경전에 감추어진 죽음과 전생(轉生)』이 베스트셀러가 되었던 일이 기억에 새롭다.

『바르도 퇴 되』는 티베트 불교의 일파인 닝마파에 속하는, 까르마링빠가 14세기에 '발굴'한 책이라고 한다. 그 내용은 '바르도(中有라고도 함, ☞ 용어해설 20·24장 참조)에 있을 때 들어서(퇴) 해탈한다(되)'라는 제목이 보여주듯이, 사람이 죽는 순간부터 다시 새로운 육체에 들어가기까지의 바르도라고 불리는 기간에 죽은 자의 의식을 깨달음으로 인도하기 위한 가르침이다. 『바르도 퇴 되』에 의하면 죽은 자는 세 단계의 의식상태―죽음의 바르도, 존재 본래 모습의 바르도, 재생의 바르도―를 거쳐 다시 이 세상에 태어나게 된다.

우선 죽은 직후 사람은 '죽음의 바르도' 속에 '근본적인 빛' 혹은 '존

4부 티베트와 오리엔탈리즘

【오불·오지 등 다섯 가지로부터 생겨나는 것들의 대응】

오불 (五佛)	비로자나불 (毘盧遮那佛)	금강살타·아축불 (金剛薩埵·阿閦佛)	보생불 (寶生佛)	무량광·아미타불 (無量光·阿彌陀佛)	불공성취불 (不空成就佛)
오부(五部)	여래(如來)부	금강(金剛)부	보(寶)부	연화(蓮花)부	갈마(羯磨)부
치료해야 할 번뇌(五毒)	탐(貪)	진(瞋)	자만	치(痴)	질투
오지 (五智)	법계체성지 (法界體性智)	대원경지 (大圓鏡智)	평등성지 (平等性智)	묘관찰지 (妙觀察智)	성소작지 (成所作智)

재 그 자체의 빛'이라고 하는 절대적인 빛을 체험한다. 이때 승려들이 읽는 『바르도 퇴 되』의 인도에 따르면 죽은 자의 의식은 그대로 깨달음을 얻을 수 있게 된다. 그러나 생전에 거의 수행을 한 적이 없는 사람은 이런 근본적인 빛 상태에 남을 수 없으며, 다시 의식이 활동을 시작하여 자신의 사체나 장례에 모인 가족들의 모습 등이 보이게 된다. 이렇게 되면 그 다음으로 '존재 본래 모습의 바르도' 단계에 들어가는데, 여기에서 죽은 자는 온갖 환영이나 환청에 시달리게 된다. 처음 일주일은 자기의식의 여러 측면이 다섯 적정존(寂靜尊)의 모습으로 나타나며, 그 다음 주에는 이와 같은 의식의 여러 측면이 다섯 분노존(忿怒尊)의 모습으로 나타난다. 그리고 이 두 주일의 마지막 날에는 지옥왕인 염라가 나타난다. 『바르도 퇴 되』는 이런 적정존·분노존·염라대왕 등이 출현할 때 "이들은 모두 자신의 의식이 표출되는 것으로 실체가 없기 때문에 두려워할 필요가 없다"는 것을 반복해서 알려주어 깨달음의 길에 들어가도록 유도한다. 그러나 여기서도 깨달음의 길에 들어가지 못한 사람의 의식은 '재생의 바르도'라는 단계로 나아간다. 여기서 죽은 자의 의식은 여섯 가지의 생존영역—하늘·아수라·사람·짐승·아귀·지옥—중 한 곳의 모태로 들어가 다시 태어나게 된다.

주의해야 할 점은 이처럼 사후의 의식을 다루는 책이 티베트에는 『바르도 퇴 되』 외에도 다수 존재한다는 것이다. 그럼에도 불구하고 『바르도 퇴 되』가 세계적인 지명도를 얻은 것은 영어로 번역된 것과 더불어 많은 저명인사들에게 영향을 미쳤기 때문이다. 미시건 대학의 도널드 로페스(Donald Lopez)는 자신의 책인 『샹그리라의 죄수들』(Prisoners of Shangri-La)에서 『바르도 퇴 되』의 번역역사와 그것에 영향을 받은 사람들에 대해서 썼다. 그 내용은 서양에서의 하위문화운동과 티베트 문화의 수용형태 변화의 역사를 보여주는 것이기도 하므로 이하에서 살펴보겠다.

『바르도 퇴 되』의 세 영역자들 중에서 가장 주목해야 할 인물은 첫 번째 영역자인 에번스 웬츠일 것이다. 웬츠는 10대 때부터 아버지의 서재에서 신지학(神智學)의 창시자 블라바츠키 부인의 저작을 즐겨 읽었으며, 1901년에는 캘리포니아로 이주하여 신지학협회 미국지부에 참가했다. 블라바츠키의 대표작인 『비밀교리』(Secret Doctrine)가 티베트 고승 마하토마와의 교신으로부터 성립되었다고 하는 것에서도 알 수 있듯이, 신지학에서는 고대의 예지(叡智)가 계승되어 있는 영역으로서 티베트나 불교를 높이 평가한다. 따라서 신지학의 영향을 받은 웬츠에게 있어서 『바르도 퇴 되』는 티베트의 고전이기보다는 고대의 예지를 재발견하기 위한 장이었다.

다음으로 『바르도 퇴 되』에 영향을 받은 저명인사로는 카를 융을 들수 있다. 융은 이 책을 1927년 초판이 나왔을 때부터 애독했으며, 1935년에 쓴 Psychological Commentary 중에서 '존재 본래 모습의 바르도'는 융 학파에서 설명하는 집단무의식의 존재를 증명하는 것이라는 점, 서구인은 『바르도 퇴 되』를 불교도와는 반대로 뒤에서부터 읽어 마지막으로 '죽음의 바르도'에서 무의식을 발견해야만 한다는 점 등을 서술했다.

또한 히피의 교조로서 베트남전 반대운동의 상징이 된 티모시 리어리와 리저스 앨버트(앨퍼트)도 『바르노 퇴 되』에서 큰 영향을 받은 인물들이다. 이들은 '존재 그 자체의 바르도'에 등장하는 적정존이나 분노존 등의 영상이 LSD 복용에 의한 8시간의 싸이키델릭 체험과 유사하다는 점에 착안하여 이 책을 LSD 체험의 지침서로 다루었다. 그들은 '죽음의 바르도'는 LSD를 사용한 경우의 '에고 상실기간'(Period of Ego Loss)에 해당하며, 이 기간 동안 피체험자는 실체를 직접 목도하는 것이 가능해져 자아해방을 체험할 수 있다고 정의했다. 또한 두 번째의 '존재 그 자체의 바르도'는 싸이키델릭 체험의 '환각상태의 기간'(Period of Hallucinations)에 해당하며, 이 기간은 『바르도 퇴 되』에서 이야기되듯이 의식에 나타나는 영상에 얽매이는 것도, 그것을 거부하는 것도 아닌 확대된 의식을 통제해가면서 고요히 정좌해야 하는 것으로 여긴다. 그리고 '재생의 바르도'는 LSD 효력이 떨어져 사회적 의식이 돌아오는 '재돌입의 기간'(Period of Reentry)에 해당한다고 한다. 요컨대 리어리와 앨퍼트는 죽음에 대한 고전을 마약사용법의 매뉴얼로 고쳐 쓴 것이다. 훗날 두 사람은 LSD와 같은 약물의 힘을 빌려 얻을 수 있는 빛의 경지가 아니라, 명상에 의해 얻을 수 있는 진짜 광명의 체험을 찾아 인도로 건너갔다.

『바르도 퇴 되』의 두 번째 영역본은 1975년에 최겜 뚱빠와 프란체스카 프리맨틀에 의해 샴발라 출판사에서 출간되었다. 최겜 뚱빠는 까귀파 승려로 1970년대 초에 이미 많은 서양인 제자를 거느리고 있었다. 이 책은 서양인 제자들이 이해하기 쉽도록 트랜스퍼스널 심리학의 용어체계를 이용하여 번역된 점이 특징이다.

한편 1992년, 티베트 승려들의 죽음의 모습을 기록한 닝마파 승려 소갈 린뽀체의 『티베트 생과 사의 서』가 출간되어 30만 부 이상이 팔렸다. 이 책에는 밀라레빠나 빠드마삼바바, 달라이라마 등 티베트 고승들의 이야기와 함께 퀴블러 로스의 『죽는 순간』, 이언 스티븐슨의 『전생을 기억하는 아이들』, 레이먼드 무디의 『잠깐 보고 온 사후의 세계』 등 죽음이나 전생을 다룬 책들을 다수 인용하고 있다. 이런 점에서도 알 수 있듯이, 소갈 린뽀체는 티베트인이면서도 티베트의 죽음의 문화를 서양인에게 이해하기 쉽게 해석해서 제시하려 했던 것이다. 이상과 같이 『티베트 사자의 서』와 인연이 있는 영문 번역자들이나 그 책에 영향을 받은 사람들의 대부분은 『바르도 퇴 되』를 서양문화로 끌어들이거나, 아니면 자신들이 의지하고 있던 사상체계 내에 자리매김 시켜 해석해왔던 것이다.

그러나 1994년에 로버트 서먼 교수가 『바르도 퇴 되』의 세 번째 영역본을 출간함으로써 이 새로운 해석들의 역사에 종지부를 찍게 되었다. 서먼 교수는 미국에서도 손꼽히는 달라이라마의 대변인이며 티베트 불교 최초의 미국인 출가자인데, 이런 이력에 걸맞게 그는 『바르도 퇴 되』를 최초로 본래의 티베트 불교 문맥으로, 요컨대 윤회나 전생을 어떤 비유도 사용하지 않고 티베트인이 믿는 그대로의 문맥으로 영역했다. 티베트 문화의 가치체계에 따라 미국인이 영역한 이 책은 미국 사회의 티베트 문화수용이 오리엔탈리즘 수준에서 한 단계 성숙해졌음을 보여주었다.

산업혁명 이후의 세계에서 사람들은 오로지 물질적인 발전을 추구하고 이승의 세계에만 주목하며 살아왔다. 그 결과 죽음이 눈앞에 다가오면 그것의 불가해함으로 인해 무서워하고 괴로워한다. 죽음의 의식에 관해 이야기하는 『바르도 퇴 되』가 지금까지 몇 차례나 붐을 이루었던 까닭은, 삶의 반쪽인 죽음이라는 것을 다시 되찾지 않으면 안된다고 생각하는 우리의 생리적 욕구 때문이었으리라 생각된다.

▲이시하마 유미코

41장
할리우드의 티베트 마니아들

티베트 불교에 귀의하는 일이나 티베트 난민을 지원하는 일은 서구 지식인들 사이에서는 이제 일종의 사회현상이 되었다. 정치가, 영화감독, 영화배우, 록 가수, 마침내는 영국의 찰스 황태자에 이르기까지 다양한 분야의 사람들이 티베트 문제에 몰두하여 그 지지를 표명하고 있다. 여기서는 그 중에서 대중문화에 영향력을 행사하는 할리우드 영화인들에 대해서 다루어보고자 한다.

할리우드에서 가장 유명한 티베트 지지자라고 하면 당대 최고의 섹스심볼로 유명한 리처드 기어일 것이다(42장 참조). 스크린에 비친 경박한 이미지와는 정반대로 현실의 리처드 기어는 영화 촬영시 짬을 내어 부처의 가르침에 머리를 조아리고, 50세가 넘어서 얻은 사랑하는 아들의 미들네임에 '직메'('두려움 없는 자'의 뜻)라는 티베트식 이름을 붙였을 정도로 티베트 마니아이다. 리처드 기어는 자신의 지명도를 이용하여 티베트 문제에 대한 세간의 관심을 끌어내려 하기 때문에, 그가 출연한 영화의 홍보마당은 티베트 불교에 대한 깊은 동경을 이야기하는 자리가 된다. 그래서 들은 바에 의하면, 리처드 기어를 인터뷰하는 연예담당 기자들 사이에서는 티베트란 말을 입 밖에 내는 것은 금기시되어 있다고 한다.

한편, 액션배우로 유명한 스티븐 시걸이 티베트 문화에 빠져든 계기도 특이하다. 그는 1997년에 닝마파 뻬노르린뽀체로부터 매장교설 발굴자인 충닥도르제의 전생자로 인정받았으며 본인도 이를 받아들이고 지금은 승복을 입고 충닥도르제의 사원을 네팔에 재건하고 있다. 또한 「스타워즈」의 해리슨 포드도 적극적인 티베트 지지자로, 달라이라마의 자전적 영화인 「쿤둔」의 각본은 그의 아내였던 멜리사 매시슨이 썼으며 해리슨 포드도 이 영화의 제작에 협력했다. 또한 「킬빌」의 여주인공 우마 서먼의 집안인 서먼 일가는 미국 달라이라마법왕청(Tibet House)의 실질적인 운영자들이다. 우마라는 이름은 티베트 불교 연구자인 아버지 로버트 서먼 교수가 티베트어인 우마('중관철학'의 뜻)와 관련하여 지어준 것으로, 우마의 세 형제들도 모두 미들네임에 티베트식 이름이 들어가 있다(40장 참조).

이 정도의 배우들이 티베트 지지자로 이름이 열거된다는 것은, 그런 배우들의 성향이 당연히 할리우드에서 제작되는 작품의 내용에도 영향을 끼친다는 것을 의미한다. 할리우드의 티베트 불교 침투도를 가장 확실하게 보여주는 것은 1997년에 개봉한 장자크 아노 감독의 「티베트에서의 7년」과 마틴 스콜세지 감독의 「쿤둔」일 것이다. 아래에서는 두 영화를 개략적으로 살펴보자.

「티베트에서의 7년」은 하인리히 하러라고 하는 실재인물의 동명 논픽션을 영화화한 것으로, 하인리히 하러 역은 할리우드의 미남배우 브래드 피트가 맡았다. 영화 도입부에서 하인리히 하러는 히말라야로 가기 위해 임신 중인 아내를 버리고 나치의 광고모델 역할까지 하는 등 염치없는 야심가 남성으로 묘사된다. 그 후 하인리히 하러는 국위선양을 목표로 했던 등정에 실패하고 우여곡절을 겪은 후 티베트에 흘러들어가게 되어 그곳에서 7년의 세월을 보낸다. 그는 티베트에서 소년 달라이라마와 교류하면서 자신의 천박함과 정신적 왜소함을 깨닫고 성장을 하게 되었으며, 중국이 티베트를 침공하자 쫓기듯이 티베트를 떠난다. 고향인 오스트리아에 돌아오니 아내는 재혼해 있었으며 7살이 된 아들은 당연한 일이겠지만 그를 받아들이지 않는다. 그러나 이어지는 라스트신에서는 하인리히 하러가 아들과 함께 등산을 하는 장면이 등장하여 부자가 서로를 받아들였다는 것을 암시한다. 그리고는 아름다운 요요마의 첼로가 흐르기 시작하고 티베트 국기가 펄럭이는 설산 위를, "중국의 티베트 점령에 의해 수많은 티베트인이 살해되었으며 사원들이 파괴되었다"는 내용의 자막이 흘러간다. 중국은 이 영화의 메시지에 강력 반발하여 그해 도쿄국제영화제를 보이콧하며 불쾌감을 드러냈다. 이 영화의 테마가 된 영혼의 성장이야기는 단순한 비경 탐방으로 일관했던 원작에는 없는 부분이었기 때문에, 이 영화는 다큐멘터리라기보다는 티베트 불교에 의해 치유받고 있는 현대 미국 청년들의 자세가 하인리히 하러에 투영되어 묘사된 것이라고 하는 편이 정확한 것 같다.

「티베트에서의 7년」이 서양인의 관점에서 묘사된 것과는 대조적으로, 또 한편의 영화인 「쿤둔」은 그 티베트어 그대로의 제목('꾼된'은 달라이라마의 존칭)이 여실히 보여주듯 티베트인의 관점에서 티베트 현대사를 그린 것이다. 영화 전반부에서는 평화적인 시대의 티베트를, 후반부에서는 종교를 부정하는 사회주의 중국의 군사력에 의해 비폭력주의 종교국가 티베트가 병합되어 소멸되어가는 과정을, 어린 시절 고뇌하는 달라이라마 14세의 모습을 통해 묘사하고 있다. 영화의 마지막 부분에 이르면 달라이라마가 라싸를 탈출하여 인도로 망명하기까지의 극적인 장면에 "친구를 사랑하는 마음, 적을 증오하는 마음, 그 어느 것도 번뇌이며, 그 번뇌로부터 자신을 해방하는 것이 진정한 해방이다"라고 하는 달라이라마의 음성이 오버랩된다. 이 장면은 달라이라마가 설파하는 심오한 '자신으로부터의 해방'과 비교하여, 중국이 군사력에 의해 강제로 실행한 '해방'이라는 것이 얼마나 얄팍한 것인가를 나타내려는 의도였다고 할 수 있다.

이상 두 편의 영화는 관점의 차이는 있지만 티베트의 고요한 정신문화가 소란스러운 중국의 침략에 의해 상실되어가는 비극을 다루고 있어, 티베트 문제를 세계에 널리 알리는 데 큰 역할을 했다.

그 밖에도 1993년, 아카데미 감독상을 받은바 있는 베르나르

「쿤둔」의 DVD 표지.

도 베르톨루치에 의해 제작된 「리틀 붓다」는 티베트인 고승이 미국인으로 전생하는 문제를 다루고 있다. 어느 날 갑자기 미국인 부부에게 티베트 승려가 찾아와, 자신들의 어린 아들이 티베트 고승의 환생임을 알려준다. 부부는 이를 계기로 불교의 정신세계를 처음 접하게 되고, 물질적인 풍족만을 추구하는 미국적 가치관에 의문을 느끼기 시작한다. 티베트 문화에 의해 눈을 뜨게 되는 서양인이라고 하는 스토리 전개는 「티베트에서의 7년」과 같은 구도이다. 단 「리틀 붓다」는 베르톨루치 감독의 오리엔탈 3부작, 중국의 마지막 황제 푸이(溥儀)의 생애를 다룬 「마지막 황제」, 이슬람 오리엔탈리즘을 다룬 「마지막 사랑」(The Sheltering Sky)과 더불어 한 부를 구성한다. 또한 1999년에는 중국계 미국인 조안 천 감독에 의해 문화대혁명에 농락당하는 중국 소녀와 티베트 남자의 비극을 그려낸 「슈슈」(Xiu Xiu)도 제작되었다.

이 밖에 티베트를 직접 테마로 다루지 않은 작품들 중에도 화면을

주의해서 살펴보면 제작자가 티베트 지지자라는 것을 드러내는 작품이 적지 않다. 예를 들면, 1996년에 개봉된 블록버스터「인디펜던스 데이」중에서 미국대통령의 책상 위에 달라이라마 14세와 대통령이 함께 찍은 사진이 장식되어 있다. 또한 K2에서의 구조활동을 주제로 한「버티칼 리미트」의 클라이맥스에서 노등산가가 악역 대부호를 자신의 몸을 내던져 크레바스 밑으로 떨어뜨릴 때, 관세음보살의 진언인 '옴 마니 팟메 훔'(1장 참조)을 읊어대는 것은 분명히 제작자가 자신을 희생하여 사람들에게 헌신한다는 티베트의 보살사상에 감화되어 있음을 보여준다. 또한 가벼운 경우이지만, 샌드라 불럭 주연의「미스 에이전트」(Miss Congenialty) 중에서 미녀선발대회에 잠입조사를 하게 되어, 어쩔 수 없이 무대에 오르게 된 샌드라 불럭이 두근거리는 가슴을 달래기 위해 '달라이라마, 달라이라마'를 읊조리는 것도, 미국의 일상생활에까지 달라이라마의 이름이 침투해 있음을 이야기하고 있어서 대단히 흥미로웠다.

이렇게 할리우드의 배우들과 제작자들이 영화라는 미디어를 통해 티베트 불교나 티베트 문제를 직간접적으로 널리 세계를 향해 계속해서 발신해온 결과, 지금과 같이 많은 사람들이 티베트 불교나 티베트 문제에 대한 지식을 갖기에 이르렀던 것이다. ▲이시하마 유미코

42장
티베트를 지지하는 록 음악

1959년 이후 인도로 망명한 티베트인은 본토에서 파괴된 승원들을 티베트인 거주지에 차례차례로 재건해 나갔다. 이런 승원에서는 어린아이부터 노인까지 여러 연령층의 승려들이 옛날 그대로의 시스템으로 생활을 계속하고 있으며 윤리학이나 형이상학 공부를 하고 있다. 그러나 승원을 운영하기 위한 경비는 막대하다. 예를 들어, 재건된 데뿡 사원에는 4천 명 이상이, 재건된 세라 사원에는 그보다 더 많은 승려가 머물고 있다. 식비, 승원에서 사용하는 경전 인쇄비, 승려숙소 건설비 등 어느 것 한 가지만 생각해보아도, 도저히 가난한 난민사회가 감당할 수 있는 규모가 아니다. 그렇다면 이 자금은 어디에서 조달되는 것일까. 사실 승원의 운영기금은 타이완이나 서구 여러 나라에서 보내오는 보시에 많은 도움을 받고 있다.

　서양사람들이 티베트 문화나 난민사회 지원을 하게 되는 길로 들어서는 과정은, 단순하게 묘사하면 다음과 같다.

　1960년대, 인도에 망명한 티베트의 라마들은 전 세계로 흩어져 티베트 불교의 가르침을 퍼뜨리기 시작했다. 티베트 불교의 논리성과 신비성은 유럽 젊은이들의 마음을 사로잡았으며 라마의 주위에는 금세 세계적 규모의 커뮤니티가 형성되어 갔다. 곧 젊은이들은 자신들의 라

깔라짜끄라 관정에 참가한 서양인들.

마을 통해 티베트 불교를 탄생시킨 사회가 중국의 침략에 의해 빈사상태에 있는 것을 알게 된다. 그들은 우선 NPO(비영리단체)나 NGO(비정부기구) 조직을 세우고 자금을 모아 라마의 출신승원에 대한 재건·유지를 진행해나 갔다. 그리고 이런 일들이 일단락되자 난민사회에 대한 지원, 또한 티베트 본토에서 티베트인의 지위향상(자유티베트운동)에까지 활동을 넓혀갔다. 즉 티베트 불교문화에 대한 존경심에서 시작하여 티베트 지원으로까지 이어지고 있는 것이다. 물론 인권문제에서부터 티베트 문제에 관심을 두기 시작한 젊은이들도 있지만 그 경우에도 많든 적든 티베트 불교에 대한 연민이 동기의 한 부분을 구성하고 있다.

아래에서는 세계적인 규모로 활약하는 고승과 그 지원단체에 대해서 종파별로 살펴보겠다.

우선 티베트를 대표하는 라마라고 한다면 달라이라마 14세일 것이다. 달라이라마는 세계 주요 도시들에 달라이라마 법왕대표사무소(Liaison Office)를 건립했으며, 사무소가 설치된 나라에서 티베트 문제에 대한 올바른 이해를 이끌어내며 국제교류를 도모할 수 있도록 계속해서 노력해왔다. 각 대표사무소에는 문화부에 해당하는 티베트 하우스(Tibet House)가 설치되어 있으며, 이곳에서는 티베트 정세나 달라이라마의 동향에 대한 소식을 발표하는 일 외에 티베트 문화보급 계몽활동을 펼친다.

세라 사원 출신의 라마 툽뗀예셰도 서구 각지에 많은 제자들이 있다. 그를 중심으로 한 커뮤니티는 1970년대에는 세계적 규모의 조직을 이루었으며, 이들 커뮤니티는 1974년에 캘리포니아를 근거지로 한 대승불교전통유지재단(FPMT)의 이름하에 통합되었다. 이 재단은 라마가 입적한 후에도 여러 방법으로 티베트 난민사회에 대한 지원을 계속 해왔는데, 현 시점에서 주요한 프로젝트를 이야기한다면 툽뗀예세의 출신 사원인 세라 사원 내 여러 학당의 운영기금, 툽뗀예세의 전생자로 여겨지는 어린 승려에 대한 교육자금, 서양인 제자들을 거느리지 못한 겔룩파 고승들에 대한 원조기금, 미륵상 건립자금에 이르기까지 종교생활에 관계되는 온갖 명목의 기금을 모금하고 있다.

또한 리처드 기어가 사적으로 운영하는 기어 파운데이션의 활동도 언급할 만하다(47장 참조). 기어 파운데이션은 리처드 기어의 직계 라마인 겔룩파의 콩라 라토 린뽀체를 상징적으로 추대하고 있으며, 라마의 출신 승원인 라토 사원의 운영기금에서부터 티베트를 지원하고 있는 다른 비영리단체에 대해서도 자금을 제공하고 있다. 1999년과 2003년에 달라이라마가 뉴욕을 방문했을 때의 스폰서도 기어 파운데이션이 맡았다.

까르마 까귀파에서는 최갬 뚱빠가 1970년에 캐나다의 노바스코시아에 바즈라다뚜(金剛界)를 설립하여 자신의 커뮤니티를 총괄했다. 또한 1974년에는 겔와 까르마빠(8장·48장 참조)가 뉴욕을 방문하여 흑모(黑帽)의 의식을 주재한 것이 계기가 되어 겔와 까르마빠의 북아메리카 법좌로서 까르마 트리야나 달마착라(KTD)가 설립되었다. KTD는 겔와 까르마빠의 명을 받아 뉴욕의 센터에서 까르마파의 가르침을 전파하는 까르타르 린뽀체의 지원자 역할을 하고 있다.

닝마파에서는 따르탕 뚤꾸가 캘리포니아에 닝마명상센터를 설립했으며, 1971년에는 달마출판사를 만들어 닝마파의 서적을 다수 출판하고 있다. 그리고 소갈 린뽀체의 제자그룹은 캘리포니아에 기점을 둔 릭빠 펠로십, 남카이 노르부의 제자그룹은 이탈리아의 그로세토에 근거지를 둔 커뮤니타 족첸 등이 총괄하고 있다.

사꺄파는 좌주(座主)의 여동생인 제쮠 치메 루딩이 1997년에 독일에 사꺄 파운데이션을 만들어 유럽의 사꺄파 센터들을 총괄하고 있다. 한편, 사꺄파의 또 하나의 일인자인 퓐촉 궁의 좌주 닥첸 린뽀체는 1974년, 미국 시애틀에 사꺄파의 대승센터(Sakya Tegchen Choling)를 만들고 이곳을 근거지로 하여 지원을 끌어내고 있다. 이 시애틀의 센터는 영화 「리틀 붓다」의 촬영에 이용되기도 했다(41장 참조).

티베트 문헌의 보존·보급 활동도 미국을 중심으로 활발히 이루어지고 있다. 마이클 로치는 티베트 승원에 컴퓨터를 기증하고 승려들에게 불교경전을 입력하게 하여 그 데이터를 전 세계에 무료로 보급하는 아시아 고전 인풋 프로젝트(ACIP)를 진행하고 있다. 또한 1999년에 진 스미스가 설립한 티베트 불교자료센터(TBRC)는 티베트어 서적을 총망라하여 수집했으며 그 정보를 스캔하여 전 세계에 실비로 보급하는 사업을 하고 있다.

또한 티베트 지원에 있어서 빠뜨릴 수 없는 것은 음악가들의 활동일 것이다. 비스티 보이스(Beastie Boys)의 애덤 요크(Adam Yauch)의 호소로 시작된 티베탄 프리덤 콘서트는 매년 막대한 수입을 올려 이를 난민사회에 환원하고 있다. 이 콘서트는 티베트 불교에 흥미를 갖지 않은 사람들도 자유티베트운동에 동참하게 만드는 역할을 했다.

티베탄 프리덤 콘서트에 참가한 아티스트들이나 티베트 지지를 표명한 영화배우들은 예외 없이 중국정부로부터 입국금지조치를 받았다. 이는 그들의 배우활동이나 음악활동에 결코 도움이 되지는 않을 것이다. 그럼에도 불구하고 그들이 티베트를 지원하는 것은 예술가로서의 반항정신 때문이기도 하겠지만, 그보다는 그들이 중국 투어로 벌어들일 수도 있는 수익보다도 소중한 것을 티베트 불교나 달라이라마의 가르침으로부터 얻고 있기 때문일 것이다. 서구인이 티베트 지원을

42장 티베트를 지지하는 록 음악

하게 된 동기에 대해서는 다음의 리처드 기어의 말이 참고가 될 것이다. 1997년에 사진집 『순례자』(Pilgrim)를 출판했을 때의 인터뷰에서 말한 것이다.

하마다 쇼고(浜田省吾)의 지원으로 다람살라에 세워진 'SHOGO HOUSE.'

우리가 티베트를 구하려 하고 있을 때, 실은 자기 자신을 구하고 있는 것입니다. 티베트 문화를 돕기 위해 서양에서 하고 있는 행동들 모두가 궁극적으로는 우리 자신의 깨달음이라고 할 수 있습니다. 우리가 티베트를 구할 때, 동시에 모든 사람이 형제자매로서 다정히 지낼 수 있는 가능성도 구하고 있는 것입니다. 중국인과 티베트인까지도 형제자매인 것입니다.

일본에는 신주쿠(新宿)에 달라이라마 법왕 일본대표사무소가 있는 것을 비롯하여, 대승불교전통유지재단(FPMT), 자유티베트학생운동(SFT), 노브링카 인스티튜트 등의 일본 지부가 있다. 또한 일본에서 시작된 티베트 지원단체로는 재일 티베트인 중에서는 고참에 속하는 뻬마 겔뽀씨가 운영하는 티베트교육복지기금, 티베트 본토에 지원을 보내는 일본 캄 기금이나 민될링 프로젝트, 인도의 난민사회를 지원하는 스노 라이온 우애교회(友愛敎會)나 룽따 프로젝트 등이 있다.

▲이시하마 유미코

43장
'신비의 땅'을 찾는 이들을 위해

갈 거라면 빨리 가는 것이 좋다

21세기에 들어섰어도 왠지 '신비의 땅'이라는 대우를 받는 티베트지만, 중국의 몇 개의 도시들과 라싸 사이에는 직항편이 매일 수차례 오고간다. 도쿄에서 쓰촨 성 청두로 비행기를 타고 가면 이튿날 아침에는 라싸에 들어갈 수 있다. 신비의 땅이라고 불리기에는 너무 가깝다. 일주일 정도의 패키지여행도 빈번히 이루어지고 있다. 라싸라는 도시는 이미 중국의 일반적인 지방도시처럼 변해 텔레비전 등으로 유포되어 있는 이미지와는 상당히 다른 인상을 준다.

뽀딸라 궁이나 조캉 사원이 지금도 여전히 성도(聖都) 라싸에서 빛을 발하고 있는 것은 사실이지만, '서부 대개발'로 시가지가 무서운 기세로 변하고 있어서 그 빛이 퇴색해갈 것은 불을 보듯 뻔한 일이다.

가능하면 빨리 가볼 것을 권한다.

처음 티베트에 가는 경우, 우선 라싸에 간다면 성스러운 것에서부터 세속적인 것까지 티베트의 여러 모습을 만날 수 있을 것이다.

그 이외의 목적지를 결정하기 위해서는 가이드북이 유용하다. 초행길인 분들께는 파란색의 『세계를 간다—티베트』(다이아몬드빅사), 그렇지 않은 분들께는 『여행자 노트—티베트』(제3판)가 추천할 만하다.

43장 '신비의땅'을 찾는 이들을 위해

민속공예품을 파는 라싸의 가판대.

라싸를 중심도시로 하는 '티베트자치구'는 티베트 고원의 3분의 1 크기에 불과하다. 동쪽에 있는 칭하이 성, 간쑤 성, 쓰촨 성, 윈난 성에도 티베트인이 많이 살고 있으며 나름대로의 스타일로 티베트 문화를 계승하고 있다. '자치구'와 비교하여 버스 등 대중교통이 발달해 있어 오지에도 비교적 자유롭게 갈 수 있다.

자유롭게 갈 수 있다고 해도 티베트 고원은 너무 넓다. 가볼 만한 곳은 여기저기 떨어져 있어 하루에 몇 군데씩이나 구경하고 돌아올 수 있는 데가 아니다. 너무 서두르면 고원지대 적응을 위해서도 좋지 않으므로 욕심 내지 말고 여유로운 스케줄로 움직이는 것이 좋다.

또한 외국인이 장기간 체류하며 티베트 불교나 문화(예술, 의학 등)를 공부하는 것은 쉽지 않다. 그런 목적이라면 인도나 네팔의 승원이나 교육시설로 갈 것을 권한다. 어학을 위한 유학은 라싸의 티베트대학 등에서 가능하다.

가장 좋은 여행계절은 언제?

현재 티베트는 중화인민공화국에 포함되어 있다. 여행을 위한 수속은 베이징이나 상하이를 가는 것과 기본적으로 동일하다. 통화도 중국 위안이다.

그러나 라싸를 포함한 '티베트자치구'에는 특별한 점이 있다. 역시 진정한 중국이라기보다는 자치구에 불과하기 때문에(?), 독자적인 입경허가증(入境許可證)이 필요하다. 하지만 여행사에 금액을 지불하고 수속을 맡길 수 있기 때문에 그다지 신경을 쓸 필요는 없다. 또한 라싸에서 다른 마을로 갈 때 목적지에 따라 별도의 허가증을 현지에서 발급받아야 할 때도 있다.

여행자들은 여름(7~8월)에 몰린다. '추운 곳'이라는 이미지 때문일 것이다. 라싸의 경우는 여름축제인 '쇼뙨'이 관광시즌의 피크이다.

확실히 여름은 그다지 춥지는 않지만, 마침 우기에 해당한다. 운이 나쁘면 모처럼 찾아간 티베트의 파란하늘이나 쏟아질 것만 같은 밤하늘의 별들을 보지 못할 수도 있다.

겨울이 춥다고는 하나 라싸의 경우 최저기온이 영하10도 정도이다. 낮에는 햇빛이 강하기 때문에 해를 향해 있으면 그다지 춥게 느껴지지 않는다. 농한기에 해당하기 때문에 라싸에는 지방에서 순례자들이 몰려들어 티베트의 색채가 농후해진다. 겨울이 생각 외로 권할 만하다.

축제를 노리고 방문하는 것도 재미있다. 지역단위나 승원단위로, 주로 불교에서 유래하는 축제가 해마다 몇 번인가 열린다. 내용은 탕카를 내거는 행사나 참(가면무용)이다. 화려하게 차려입은 티베트인이 대거 몰려들기 때문에 한껏 티베트 분위기에 빠져들 수 있다.

축제일은 일반적으로 티베트력에 따라 정해지기 때문에, 양력으로는 매년 날짜가 달라져서 조금은 불편하다. 칭하이 성이나 간쑤 성의 승원에서는 중국역법을 사용하고 있는 경우도 있기 때문에 주의해야 한다. 쓰촨 성 등의 경마축제는 양력으로 개최된다.

계절을 불문하고 티베트에서는 자외선이 매우 강하다. 눈을 보호하기 위해서 모자나 선글라스를 빠뜨리면 안된다. 자외선차단제가 있으면 좋을 것이다.

숙박, 식사, 그리고 쇼핑

라싸 등의 대도시나 외국인이 많이 묵는 마을에는, 욕조가 있고 온수가 나오는 정도의 호텔도 있다. 화장실이나 샤워가 공동인(혹은 없는) 값싼 숙박시설도 많지만, 외국인이 묵는 호텔은 정해져 있다. 중국 전체가 관광업(이기보다는 서비스업)의 경험이 적기 때문에, '고생도 여행의 일부'라는 마음의 여유가 필요한 상황을 자주 맞닥뜨리게 된다.

티베트 요리는 툭빠(국수)나 모모(만두) 등을 식당에서 먹을 수 있다. 전통적인 주식인 짬빠는 원래 식당에서 먹을 수 있는 것이 아니지만, 도시에서는 관광객을 상대로 짬빠를 파는 식당도 있다. 음료로는 버터차, 창(탁주) 등을 즐길 수 있다.

불구(佛具)나 은세공품, 카펫 등의 공예품은 티베트 각지에서 살 수 있는데, 대도시 쪽이 상점이나 상품의 종류가 다양하여 선택의 여지가 많다. 예전에는 인도·네팔제가 많았지만, 최근에는 티베트제도 늘어나고 있다. 그보다 더 늘어나고 있는 것은 중국제이다. 불구에서부터 액세서리, 티베트 의상, 토산품에 이르기까지 거의 다 중국의 공장에서 만들어지고 있는 실정이다.

대형 백화점 등을 제외하고 물건을 사면서 흥정하는 것은 당연하다. 티베트 말을 못한다고 해도 전자계산기만 있으면 충분히 흥정을 즐길 수 있다.

초원의 텐트에서 생활하는 유목민들.

주의해야 할 티베트만의 사정

라싸의 표고는 약 3,650미터이다. 산소가 저지대의 70% 정도밖에 없다. 희박한 산소에 몸이 적응을 해나가는 과정에서 두통, 졸음, 식욕부진 등 각종 신체이상이 발생하는데, 이 자체는 정상적인 반응이다. 그러나 대처를 잘못하면 증상이 악화되어 이른바 고산병에 걸릴 수도 있다. 생명을 잃는 사람도 있으므로 결코 방심해서는 안된다.

고생을 하지 않기 위해서는 고지에 도착하면, ①늘 심호흡하는 것을 명심하고, ②물을 많이 마시며, ③도착 첫날은 너무 돌아다니지 않는 대책을 세울 필요가 있다. 이뇨작용이 있는 약인 다이아목스(Diamox acetazolamide)도 예방에 효과가 있다(구입하려면 의사의 처방이 필요). 만일의 사태 때에는 특별기편에 실려 돌아오거나 하는 등의 일이 실제로 일어날 수 있기 때문에 해외여행보험에 반드시 가입해 두어야 한다.

다행히 티베트 불교에는 일상생활 중의 금기사항이 별로 없다. 티베

43장 '신비의 땅'을 찾는 이들을 위해

트인의 신앙심을 짓밟는 일이나 중국법률에 반하는 일을 하지 않는다면 편안한 여행을 즐길 수 있을 것이다. 단, 누군가 듣고 있을지 알 수 없기 때문에, 그다지 친하지 않은 현지인들과 정치 이야기를 하는 것은 피해야 한다. 달라이라마 14세와 관련된 물건 등, 곤란한 문제를 초래할 수 있는 것들은 가급적 갖고 가지 않는 편이 좋다는 것은 두말할 필요도 없다.

▲오사다 유키야스

5부 티베트의 현재

44장
티베트 고원의 보호구역화 계획의 실상

1. 전 티베트를 아힘사(비폭력) 지역, 즉 평화와 비폭력의 비무장지대로 한다.
2. 티베트 민족의 존속을 위협하는 중국인의 티베트 이주를 금지한다.
3. 티베트인의 기본적 인권과 민주적 자유를 존중한다.
4. 티베트의 자연환경을 보호하고 핵무기의 사용이나 핵폐기물의 폐기를 금지한다.
5. 티베트와 중국의 관계, 그리고 티베트가 미래에 나아갈 방향에 대해서 진정한 논의를 개시할 것.

(1987년 유럽의회에서 달라이라마가 제시한 '다섯 항목의 평화 플랜')

1959년 3월 10일, 달라이라마 14세가 창극 관람이라는 핑계로 중군 군영에 호출되어 그대로 중국으로 납치될 것이라는 정보가 라싸 시민들 사이에 퍼져 나갔다. 사람들은 자연스럽게 달라이라마가 머물고 있던 노르부링카 궁 주위에 모여들었으며, 중국 군부대에서 나온 어떤 차량도 노르부링카에 들어가지 못하도록 막아섰다. 그날부터 티베트인과 중국군 사이의 대립이 시작되었다. 나날이 살기가 등등해졌기 때문에 달라이라마 14세는 양자의 충돌을 피하기 위해 망명을 결정했다. 3월 17일 밤, 달라이라마는 몰래 노르부링카 궁을 빠져 나가 인도로 향했다. 중국은 달라이라마가 부재하는 상황이 되자 17개 조약(11장 참조)이 보증한 티베트 측의 권리를 무효화하고 내국화를 급속히 개시했다.

우선, 중국은 티베트의 구지배층을 민중 면전에서 규탄하고, 그 '죄'를 고백하게 하는 비투집회(批鬪集會)를 열었다. 여기에서 유죄가 인정된 사람들은 형무소나 노동개조소로 보내져 사회주의 정권을 위한 봉사노동과 사상개조를 강제당했다. 또한 그 이전부터 계속되어온 티베트 게릴라 소탕작전도 전 티베트로 확대되었다. 일찍부터 중국군의 점령을 받았던 동티베트에서는 1953년에 이미 캄빠(동부 티베트 사람)들이 중국인에 대한 봉기를 일으켰으며, 1957년에는 추쉬강둑(4개의 강과 6개의 산이라는 의미로 캄 지방의 미칭)이라고 하는 게릴라 조직이 만들어졌다. 1959년 이후, 중국의 점령이 티베트 전토에 미치자 저항운동은 동티베트에서 티베트 전역으로 확대되었고, 이 같은 저항은 거의 10년 이상 동안 계속되었다. 이에 대해서 중국군은 게릴라의 대량 처형, 게릴라의 근거지로 보이는 사원들의 파괴, 승려들의 처형 등으로 보복했기 때문에 양자의 관계는 더욱 수렁으로 빠져들었다.

게릴라전의 참극과 비투집회의 혼란에 더하여 이 상황을 더욱 악화시킨 것은 중국의 경제정책 실패였다. 1959년 마오쩌둥(毛澤東)이 인민공사화를 급격하게 추진한 결과 경제는 파탄 나고 중국 전역에 기아가 만연했다. 중국의 지배가 늦게 이루어진 티베트에서는 기아가 늦게 찾아왔으며, 중국정부가 티베트의 인민공사화를 1965년 이후에 추진했기 때문에, 기아는 1965년부터 1973년까지 항시적으로 티베트를 뒤덮었고 이 시기에 농민이나 유목민을 중심으로 대량의 아사자가 발생했다.

티베트인을 괴롭혔던 것은 이런 사회주의 사상통제나 경제상의 실정(失政)뿐만이 아니다. 중국·인도 두 나라 간의 전쟁이 양국 사이에 위치한 티베트를 유린해간 것이다. 1951년, 중국이 티베트를 침공하자 국경선을 둘러싸고 인도와 중국은 긴장관계에 돌입했다. 그리고 1959년에 달라이라마 14세가 인도로 망명하자 다시 양국관계는 악화되었으며, 마침내 1962년, 마오쩌둥은 대약진정책의 실패로부터 국내의 시선을 돌리기 위해 인도 침공을 명령했다. 이렇게 시작된 중·인 국경분쟁에서 티베트인은 미사일기지·군용도로 등의 군사 관련 시설의 건설, 물자 운반 등에 차출되었으며 최전선의 병사로도 징병되는 등, 전시체제라는 이름 아래 계속해서 동원되고 혹사당했다. 지금도 티베트에는 대인도 방위의 명목으로 대규모 인민해방군이 주둔해 있으며, 티베트 고원에는 적어도 34곳의 핵미사일 기지가 있다고 한다.

계속된 문화대혁명시기(1966~1976)에 이르러 티베트 문화는 완전히 종언을 고하게 되었다. 문화대혁명의 본질은 알려져 있는 대로 공산당 내부의 권력투쟁이었다. 그렇지만 마오쩌둥은 당시의 집행부를 무너뜨릴 수단으로 '네 가지 구폐(舊弊, 즉 구사상·구문화·구풍속·구습관)의 타도'라는 슬로건을 내걸었기 때문에 중국 전역에서 문화유산들이 파괴되었다. 중국인이 가장 '낙후'되었다고 간주하고 있던 티베트 문화는 그 영향을 직접적으로 받아 1966년 8월 25일, 제8기 11차 중앙위원회 전체회의가 문화대혁명의 시작을 알리자마자 홍위병은 티베트의 심장부에 있는 조캉 사원에 난입하여 파괴의 극한을 보여주었다. 문혁이 정식으로 종료된 1976년까지의 기간 동안에, 티베트 전역의 승원들이 파괴되었으며, 역사적인 불상들도 훼손되었고, 불경은 소와 말의 사료가 되었다. 문화의 파괴는 사회 저변에까지 이루어져 민족의상을 입는 것, 향을 사르는 것, 축제를 여는 것, 노래를 부르는 것 등 옛날부터 계속되어 온 생활의 즐거움 모두가 금지되었다. 이렇게 하여 점령의 첫 20년간 전란이나 기아로 엄청난 수의 티베트인이 목숨을 잃고 티베트 불교문화가 파괴되었으며, 중국의 티베트 점령은 흔들리지 않게 되었다.

　1980년에 시작된 개방정책은 얼핏 보면 티베트인에게 많은 자유를 가져다준 것처럼 보인다. 분명히 바르꼬르를 순례한다든지 다르쬬(기도깃발)를 내건다든지, 향을 사른다든지 하는 신앙심을 드러내는 행위는 방해받지 않게 되었으며, 유명 사원의 재건도 도처에서 이루어지고 있다. 그러나 티베트 불교의 본질은 이런 외면적인 예배활동이나 공공사업이 아니라, 승원에 머무르는 승려들의 토론이나 철학연구, 요가수행 안에 존재하는 것이다. 그런데 이런 본질적인 종교활동에 대한 억압은 여전히 가혹해서, 전통적으로 이루어져 왔던 유아기의 출가는 허락되지 않으며, 또한 승원마다 엄격하게 정원 제한이 있고, 승려에게는 사회주의 사상 학습시간 등이 의무적으로 할당되어 있다. 이런 당국의 자세로부터 티베트인이 느끼고 있는 것은, 당국이 티베트인에게 순례나 분향을 허락하는 것은 이국적인 정서를 찾아 티베트를 방문하는 외국인 관광객의 눈을 즐겁게 하기 위한 것으로, 모두 티베트인이나 티베트 문화를 구경거리로 만들어 돈을 벌어들이기 위한 수단일 뿐이라는 것이다.

　또한 티베트 고원으로의 한인(漢人)의 이주문제도 개선되지 않고 있다. 중국이 티베트에 가져다준 20년의 혼란은 티베트에 대규모 인구 격감을 초래했다. 한편 티베트에서 관광사업 등이 발전하면서 한인들이 티베트에 갈수록 해마다 많이 들어오는 추세이고, 게다가 2001년에는 기술상의 문제로 보류되었던 칭하이─라싸 구간의 철도공사가 마침내 착공되었다.* 철도개통은 티베트 고원으로의 많은 중국인의 유입을 의미하기 때문에 티베트인은 자기 선조의 땅에서 아마도 아메리카 인디언이나 호주의 애버리지니 원주민과 같은 소수민족의 지위로 전락

* 이 칭하이─라싸 간 철도(칭짱 철도)는 2006년 7월 1일에 완공·개통 되었다.

하게 될 것이 뻔하다.

티베트 고원의 환경파괴도 심각하다. 티베트 고원은 아시아의 큰 강들 (황허, 양쯔 강, 메콩 강, 인더스 강, 갠지스 강, 차오프라야 강)의 수원지이며, 희귀 동식물들의 보고이다. 옛날에 동티베트나 남

인도 히마찰 프라데시 주의 쿤잔 고갯마루에 좌우로 걸려 있는 다르쪼.

티베트에는 원시림의 숲이나 아름다운 초원들이 펼쳐져 있었다. 그러나 과거 40년간의 공산당 지배하에서 삼림은 남벌되었는데, 1950년에는 2,520만 헥타르였던 삼림면적이 1985년에는 1,357만 헥타르로 약 절반 가까이 줄어들었다. 또한 유목민을 집단화하고 무리한 수치목표를 강요한 결과, 초원은 회복될 틈이 없어 척박해졌다. 삼림과 초지의 황폐화는 티베트 고원에만 서식하는 희귀 동식물의 멸종을 초래했으며 하천에 대량의 토사를 유입시켰다. 1980년대에 황허 하류유역에서 빈번히 발생한 홍수피해는 이런 티베트 고원에서의 남벌이 그 이유로 거론되고 있다.

마지막으로 티베트의 인권상황은 두말할 필요도 없이 열악하다. 최근의 예를 들면, 1987년 9월 27일과 10월 1일, 이듬해 3월 5일에 연이어 일어난 티베트 독립을 요구하는 시위에서 승려나 시민 600명가량이 체포되었다. 국제사면위원회의 발표에 의하면 그 중 몇 명은 처형당하고, 형무소에 수감된 정치범들 중 몇 명은 입에 담기조차 무서운 비인도적인 고문을 받았다고 한다. 다람살라에서 결성된 '9·10·3 모임'이라는 것은 이 세 차례의 시위가 벌어신 9월·10월·3월의 세 숫자를 따서 만든 것으로, 이런 정치범의 사회복귀를 지원하고 있다.

살생을 좋아하지 않으며 자연과의 공생을 실천해 나간 티베트인의 불교문화는 자연스럽게 티베트의 환경을 보전해 나갔다. 그러나 1951년에 중국이 티베트를 침공한 이후 도로가 건설되고, 도로 주변에서부터 삼림이 남벌되고, 미사일 기지가 만들어지면서 고원의 생태계는 위기에 처해 있다. 이런 상황을 받아들여 달라이라마 14세는 1987년에 세계를 향해 서두에서 인용한 '다섯 항목의 평화 플랜'을 제안했다. 이는 티베트 고원에서 자연과 공생하는 불교문화를 부활시키는 것이야말로 티베트의 환경문제를 해결하고 티베트, 더 나아가서는 세계의 평화를 가져다준다는 주장이다. 이런 정론(正論)에 대해서 지금까지 중국정부는 어떤 응답도 하고 있지 않다. ▲이시하마 유미코

45장
자유와 진실을 찾아서: 티베트인의 현재

티베트 고원의 웅대한 자연, 히말라야의 아름답고 험준한 설산의 풍경, 화려한 색채의 불교미술에 둘러싸여 버터램프의 향을 풍기는 티베트 승원들, 오체투지를 반복하는 신심 깊은 티베트인. 이런 압도적인 인상은 티베트를 밖에서 바라보는 우리와 같은 외국인들로 하여금 그들이 현재 '전투 중'에 있으며 이런 문화들이 절멸의 위기에 처해 있다는 사실을 잊어버리게 만든다.

그러나 티베트인은 조국을 잃고 세계 어디에서도 자신의 나라를 찾을 수 없는 문자 그대로 '유랑민'이 되어버린 것이 사실이다. 그 후 오늘날에 이르기까지 600만 명의 티베트인은 비폭력이라는 수단으로 자유와 진실을 찾아 현재 바로 '전투 중'이다. 이 전투는 이미 44년 이상 계속되어 티베트인의 마음속에 피폐한 감정이 없지 않지만, 지금까지 한 번이라도 그들의 마음에서 조국 티베트에 대한 생각이 사라져버린 적은 없다.

중국의 침략을 받은 이래 티베트인의 마음속에 '티베트' '티베트 민족' '티베트 문화'라는 것이 비로소 높은 위상을 차지하게 되었다. 40년 이상에 걸친 낭낭생활 동안 인도를 비롯한 망명사회에서는 2세대, 3세대가 태어났으며, 본토 티베트를 본 적도 없는 아이들도 제법 많아졌다. 그럼에도 불구하고 그들 안에서 티베트인으로서의 정체성은 소멸되는 것이 아니라 오히려 훨씬 강화되고 있다.

그들은 나라를 잃어버린 것 대신에, '과거에 대한 반성'과 이것에 기초한 '더욱 글로벌한 미래의 이상적인 티베트 상'을 얻었다. 그것은 '티베트인으로서의 정체성'을 명확히 반영한 '자유와 진실에 바탕을 둔 새로운 불교왕국 티베트'의 모습이다.

과거의 티베트인은 이 책에서도 소개하고 있듯이 불교나 종교와 관련해서는 세계의 어느 민족에도 뒤지지 않는 풍부한 문화를 가지고 있었지만, 그 한편으로는 근대문명에 등을 돌려왔다.

최근까지 티베트인은 과학이나 서구문화라는 것을 과소평가하여, 세계가 두 차례의 대전을 겪으면서 서서히 발전시켜 나간 국가나 조약이라는 개념을 이해하려 하지 않았고, 그것을 둘러싼 근대문명이나 근대적 사회구조에 완전히 무관심했다. 외교 자체를 혐오해온 귀족들은 라싸에서 일부 선각자들이 영어강습을 시작했을 때 외국어 학습이 티베트 문화를 퇴폐화시킨다고 생각하여 그것을 야유했다. 귀족들은 사리사욕을 채울 뿐 세계정세에는 어두워, 20세기 초에 사회주의가 대두했을 때나 마오쩌둥이 이끄는 일당이 '하나의 중국'이라는 슬로건을 내걸고 티베트를 침략하기 위해 착착 준비를 하고 있을 때 단지 가만히 앉아서 기다리고 있었을 뿐이었다. 암도인들이 중국의 침략에 저항하고 있을 때조차 캄이나 위·짱 민중의 대부분은 일부 암도 사람들이 중국인과 옥신각신하고 있다는 낙관적인 사고를 하고 있었던 것이다. 과거 티베트인의 이런 태만한 태도야말로 현재의 상황을 만들어낸 가장 큰 원인이었다는 것이 지금 거의 모든 티베트인이 갖고 있는 공통된 인식이다. 이런 반성에서 오늘날의 망명사회에서는 근대적인 교육에 힘을 쏟고 있다.

티베트 망명정부는 현재 연간 예산의 반액 이상을 어린이 교육에 할

당하고 있다. 티베트 망명사회의 교육수준은 매우 높으며 식자율 또한 높다. 인도에 있는 망명사회의 아이들 대부분이 모국어인 티베트어를 읽고 쓰는 것은 당연하고, 힌디어나 영어 또한 능숙하게 사용하고 있다. 또한 국제사회의 동향에 대한 관심이 매우 높으며, 여러 외국에서 달라이라마가 영접받는 모습은 티베트 문제에 대한

정월의 수레(정월 15일 뫼람기도회 때 또르마 공양과 더불어 거행되는 행사로, 미륵보살을 수레에 태워 순회함)를 기다리는 망명 티베트인 가족들(데뽕 고망 학당 일본사무국 제공).

그 나라의 태도를 보여주는 것이기도 하기 때문에, 늘 티베트어 방송 뉴스의 첫머리를 장식하여 티베트인 사이에서 화제의 중심이 되고 있다. 그러나 자연과학 관련 교육은 아직도 충실하게 이루어지고 있다고 할 수 없다.

그들이 최종 목적으로 내건 '자유와 진실에 기초한 티베트 상'은 현재 티베트인이 처해 있는 상황의 안티테제로서 묘사되고 있다. 우선 그들이 추구하는 '자유'를, 신앙의 자유·기본적 인권·생활권·민주주의 네 단계로 나누어 살펴보자.

'신앙의 자유'가 침해당하고 있는 대표적인 예라고 하면, 티베트 본토(중국령 티베트)에서 달라이라마의 사진을 장식해 놓는 것이나 달라이라마의 장수기원 법회 등이 승원에서 금지되어 있는 것을 지적할 수 있다. 또한 승원에서 학급 대항 문답의 법좌가 금지되어 있거나 승원

의 승려수에 대해서 중국정부가 멋대로 제한을 두고 있는 것 등을 이야기할 수 있다. 티베트인은 이런 불합리하고 일방적인 종교정책의 강요를 중지해주기를 바라고 있다.

다음으로, '기본적인 인권'과 관련된 티베트인의 희망상황에 대해서 기술해보고 싶다. 현재, 중국 공산주의 이데올로기에 반대하는 의견을 입에 담는다고 하는 것은 어떤 표현이 되었든지 간에 체포대상이 될 뿐만 아니라, 자의적으로 체포·구금되는 일들도 일상다반사로 일어나고 있다. 후진타오(胡錦濤)가 국가주석이 된 이래 네팔과의 국경에 대한 경비가 강화되었으며 종래 국경을 왕래하고 있던 상인의 수도 격감했다. 인도 등지에서 망명자가 귀국하는 경우에는 그 가족까지도 본보기로 체포되어 공안부에 잡혀가 고문을 받는다. 이런 기본적인 인권의 유린을 즉시 멈추는 것이야말로 현재 티베트인이 요구하는 바이다.

이와 더불어 티베트인의 생활권 또한 일상의 여러 경우에서 침해당하고 있다. 그 대표적인 예로는 근거도 없는 일방적인 과세, 고용이나 교육기회의 불평등을 이야기할 수 있다. 원래 티베트 면적의 3분의 1에 지나지 않는 '티베트 자치구'라는 것은 이름일 뿐이며, 그 실체는 소수의 티베트인을 꼭두각시로 하고 한인이 자치구의 요직에 배치되어 티베트의 정치나 경제를 움직이고 있는 것이다.

게다가 현재 티베트에서는 티베트인이 600만 명인 데 비해 한인이 750만 명 이상에 달하고 있어 압도적인 차이로 한인 인구가 우세하다. 만약 장래에 중국정부가 민주화된다고 해도 지금과 같은 대량의 인구 유입이 계속되는 한, 미래의 티베트 운영은 수의 논리에 의해 완전히 한인의 수중으로 넘어가 버릴 것이다. 그때는 '티베트의 완전한 종언'을 의미한다.

현재 티베트인은 이런 자유를 추구하기 위해 '비폭력'이라고 하는 수단만으로 저항하고 있다. 그들이 추구하는 신앙의 자유, 기본적인 인권, 생활권, 민주주의라고 하는 네 가지 자유는 개인 사상의 미세한 문제에서부터 국가나 자치체라는 거대 공동체 수준까지 영향을 미칠 정도로 모든 티베트인이 바라고는 있지만, 아직은 개선될 조짐이 보이지 않는다.

이런 '자유'를 둘러싼 싸움의 또 한쪽에는 '진실'과 관련된 문제가 있다. 예를 들면 중국정부가 제창하는 '티베트는 역사적으로 중국의 일부이다'라고 하는 슬로건은 역사적 사실에 반하고 있음에도 불구하고 널리 사람들의 입에 회자되어 왔다. 역사적으로 티베트가 독립국으로서 중국과 외교를 했던 자료 등은 은폐되고 내외의 티베트학 연구자가 그런 자료를 열람하는 것마저 통제되고 있다.

이런 싸움 안에서 우리가 가장 주목해야 할 점은 그들이 '비폭력'이라는 수단에 의해 그런 싸움을 해나가고 있다는 것이다. 여기에는 일장일단이 있는 것도 사실이다. '비폭력'이라는 수단은, 테러리즘이나 게릴라 활동과는 달리, 세계의 뉴스화면을 장식하는 것 같은 참혹한 소식을 제공하지 않는다. 그런 연유로 유감스럽게도 국제사회로부터 주목을 받는 경우가 드물다. 그렇다고 이것이 티베트 문제가 그만큼 긴급성이 없음을 의미하는 것은 아니다. 아프리카 난민이나 이라크 난민의 문제는 그 희생으로 유발되는 '피의 보상'으로서, 현재 전 세계 언론기관의 재정에 이득을 주는 주목받을 만한 뉴스를 제공하고 있는 것이다.

그러나 티베트 문제는 이미 40년 이상이나 같은 상태가 계속되고 있으며, 아프리카나 이라크 문제에 비해서 장기화되고 있기 때문에 오히려 더 심각한 문제라고 할 수 있다. 인명이나 인권이 무차별적으로 침해당하고 있는 상황은 어느 쪽이나 다르지 않다. 티베트인의 최종수단인 '비폭력'이라는 수단을 국제사회는 높이 평가해야 하며, 그것이 미온적이고 덜 긴급하다고 생각해서는 안된다. 그들이 진정으로 이 문제를 평화적으로 해결하려 하고 있기 때문에 오히려 국제사회는 그것을 지원해야만 하는 것이 아닐까. 만약 그들이 '비폭력'이라는 수단을 버리지 않을 수 없는 상황을 국제사회가 만들게 되면 그것은 우리의 책임이기도 한 것이다.

예전에 달라이라마가 일본을 방문했을 때 히로시마의 피폭자 2세·3세 젊은이들에게 다음과 같은 메시지를 이야기해주었다.

> 이 지구상에서 무기라는 것을 없애고 전쟁을 근절하는 것, 이것이 우리의 미래에 대한 희망입니다. 몇 백만이나 몇 억의 많은 사람들이 그것을 마음 깊이 바라고 있습니다. 어느 시대에나 여러 정치적 상황으로 인해, 그것을 분명하게 말하지 못하는 사람들이 많은 것도 사실입니다. 직접 피폭체험을 한 히로시마라는 땅의 여러분이 이런 미래로 향하는 길잡이 역할을 맡는 것입니다. 몇 억의 세상사람들의 바람, 그것을 분명히 입으로 외쳐주십시오. 여러분은 지금까지도, 그리고 앞으로도 이 일에 깊이 관계하고 있습니다. 여러분에게는 그럴만한 충분한 근거도 있습니다. 지금까지 이런 반전운동과, 특히 반핵운동의 중심적인 역할을 맡아 왔습니다. 여러분이 앞으로도 이런 운동을 계속해주시기를 저는 언제나 바라고 있습니다. 그리고 그것이 실현되도록 기도를 드리고 있습니다.

자유로운 입장에 있는 국제사회의 일원인 우리가, 티베트 문화의 위기 상황을 이해하고 자신들의 비폭력이라는 해결수단을 정당하게 평가하며, 이런 문제의 해결에 대한 지원이야말로 현재 모든 티베트인의 마음에 깃들어 있는 가장 큰 희망일 것이다. ▲노무라 쇼지로

46장
다람살라와 티베트 망명정부

무더위와 소음의 대도시 델리에서 버스를 타고 하룻밤 흔들리고 가면 조용하고 선선하여 기분이 절로 좋아지는 거리 다람살라에 도착한다. 다람살라는 인도 히마찰 프라데시 주의 캉그라 지역이라는 해발 1,800미터의 구릉지대에 있으며 거기에는 '궁전'이라는 이름으로 알려진 달라이라마의 주거와 티베트 망명정부의 관공서를 비롯해서 건물들이 늘어서 있으며, 6천 명 이상의 티베트 난민과 여행객, 티베트 지원 활동가들이 머물고 있다.

1959년에 8만 명의 티베트인과 함께 인도로 망명한 달라이라마는 중국공산당으로부터 1951년에 강요받았던 '중앙인민정부와 티베트 지방정부의 티베트 평화해방에 관한 협정'에 대한 거부를 표명했다. 같은 해 4월 29일 인도 북부 무수리에서 '티베트망명정부'(정식명칭은 중앙티베트행정부[Central Tibetan Administration])를 수립했는데, 이 망명정부는 중국공산당에 의해 강제로 해체된 독립국 티베트 정부의 연장선상에 있으며, 민주적인 개혁을 수행해 나가면서 티베트 본토로의 복귀를 목표로 하여 티베트인 활동의 지도적 역할을 다하고 있고, 동시에 세계 각지에 산재하는 13만 명 이상의 망명 티베트인의 생활권을 보호하고 있다.

티베트망명정부는 달라이라마를 국가원수로 하고 있으며, 사법기관인 '망명티베트 최고사법위원회,' 입법기관인 '망명티베트 대표자의회' (The Assembly of Tibetan People's Deputies, ATPD), 행정기관인 '까샥'(내각)으로 나뉜다.

이 의회는 망명티베트인 사회에서 가장 큰 권한을 지닌 입법기관으로, 의회는 선거에 당선된 46명의 대의원으로 구성된다. 그 구성내용을 보면 위·짱, 캄 및 암도에서 각각 10명씩, 티베트 불교의 네 종파와 뵌교에서 각각 2명씩, 구미에서 선발된 3명, 예술·과학·문학 분야나 사회봉사에서 공적이 있어 달라이라마로부터 직접 임명받은 3명으로 총 46명이다. 망명티베트 대표자의회는 의장, 부의장을 자체적으로 선발하여 그 관리를 맡긴다. 25세 이상의 모든 망명티베트인이 선거에 입후보할 수 있는 권리를 지닌다. 선거는 5년에 한 번씩 실시되며, 18세 이상의 내외 모든 티베트인이 투표권을 지닌다. 망명티베트대표자의회는 티베트인 커뮤니티에 설립되어 있는 지역주민의회를 통해 국민들과의 교류를 도모하고 있다.

망명티베트 헌장에서는, 적어도 160명 이상의 인구를 보유한 커뮤니티에는 지역주민의회를 설립하도록 규정해 놓았다. 지역주민의회는 각 커뮤니티의 정착지·복지담당원의 활동을 감시한다.

행정기구로는 '까샥'이 설치되어 있는데, 까뢴티빠(내각수석장관) 아래에 치안부(Dept. of Security), 정보국제관계부(Dept. of Information and International Relations), 종교문화부(Dept. of Religions and Culture), 교육부(Dept. of Education), 내무부(Dept. of Home), 재무부(Dept. of Finance), 보건부(Dept. of Health)를 두고 있다.

사법기관에는 망명티베트최고사법위원회가 있으며 이것이 티베트망명정부의 최고 사법기관이다. 이 위원회는 티베트인의 커뮤니티에서 발생한 모든 쟁의에 대해서 심리를 행하는 책임을 지도록 정해져 있지만, 망명지 국가의 법률에 의해 망명티베트 최고사법위원회가 다루는 것이 부적절하다고 판단되는 사건의 경우는 최고사법위원회가 심리를 진행하지 않는다. 마찬가지로 범죄사건은 망명지 정부의 관할 영역이기 때문에 망명티베트 최고사법위원회가 개입하는 일은 없다. 그러므로 현 상태에서 최고사법위원회는 정부와 국민 사이에서 발생하는 쟁의를 가장 중요한 사건으로 심리한다. 이것도 국민이 정부에 대해 소송을 제기할 수 있는 조직으로서의 사법기관이 되도록 그 설립에 즈음하여 달라이라마에 의해 지시된 것이었다.

티베트 본토에서 망명한 티베트인과 망명티베트인의 자손들은 가장 가까운 티베트망명정부 사무소로부터 '랑쩬락뎁'이라고 불리는 망명티베트인등록증을 발급받아야 한다. 이런 망명티베트인 등록을 하게 되면 출생증명서·혼인증명서 등의 각종 증명서 신청권, 티베트망명정부 내지는 망명티베트 대표자의회에의 취임권, 티베트망명정부가 실시하는 선거 등의 투표권, 망명정부가 지원하는 공립학교·승원·직업훈련 시설 등의 참가권, 티베트망명정부 공인의 비정부기관(NGO) 등에 대한 등록권 등 각종 권리가 보장된다. 이 등록증은 티베트 본토 바깥에 살고 있는 모든 티베트인에게 발급되며, 가령 외국에서 태어난 망명티베트인이라고 해도 매년 망명정부에 세금을 내면 어느 국가에 체재하더라도 이런 서비스를 받을 수 있다. 2001년, 까룐티빠(내각수석장관)를 선발하는 선거가 열려 삼동 린뽀체가 까룐티빠에 임명되었는데, 인도 이외의 지역에 거주하는 망명티베트인, 예를 들면 재일(在日) 티베트인도 그 투표에 참여했다.

이런 티베트망명정부는 1960년 5월에 현재의 장소인 다람살라로 거점을 옮겼으며 서서히 정비되어 오늘날에는 진정한 정부로서 기능을 하며 자유로운 민주정부로서의 특징을 지니고 있다. 나만 앞으로 티베트가 다시 자유를 되찾게 될 때는 망명정부를 바로 해산할 것이라고 달라이라마는 분명하게 밝히고 있다.

현재 다람살라에는 티베트망명정부의 관공서들만 있는 것이 아니라 망명티베트인에게 티베트의 전통적인 교육을 제공하기 위한 학교조직, 티베트 어린이마을(Tibetan Children Village) 본부와 티베트의학·역법학연구소(Tibetan Medical and Astrological Institute), 티베트무대예술연구소(Tibetan Institute of Performing Arts), 티베트문헌도서관(Library of Tibetan Works and Archives) 등의 망명정부 공인 문화시설과, 달라이라마가 불사(佛事)를 주관하는 남겔 학당(Namgyal Monastery) 등의 달라이라마 관련 시설이 모여 있다.

다람살라에는 외국인을 위한 티베트어 어학강좌나 티베트 불교 강좌를 열고 있는 사원이나 센터 등도 다수 있고, 중심부인 맥클리어드 간지에 가면 티베트 관련 상품이 진열되어 있으며, 외국인을 위한 이탈리아 요리나 일본 요리에 이르기까지 각종 카페나 레스토랑이 늘어서 있다. 맥클리어드 간지는 티베트 관련 상품을 판매하고 있는 상점들에서 티베트 의학 진료소까지 모든 게 다 있는 거대한 토산품 상점 거리로 형성되어 있다. 달라이라마는 볼일이 있어서 외국이나 인도 내지를 방문하러 가지 않는 한 대개 이 다람살라에서 설법이나 관정 등의 티베트 불교 최고지도자로서의 활동을 하거나 티베트망명정부 원수로서 직무를 수행한다. 그러므로 달라이라마를 친견하고자 찾아오는 외국인 여행자도 끊이질 않는다. 달라이라마와 만나고 싶다면 누구라도 이 다람살라에 와서 일반인을 위해 열리는 법회에 참가하면 만나 보는 일이 가능하다. 법회는 매년 3월이나 4월경에 열리는 것 외에도 해마다 수차례 거의 1주일에 걸쳐 열린다. 그 스케줄에 대해서는 티베트망명정부의 런던 지부 웹사이트(www.tibet.com)에서 확인할 수 있는데, 여행 전에 확인해둘 필요가 있다.

달라이라마의 법회는 통상적으로 달라이라마의 거처인 텍첸최링에서 이루어지고 있으며 방석이나 찻잔을 지참하면 누구라도 참가할 수 있다. 달라이라마의 설법은 아침부터 저녁까지 계속해서 이루어지기 때문에 그냥 앉아 있는 것도 습관이 되지 않았다면 힘들겠지

달라이라마의 누나(작고)가 다람살라에 설립한 난민아동교육기관, 티베트 어린이마을(촬영: 이시하마 유미코).

만, 설법 도중에 버터차를 나누어주기 때문에 가지고 간 찻잔으로 그것을 맛보는 즐거움을 누릴 수 있다. 다람살라에서 이루어지는 달라이라마의 설법은 우리들이 달라이라마의 일본 방문 시 듣는 것 같은 간단한 것이 아니지만 FM라디오방송을 통해 동시통역으로 들을 수 있다. 또한 앞뒤로 낭송되는 빗발치는 듯한 독경소리는 말뜻을 알아들을 수 없어도, 살아 있는 티베트 불교 전통 최고봉의 세계를 충분히 음미할 수 있다.

또한 한 달에 몇 번인가는 일반 알현(Public Audience)도 열린다. 그 날 마침 다람살라에 있게 된다면, 그리고 운이 좋으면 달라이라마를 직접 만날 수 있다. 먼저, 맥클리어드의 커뮤니티센터(Cafe Tibet) 옆에 있는 보안국(Security Office)에서 일반알현일을 확인하고 등록한다. 알현은 정오 무렵에 이루어지는 경우가 많다. 당일은 카따(존경을 표시하기 위한 흰 천)와 여권을 가지고 달라이라마의 궁 앞에 모인다. 보안검사 등으로 꽤 오래 기다리지만, 궁 안에서 일렬로 서서 달라이라마와 악수를 할 수도 있다. 또한 따로 알현을 하거나 취재를 희망하는 경우에는 수개월 전에 달라이라마의 개인사무소나, 일본의 달라이라마 일본대표부 사무소에 신청해야 한다. ▲노무라 쇼지로

47장
달라이라마의 슬픈 네거티브상: 빤첸라마

달라이라마에 다음 가는 서열 두 번째 고승 빤첸라마의 역사는 달라이라마의 네거티브상으로 생각하면 이해하기 쉽다. 빤첸라마의 전생이 제도화되는 데 있어서, 애당초 달라이라마 5세의 의사가 작용을 했다. 빤첸라마 1세 로상최기겔첸(1569~1662)은 달라이라마 5세의 스승이었으며, 5세가 스승의 전생자를 찾도록 명령했던 것에서부터 역대 빤첸라마('대학승'의 의미)의 전생계보가 시작된 것이다. 이후에 빤첸라마 1세를 달라이라마 1세와 동시대에 나열하기 위한 배려로 로상최기겔첸 앞에 세 명의 전생자들을 추가했기 때문에 로상최기겔첸을 빤첸라마 4세라고 부르는 방식도 있다. 달라이라마와 빤첸라마는 이후 함께 전생을 반복하여 달라이라마가 연소한 시기에는 빤첸라마가 그의 스승이 되고, 빤첸라마가 어릴 때에는 달라이라마가 스승이 되는 관계를 계속 맺어왔다. 이렇게 기술하면 빤첸라마와 달라이라마가 대등한 것으로 보일 수도 있지만, 티베트의 최고권위자는 말할 필요도 없이 관세음보살의 화신인 달라이라마이며, 가령 빤첸라마가 연상인 경우에도 정치권력을 차지하는 일은 전무했다.

그러나 18세기 정치투쟁의 와중에서 달라이라마가 잇달아 요절하고 달라이라마보다 비교적 오래살았던 빤첸라마가 그 존재의 비중이

47장 달라이라마의 슬픈 네거티브상 : 빤첸라마

생전의 빤첸라마 7세. '심장병으로 인한 사망'을 부인하기 힘들 정도로 거구이다.

커지자, 당연히 달라이라마와 빤첸라마의 관계는 미묘해져 갔다. 그리고 양자의 관계는 달라이라마 13세 시대에 이르러 결정적으로 파국을 맞았다. 달라이라마 13세가 영국군과 중국군에 쫓겨 몽골·베이징·인도로 떠돌아다니기를 계속했던 1904~1912년에 빤첸라마 6세는 달라이라마가 없는 티베트에서 '군주와 같이 행동했다'고 한다.

달라이라마 13세는 1913년에 티베트에 귀국하자 군대 창설, 영어학교 건립 등 티베트 근대화정책에 착수했으며 그것에 필요한 비용을 모든 승원들이 분담할 것을 요구했다. 그러자 대지주였던 빤첸라마는 비용의 많은 부분을 부담해야 했고, 이것을 달라이라마 부재시 자신의 언행에 대한 징벌이라고 여겼다. 1923년 11월 15일, 신변의 위험을 느낀 빤첸라마는 몰래 따쉬륀뽀 사원을 탈출하여 중국으로 망명했으며 이로부터 빤첸라마와 중국 사이의 끊으려야 끊을 수 없는 관계가 시작되었다.

북양(北洋)정부에서 국민당 정부로 중국정세가 어지럽게 변해가는 가운데 빤첸라마 6세는 암도에서 입적했다. 입적한 빤첸라마의 측근들은 칭하이 성에서 암도 태생의 괸뽀체뗀이라는 이름의 소년을 빤첸라마 7세로 인정했지만, 그는 달라이라마의 인정을 받아낼 수 없었으며 단지 국민당정부의 인정을 받았을 뿐이다. 빤첸라마 7세는 몇 차례에 걸쳐 티베트 귀국을 허락해달라고 요구했으나 빤첸라마 호위를 구실로 중국군이 라싸에 침입할 것을 두려워한 티베트 정부는 귀국을 허락하지 않았으며, 그 결과 빤첸라마 7세는 몇 년 동안이나 옴짝달싹할 수 없는 상태에서 티베트와 중국의 경계인 칭하이 지방에 거주할 수밖에 없었다.

1952년 4월 28일, 중국군이 라싸를 점령하자 빤첸라마는 간신히 티베트에 귀국할 수 있었으며 달라이라마 14세와 30년 만에 공식적으로 화해를 했다. 그러나 그 얼마 뒤인 1959년에 달라이라마 14세는 인도로 망명한 반면, 빤첸라마는 중국에 남는 것을 선택했기 때문에 양자의 길은 다시 반대로 갈라지게 되었다. 중국에 잔류한 빤첸라마는 첫눈에는 중국에 대한 협력자로 보이지만, 그렇게 단순하게만 볼 일은 아니다. 1962년에 빤첸라마는 중국정부의 실정(失政)을 고발하여 실각을 했기 때문이다. 빤첸라마는 그 이듬해부터 실질적으로 9년 8개월에 걸쳐 감금생활을 해야만 했다.

그리고 문화대혁명이 종결된 1978년, 종종 사망설이 퍼졌음에도 불구하고 빤첸라마는 다시 사람들 앞에 모습을 드러냈다. 그러나 사람들의 기쁨도 빤첸라마가 리제(李潔)라는 이름의 중국인 여성과 결혼했을 뿐만 아니라 한 여자아이의 아버지가 되었다는 사실을 알게 되면서 복잡한 심정으로 바뀌었다. 겔룩파의 고승에게 고결한 생활을 요구하는

47장 달라이라마의 슬픈 네거티브상 : 빤첸라마

티베트인으로서는 믿기 어려운 사건이었다. 그럼에도 불구하고 빤첸라마는 빤첸라마 4세의 연고지인 베이징의 황사(黃寺)에 고급불(교)학원을 세워 고승을 육성하고 티베트 각지에서 파괴된 승원을 재건하는 등 티베트 문화 진흥을 위한 활동을 시작했다.

1989년 1월, 문화대혁명에서 파괴된 역대 빤첸라마의 불탑들이 재건되었기 때문에 빤첸라마는 그 낙성공양

탄둑 사원에 걸려 있는 중국정부가 선정한 빤첸라마 8세의 사진.

을 주재하기 위해 오랜만에 따쉬륀뽀 사원을 방문했다. 오랫동안 귀향이 이루어질 수 없었던 것은 중국정부가 티베트인의 내셔널리즘을 자극하지 않으려고 빤첸라마의 본거지를 베이징에 두도록 했기 때문이다. 빤첸라마는 여러 날 계속된 공양의식을 치른 후, 1월 28일 갑자기 가슴의 통증을 호소하다 입적했다. 사인에 대해서는, 추운 1월에 옥외에서 오랜 시간 의식을 주재했기 때문에 심장병을 일으킨 것이라는 설에서부터, 의식의 전례 가운데 중국정부를 비판하는 연설을 했기 때문에 당국에 의해 암살당했다고 하는 설까지, 여러 가지 소문들이 무성하다.

빤첸라마가 타계한 그해 10월, 달라이라마 14세는 노벨평화상을 수상했다. 달라이라마 14세의 국제적 지위는 일거에 높아졌으며, 그의 발언 역시 사람들의 이목을 모으게 되었다. 한편 중국정부는 달라이라마에 대해 더욱 강경한 자세를 취했고, 반대로 빤첸라마의 사적을 미화하는 일에 힘썼다. 빤첸라마 7세의 시신은 미라화되어 1993년 8월 따쉬륀뽀 사원 내에 건립된 보탑(寶塔)에 봉납되있다. 이 보탑은 높이가 11.52미터에 이르는 거대한 탑으로, 건축에 임하여 중국정부는 614

킬로그램의 황금을 포함하여 6,406위안을 지출했다고 한다. 보탑 건립 시 행해지는 보병(寶瓶)을 매설하는 의례에서부터 시신을 탑에 봉납하는 의례에 이르기까지, 그 과정은 모두 티베트식으로 이루어졌다. 그의 시주는 마지막까지 중국정부였던 것이다.

빤첸라마는 중국인으로부터 '애국인사'라고 평가되는 반면, 외국인으로부터는 '중국의 꼭두각시' 내지 '중국에 이용당한 한심한 존재' '매국노'라고 단죄된다. 그러나 그가 제약된 상황하에서 티베트인의 입장을 고수하기 위해 활동했으며, 본토(중국령 티베트)에 남게 된 티베트인에게는 그들 가까이에 있는 종교적 상징으로서의 기능을 계속했다는 것 또한 사실이다. 따라서 빤첸라마의 복잡한 입장을 한마디로 정의하거나 단죄하기는 어려울 것 같다.

1995년 5월, 인도에 망명 중인 달라이라마 14세는 각종 징후들을 검토하여 티베트에 거주하는 6살짜리 아이 겐뒨최기니마를 입적한 빤첸라마의 전생으로 공표했다. 이 발표가 있자마자 중국정부는 이 아이를 납치했으며, 이 전생 인정에 관계한 승려들을 처벌했다. 같은 해 11월, 중국정부는 자신들이 독자적으로 선정한 빤첸라마 후보자들을 조캉 사원에 모아놓고 금병의식(金甁儀式)을 치렀다. 이 금병의식은 18세기 말 고승들의 부패를 염려한 건륭제(乾隆帝)가 전생자 선정시에 특정 인물의 의도가 반영되는 것을 막기 위해 도입한 것이다(11장 참조). 중국정부가 이 제도를 이용한 배경으로는, 달라이라마 14세를 당시 부패한 고승에, 자신을 그것을 바로잡는 건륭제에 해당하는 것으로 비유하려는 의도가 있었음에 분명하다. 이 의식을 통해 선발된 겔첸노르부라고 하는 아이는 당일 오후에 빤첸라마임을 정식으로 인정받았으며, 12월 8일에 정식으로 빤첸라마에 즉위했다. 이 즉위식에는 국무원으로부터 금인금책(金印金冊)이 선사되었으며 장쩌민(江澤民)주석으로부터 따쉬륀뽀 사원 편액을 위한 주석의 휘호가 전달되었다. 이

금인금책의 수여도 역대 중국왕조가 내외가신들에게 행했던 전통을 재현한 것이다.

역사를 되돌아보면, 청 황제나 몽골 왕 등의 외부세력이 선정한 전생승이 역사적으로 정통이 되어 남아 있는 예는 전혀 없다. 이런 점을 고려하면, 이 아이가 장래에 정통 빤첸라마로서 사람들에게 받아들여지기는 어려울 것 같다. 그러나 달라이라마 14세가 인정한 빤첸라마, 즉 '세계 최연소 정치범' 겐뒨최기니마는 여전히 행방불명상태이다. 빤첸라마라는 지위가 나아가야 할 방향은 아직도 오리무중이다.

▲이시하마 유미코

48장
밀레니엄의 망명극: 두 명의 까르마빠

1999년 12월 28일, 14세의 어린 승려가 사람들의 눈을 피해 추르푸 사원(중국 티베트 자치구 뙤룽데첸 현)의 창문으로 몰래 빠져 나왔다. 이 소년 승려의 이름은 우르겐 틴레로, 나이는 어리지만 오랜 역사를 지닌 까르마 까귀파의 17대 주재자이다. 소년 승려는 국경에 배치되어 있는 중국군의 눈을 피해 자동차, 말, 헬기 등을 갈아타고 1월 5일에 인도 다람살라에 도착했다. 달라이라마 14세와 까르마빠 17세가 함께 찍은 극적인 사진은 새해를 맞이한 전 세계로 퍼져 나갔으며, 중국이 지배하고 있는 티베트에 갑작스럽게 사람들의 이목이 집중되었다. 이 사건이 가져다준 영향은 대단했으며, 그 이후 신비의 땅, 히말라야, 뽀딸라 궁 등, 판에 박힌 인상들로 티베트의 이미지를 반복해 써먹던 일본의 매스컴들도 티베트가 처해 있는 현실에 대해 미약하게나마 보도를 하기 시작했다.

14세 소년이 히말라야를 넘지 않을 수 없었던 이유는 그가 수수께끼같이 써놓고 간 편지 "샤낙(검은 모자)을 얻으러 떠남"에 드러나 있다. 샤낙이라는 것은 까르마빠 5세 데쉰 섹빠(1384~1415)가 명조 영락제(永樂帝)를 교화시킨 1407년에 황제로부터 하사받은 검은색 모자이다. 이 샤낙을 쓰고 흑모의식을 주재하는 것은 까르마 까귀파의 지

48장 밀레니엄의 망명극: 두 명의 까르마빠

도자 겔와 까르마빠(승리자 까르마빠, 8장 참조) 외에는 허락되지 않기 때문에, 샤낙은 겔와 까르마빠의 상징이 되기도 한다. 이 모자는 전대인 까르마빠 16세가 망명을 할 때 국외로 유출되었으며, 17세가 망명을 하던 시점에는 시킴의 룸텍 사원에 안치되어 있었다. 즉, 이 "검은 모자를 얻으러 떠남"이라고 써두고 간 편지는 "중국이 지배하는 티베트에서는 까르마 까귀파의 주재자로서 수행도 공부도 뜻대로 되지 않는다. 국외로 나가 전대의 근거지인 룸텍 사원으로 가서 명실 공히 까르마파의 주재자가 되겠다"라는 의미의 메시지였다고 한다.

까르마빠 17세가 세기말의 망명극을 벌이기까지의 경과를 더듬어 보는 일은 망명 까르마파의 역사 및 중국의 티베트 정책의 역사를 더듬어보는 일이기도 하다. 아래에서 까르마빠 17세의 전대, 즉 16세의 만년에서부터 17세의 탄생에 이르기까지의 경위를 살펴보자.

1959년, 달라이라마 14세가 중국의 침략에 의해 티베트를 뒤로 했던 그해, 전대 까르마빠 16세인 랑중 릭뻬 도르제(1924~1981)도 인도로 망명했다. 그는 새로운 근거지를 시킴의 룸텍 사원에 마련했고 정력적으로 포교활동을 한 결과 많은 서양인 신자들이 그를 따르게 되었다. 그러나 1981년, 겔와 까르마빠 16세는 암에 걸려 미국에서 서거하고, 그의 시신은 항공기편으로 시킴의 룸텍 사원까지 이송되어 엄숙하게 다비식이 치러졌다. 이때 많은 사람들이 까르마빠가 중국통치하의 티베트에서 전생하게 되는 것은 아닌가 하는 예감 때문에 동요했다. 화장탑 아래에서 티베트를 향한 족적이 발견된다든가, 화장의 연기가 티베트 방향으로 길게 뻗어 나간다든가, 히말라야 쪽에서 날아온 매가 화장터 주위를 맴돌고는 다시 히말라야로 날았다든가 하는 사람들이 보았다는 징조들이 여럿 있었다.

겔와 까르마빠의 전생자는 전봉석으로 샤말, 겔찹, 시뚜, 김쾬(1992년 교통사고로 타계) 등 겔와 까르마빠의 제자 계열의 전생승들의 협의

하에 결정된다. 이런 전통에 따라 이 4명은 까르마빠 16세가 남긴 환생의 실마리를 찾아 나섰으나 그 무엇도 발견할 수가 없었다. 그런데 까르마빠 사후 8년이 지난 1989년, 4명 가운데 한 명인 시뚜가 까르마빠의 유서를 '발견'하게 되었다. 이것은 까르마빠가 세상을 떠나기 1년 전 시뚜에게 주었다고 하는 부적 안에서 발견되었는데, 4명의 입회하에 1992년 개봉되었다. 이 유서에는 "동티베트의 천둥소리가 나는 곳에 아버지는 돈둡, 어머니는 루어가라고 하는 두 사람에게, 흙의 해에 태어난다"는 내용으로, 확실히 그들이 찾아내려고 했던 정보가 기록되어 있었다. 이 겔와 까르마빠 16세의 유서를 겔찹과 잠괸은 진짜라고 인정했지만, 샤말 한 명만은 위조라고 주장했다. 샤말은 이 유서의 발견 이전에 후보였던 라싸 태생의 다른 어린아이 타예 도르제를 진정한 겔와 까르마빠 17세라고 주장했으며, 이 주장을 입적한 겔와 까르마빠 16세의 친족들도 지지했다.

한편, 중국은 티베트 정책에 한계를 느끼고 있었다. 티베트인은 고승들의 말은 물론, 공산당의 말도 따르지 않았다. 달라이라마가 망명한 후에는 빤첸라마에게 티베트 불교 주재자의 자리를 주어 민심을 수습하도록 노력했으나 그는 1989년에 갑자기 입적했다. 게다가 같은 해에 노벨평화상을 수상한 달라이라마 14세의 국제사회에서의 비중이 좋든 싫든 높아져만 갔다. 빤첸라마를 대신할 '(중국정부에서 보기에) 애국자'를 한시라도 빨리 찾아내어 '조국의 분열주의자' 달라이라마 14세와 대항시키지 않으면 안되었다.

이런 중국정부의 요구에 제대로 부응하는 경우가 된 것이 까르마파의 수장 겔와 까르마빠였다. 원래 까르마파는 달라이라마의 종파인 겔룩파보다도 역사가 오래되었으며, 또한 겔룩파는 17세기에 까르마파로부터 정권을 빼앗아 현재 달라이라마 체제를 구축해 나간 과거가 있다. 까르마파 내부에 존재하는 겔룩파에 대한 뿌리 깊은 불만을 이용한다면, 달라이라마를 티베트의 최고권위자가 아닌 겔룩파라고 하는 한 종파의 주재자일 뿐이라고 폄하하는 것이 가능하다. 중국정부는 '유서'에 기록된 아이를 찾는 작업에 적극적으로 개입하게 되었다.

1992년 5월에 중국령 내의 추르푸 사원에서 5명의 승려가 17세를 찾기 위해 동티베트로의 여정을 시작했다. 이 5명은 5월 22일에 유서에 예언된 내용에 따라 라톡('신의 천둥'을 의미)이라는 지방에서 55세 돈둡과 47세 루어가 부부의 아이로 1985년 6월 26일에 태어난 우르겐이라는 소년을 발견했다. 중국정부는 그 자리에서 이 소년을 겔와 까르마빠 17세로 인정했으며, 6월 25일에는 국무원에서 정식 인정문서를 발급했다. 인정문서에는 다음과 같이 쓰여 있었다.

> 중국불교협회
> 시짱 추르푸 사원 까르마빠 16세 전생영동(轉生靈童) 인정 보고
> 티베트 자치구 참도현 라다향 빼구어(巴果)의 유목민 돈둡과 루어가 부부의 아들, 우르겐 틴레를 까르마빠 16세의 전생영동으로 인정하고 까르마빠 17세를 계승하는 것을 허락하는 데 동의한다. 적당한 시기에 즉위식을 거행하도록 한다. 추르푸 사원의 영동탐색작업 관련자들은 적당한 스승과 시종을 선발하여, 불교와 문화 등 각 방면의 지식을 이 영동에게 학습시켜, 불교에 조예가 깊으며 사회주의 조국을 열렬히 사랑하는 까르마빠 17세로 키우기를 바란다.

이런 선언에 의해 중국정부는 티베트인에게, 그들이 숭배하는 고승들 위에 중국공산당이 있음을 주지시키며, 또한 까르마빠에 대해서는 자신을 인정해준 존재에 대한 경의를 표하도록 하는 만반의 준비를 했다고 생각했다. 그러나 결과적으로 14살이 된 까르마빠 17세는 '사회주의 조국'이 아니라 '조국의 분열주의자' 달라이라마를 찾아 국외로 망

명하는 길을 택했다. 이 망명은 중국정부가 주장하는 '신앙의 자유'가 허울뿐임을 전 세계에 보여주었으며, 중국정부의 체면은 말이 아니게 되었다.

현재 우르겐 틴레는 다람살라 부근에 있는 귀뙤 라모체 밀교대학에 상주하며 까귀파 공부를 하고 있다. 한편, 샤말은 그 후에도 입장을 바꾸지 않았으며, 1993년에는 틴레 타예 도르제를 공식으로 겔와 까르마빠라고 선언했다. 까르마파 내에 생겨난 균열은 지금까지도 수습되지 않고 있다.　　　　　　　　　　　　　　▲이시하마 유미코

49장
몽골에서 부활하는 티베트 불교

17세기, 티베트의 최고권위자 지위에 오른 달라이라마 5세는 본격적으로 몽골 포교에 착수했으며, 따쉬룬포 사원에 유학하고 있던 할하(동몽골) 투시예투 칸가의 왕자(1635~1723)를 몽골 고원으로 돌려보내 톨라 강가에 겔룩파 사원을 짓도록 했다. 후에 간덴 사원이라고 불리게 되는 이 사원 주위에는 곧 마을이 생겨났으며, 그것이 현재 몽골의 수도 울란바토르의 핵심지역이 되었다. 이 왕자는 제쮠담빠라는 이름으로 전생을 계속하여 몽골 제1의 고승으로 이름을 떨치게 되었으며, 20세기에는 결국 제쮠담빠 8세를 수반으로 한 몽골정권까지 탄생했다. 티베트 불교가 몽골의 역사를 크게 바꾸어 놓은 것이다.

같은 17세기 초에, 서몽골 계열의 토르구트가 중앙 유라시아로부터 전란을 피해 볼가 강 하구 부근으로 이주했다. 달라이라마 정권은 이 토르구트를 향해 고망 학당의 고승 돈둡린첸을 파견하여 포교를 담당하게 했으며, 그 결과 칸(왕)을 필두로 해서 많은 신자들이 달라이라마를 숭배하게 되어 토르구트는 티베트 불교권의 최고 서쪽 지역이 되었다. 또한, 같은 시기에 바이칼 호반에도 150명의 티베트 승려들이 파견되어 부랴트인에게 포교를 했다.

이렇게 티베트 불교문화권은 몽골인 집단의 구석구석까지 확대되어 갔으며, 그에 따라 티베트의 대승원들에는 몽골 각지에서 많은 유학생들이 모여들게 되었다. 티베트의 승원에서는 언어상의 문제나 이후의 포교생활의 편의를 고려하여 같은 지역 출신자는 같은 학당에 배치했기 때문에, 동향인은 함께 생활하며 공부를 하게 되었다. 많은 몽골계 유학생들이 데뽕 사원의 고망 학당에 입학했으며, 이곳에서 학업을 마치면 고향으로 돌아가 티베트 불교사원을 세웠기 때문에 이윽고 토르구트, 준가르 초원, 몽골 고원, 칭하이에는 많은 고망의(정확히는 데뽕 사원의) 말사(末寺)가 건립되었다. 이런 승원들에서는, 유럽의 수도원에서 라틴어가 종교언어로 이용된 것과 마찬가지로 티베트어가 종교언어로 사용되었으며, 그 조직이나 수행 커리큘럼도 본산인 고망 학당과 동일했다. 몽골인들은 티베트 불교권 주변에 위치하고 있었음에도 불구하고 오히려 신앙심이 깊었으며 근면했기 때문에 점차 학승으로서 명성을 쌓아갔다. 달라이라마 13세의 조언자였던 도르지예프도 이와 같은 몽골 승려들 중 하나였다.

20세기에 들어와서는, 1917년에 러시아가 소련으로, 1921년에는 몽골이 몽골인민공화국으로 전환되었는데, 몽골인의 거주영역이 모두 사회주의정권에 분포해 있었기 때문에, 승원들은 철저하게 파괴되었으며 승려들은 환속을 강요받는 등 승원과 유목왕후들이 지배했던 전통적인 사회는 붕괴되었다. 그러나 20세기 말에 사회주의정권이 약화되자 그에 반비례하여 몽골인의 내셔널리즘 또한 고양되었으며, 몽골인은 잃어버렸던 민족의 정체성을 되찾으려는 시도의 일환으로 티베트 불교의 부활을 강하게 희망하게 되었다. 이에 답하는 형식으로 달라이라마 14세는 1979년·1982년·1991년·1994년에는 몽골에, 1991년에는 러시아 연방 내의 칼미크(토르구트의 현 명칭)와 부랴트 두 자치공화국을 방문했으며, 각각의 땅에서 모두 수많은 몽골인들에게 둘러싸여 열렬한 환영을 받았다. 이는 오랜 기간에 걸친 사회주의정권의 종교탄압으로도 몽골인의 불교에 대한 신앙심을 없앨 수 없었음을 보여주는 감동적인 사건이었다.

1991년에 소련이 붕괴하자 칼미크·부랴트·몽골의 불교는 러시아나 중국의 눈치를 살펴야 한다는 제약은 있었지만, 본격적으로 부흥의 길에 나섰다. 여기에서 흥미로운 것은, 몽골 지역에서 오늘날 확실히 이루어지고 있는 이런 부흥사업에서 고망 학당이 다시 중요한 역할을 맡기 시작했다는 것이다. 현재 인도의 카루나타카 주에 재건되어 있는 고망학당에는 몽골 지역에서 150명의 승려가 유학을 와서 불교철학을 공부하고 있다.

2003년 여름, 이 책의 집필자 중 한 명이기도 한 노무라 쇼지로(野村正次郎) 씨에게 의뢰하여 고망학당에서 공부하는 몽골 출신의 10대 청년 승려들에게 몽골 불교의 부흥상황에 대해서 물어보았다.

우선, 몽골 출신의 20대 청년 승려는,

"사회주의정권이 붕괴한 것은 우리 몽골인들에게 매우 좋은 일이었습니다. 달라이라마께서 몽골에 오셨을 때는 모두가 최고의 경의와 예절로 환영했습니다. 현재, 몽골에서는 서서히 불교 부흥이 이루어지고 있으며 불교철학을 공부할 수 있게 되었습니다. 사원은 단순히 경전을 읽거나 기도만을 하는 곳이 아닙니다. 부처가 되기 위한 길을 공부하는 곳이 되어야만 합니다. 최근 몇 년 동안 몽골 승려의 수준이 높아진 것은 기뻐할 만한 일입니다. 불교 부흥은 건물이나 불상을 재건하는 것과 같이 외면적인 데 머무르는 것이 아니라, 불법(佛法)의 의미를 이해하고 실천하는 데 힘쓰는 사람들이 늘어나야만 하는 것입니다"라고, 불교부흥이란 사원 등 기반시설의 재건이 아니라 그 안에서 철학연구와 실천수행을 행하는 승려들의 자질 향상을 이루어야 비로소 완수되는 것임을 이야기해주었다. 다음으로, 부랴트 출신의 10대 소년 승려

5부 티베트의 현재

칼미크 공화국의 수도 옐리스타에 건립된 샤카순 수메(석가사원)(촬영: 柳澤明).

는 소련 붕괴 후의 부랴트와 티베트 간의 관계에 대해서 다음과 같은 이야기를 해주었다.

"소련이 붕괴하기 전 달라이라마께서 부랴트를 방문하셨을 때에는 사람들이 마음속 깊이 기뻐했지만 표정으로 그것을 나타낼 수 없었습니다. 사회주의정권이 붕괴된 지금, 부랴트에는 달라이라마 대표부도 들어섰으며 고망 학당 출신의 예셰 박사께서 오셔서 교편을 잡아주셨습니다. 제가 고망 학당에 온 것은 러시아에서는 배울 수 없는 불교철학을 공부하기 위해서입니다. 부랴트에서는 아직까지 승려의 수가 적고, 그 승려들도 의미조차 모른 채 기도를 하곤 합니다. 여기에 유학하고 있는 사람들이 중심이 되어 앞으로 부랴트에서 불교철학을 가르치고 싶습니다."

몽골의 승려도 부랴트의 승려도, 불교 선진지역인 티베트에서 철학을 배우는 즐거움과 자신이 미래의 몽골 불교를 짊어진다고 하는 기개가 충만하여, 마치 17세기의 고망 학당에서 몽골 유학생의 이야기를 듣고 있는 듯했다.

몽골에서 부활해가고 있는 티베트 불교 중에서도 특기할 만한 것은 칼미크 공화국의 불교이다. 1993년 4월 12일, 소련 붕괴 후 처음으로 치러진 선거에서 신진기예인 31세의 키르산 니콜라예비치 일륨지노프가 대통령에 선출되었다. 그는 공화국 예산을 투입하여 티베트 불교 부흥에 힘썼으며, 1996년에는 수도 옐리스타에 티베트 사원 샤카순 수메(몽골어로 석가사원의 의미)를 건립했고 칼미크의 소년 승려 10명을 고망 학당에 보내어 미래의 불교계를 이끌어갈 인재를 육성하고자 했다. 러시아의 압력에 의해 현재 달라이라마는 칼미크 공화국에 입국할 수 없지만, 대신 일륨지노프 대통령 자신이 몇 차례나 달라이라마를 방문하여 망명정권과의 유대를 돈독히 하고 있다. 엘리스타의 중심가에는 달라이라마와 일륨지노프 대통령이 관세음보살의 진언 '옴 마니 팟메 훔' 아래에서 미소 짓고 있는 사진이 걸려 있는데, 이것을 보면 그가 여러 번 계속해서 대통령에 당선되는 이유가 티베트 불교 부흥사업을 성공했기 때문이라고 이야기되는 것도 납득이 된다.

또한 언급하지 않을 수 없는 것은 대통령과 함께 부흥운동의 선두에 선 칼미크 불교계의 지도자 텔로 린뽀체(Telo tulku)이다. 텔로 린뽀체의 양친은 1930년대에 미국으로 이주한 칼미크인으로, 텔로 린뽀체 본인은 필라델피아 태생의 미국인이다. 그는 달라이라마에 의해 띨로빠의 환생으로 인정받았으며 고망 학당에서 공부한 후 1991년에 선조의 땅인 칼미크에 전생승으로 돌아갔다. 미국 태생의 칼미크인 청년이 달라이라마의 명령에 따라 선조의 땅으로 돌아가 불교를 포교한다는 구도는, 17세기에 몽골 왕가에서 태어난 제쮠담빠 1세가 티베트 유학 중에 고승의 전생자로 인정받고 달라이라마 5세의 명령에 의해 다시 고향으로 돌아가 몽골에서 포교를 했다는 것과 완전히 일치한다. 난민이 되어서도 여전히 전통적인 수법으로 포교를 계속하는 이런 티베트 불교의 저력에는 정말 경의를 표하지 않을 수가 없다.　　▲이시하마 유미코

50장
'세계의 성자' 달라이라마: 그 인물과 사상

> 우리는 남의 사정을 마음에 두지 않고 자신의 이익이라고 믿는 것을 덮어놓고 계속 찾다보니 타인에게뿐만 아니라 자기 자신에게도 상처를 주고 있습니다. 이런 사실은 금세기에 들어와 더 심해졌습니다. 예컨대 지금 핵전쟁을 일으킨다면 그것은 그대로 자살행위가 될 것입니다. 혹은 눈앞의 이익을 구하려고 대기나 바다를 오염시킨다면 그것은 우리의 생존기반을 파괴하는 것입니다. 개인이나 국가의 상호의존(緣起)의 정도가 증가하고 있는 오늘날, 내가 '보편적 책임감'이라고 부르는 것을 육성시키는 것 외에 남아 있는 길은 없습니다.
>
> ─달라이라마, 『사랑과 비폭력』에서

1951년 이전, 달라이라마 14세는 티베트의 정치와 종교의 정점에 서 있었으며, 틀림없는 군주였다. 그러나 1951년에 중국군이 티베트에 침공하자 그의 직함은 시짱(西藏)자치구 준비위원회 위원장이 되었으며, 1959년에 인도로 망명한 뒤에는 문자 그대로 한 사람의 난민이 되었다. 이후 중국정부는 티베트에 사회주의를 강요하고 티베트 불교를 탄압했으며, 달라이라마에 대해서 갖은 모욕적인 말을 퍼부었다. 그럼에도 불구하고 달라이라마 14세는 티베트인에게, 이런 중국정부에 대해서도 분노를 일으켜서는 안된다는 것, 무력투쟁 등은 당치도 않은 방법이라는 것 등을 계속 이야기해왔으며, 1987년에는 결국 티베트의 '독립' 요구를 '자치'로까지 후퇴시켰다. 이 때문에 절망한 라싸의 티베

50장 '세계의성자' 달라이라마: 그 인물과 사상

트인이 독립요구시위를 벌여 다수의 사상자가 나오기까지 했다. 왜 달라이라마는 일부 티베트인의 반감을 사면서까지 중국정부에 대해 양보를 계속하고 있는 것일까. 이런 물음에 대한 답

달라이라마 14세는 "사람들과 만나는 것이 저의 수행입니다"라고 하며, 시간이 허락하는 한 그 누구와도 만난다(오른쪽은 필자).

에는, 달라이라마가 입버릇처럼 이야기하는 "나는 일개 수행승일 뿐입니다"라고 하는 말이 하나의 힌트가 될 것이다. 달라이라마는 기회가 있을 때마다 자신은 '활불'(活佛)도, 한 나라의 지도자도 아니며 단지 일개 수행승이라고 하는 자신의 실존에 대해 말해왔다. 그러므로 아래에서 불교사상과 그 수행법에 대하여 검토하고, 두 가지가 어떻게 달라이라마의 말과 행동에 어떻게 연관되어 있는지 살펴보자.

불교에서는, 이 세상은 고통으로 가득 차 있는 것으로 생각하고, 그 고통이란 바깥에서 오는 것이 아니라 사물에 집착을 한다든지, 혐오한다든지 하는 나쁜 성질(번뇌)에서 생겨나는 것으로, 요컨대 자신의 마음속에서 생겨나는 것이라고 생각한다. 따라서 이런 번뇌를 극복하면 '고통이 사라져버린 상태'(열반)에 들어 '깨달은 자'(부처)가 될 수 있다. 그리고 부처가 되기 위해서는 수행을 통해서 위와 같은 철학을 스스로의 마음 안에서 실현해가지 않으면 안된다. 이 수행에는 자기에게 행하는 수행과 타자에게 마음을 쏟아 행하는 수행 두 가지가 있다. 자기 마음을 쏟아 행하는 수행이라는 것은, 스스로의 마음속에 존재하는 분노·탐욕·우매함 따위의 나쁜 성질(번뇌)을 불교철학을 공부한다든지, 명상을 한다든지 해서 극복해가는 것을 가리키며, 타자에게 마음을

쏟아 행하는 수행이라는 것은, 자신의 몸을 내던져 사람들의 행복을 위해 일하는 것을 가리킨다.

우선, 전자의 수행에 근거해서 달라이라마의 말과 행동을 검토해보자. 번뇌를 에고(ego)로, 열반을 평화로 치환해보면 달라이라마가 말하는 평화사상이 불교사상 그 자체인 것을 쉽게 이해할 수 있다. 달라이라마는 모든 세상사람이 마음속에 생겨난 에고를 진정시키고 평화로운 세상을 만들어야 한다고 설파한다. 확실히, 세계분쟁의 태반은 자기, 자기 가족, 자기 민족, 자기 종교, 자기 국가 등, '자기, 자기'와 에고를 주장하는 사람들 사이에 일어나고 있는 것이다. 이런 분쟁을 해결하기 위해서는 대립하는 쌍방이 마음속의 나쁜 성질(번뇌)을 진정시키고 서로의 존재를 인정하여 화해하는 것 외에는 다른 방법이 없다. 달라이라마가 중국의 점령에 대해 티베트 독립을 전면에 내세우지 않고 비폭력을 계속해서 언급하는 것은 티베트인, 중국인 쌍방이 에고(번뇌)를 극복하고 상대에 대해 품고 있는 혐오를 억누르지 못한다면 티베트도 중국도 진정한 평화를 실현할 수 없다는 것을 알고 있기 때문이다. 또한 수행자 달라이라마에게 일차적으로 중요한 것은 인류 전체의 행복과 그것을 실현하는 부처의 가르침이며, 이것에 비하면 자신이 군주의 지위에 복귀하는 것, 티베트가 완전히 독립하는 것 등은 부차적인 의미를 지닐 수밖에 없는 것이다.

또한 달라이라마는 티베트를 억압하고 있는 중국에 대해 감사의 말을 보내기까지 한다. 이를 고차원적인 술책이라고 생각하는 사람은 아직 불교, 혹은 달라이라마라는 인물을 알지 못하는 사람이다. 대승불교에서는 에고를 극복하기 위한 중요한 수행으로써 '인내의 도야'(忍辱行)를 말한다. 달라이라마가 항상 곁에 두고 보는 책인 『깨달음에 이르는 길』(Bodhicaryāvatāra)에는 인내에 대해서 다음과 같이 설명하고 있다.

깨달음의 경지를 이루는 데 도움이 되므로 나는 적에 대해서도 기뻐해야만 한다. ……이 적에게는 우리를 해치려는 마음이 있으므로 감사해서는 안된다고 한다면, 의사처럼 우리를 도와주는 사람들에게 둘러싸여서, 어떻게 내가 인내를 몸에 익힐 수 있겠는가.

이 구절은, 인내라는 미덕은 자신을 사랑해주는 사람들에게 둘러싸여 있다면 몸에 익힐 수 없으며, 적의 박해를 받으면서도 그것에 아랑곳하지 않는 마음을 도야해야 비로소 몸에 익힐 수 있다는 뜻이다. 따라서 인내행을 쌓게 해주는 적에게 감사해야 한다고 설파하는 것이다. 달라이라마는 이 가르침을 체득한 결과 겉으로만이 아니라 진정으로 중국에 감사를 표한 것이다.

달라이라마의 평화사상 중에서 특히 유명한 보편적 책임감(universal responsibility) 역시 불교사상에 근거한 것이다. 사람은 평상시에 자기, 자기 가족, 자기 민족, 자기 국가라고 하는 자신의 에고와, 그 연장선상에 있는 것들에 대해서만 책임을 지고 행동하고 있다. 그러나 달라이라마가 말하는 보편적 책임감이라는 것은 서두에 언급한 문장에 나타난 바와 같이 모든 생명 있는 존재들에 대해서 책임 있는 행동을 취해야만 한다는 것을 이야기하는 것이다. 이런 보편적 책임감도 지금까지 기술해온 에고 극복의 수행과 같은 의미를 갖는다는 것은 더 말할 필요도 없다.

다음으로, 타인에게 마음을 쏟아 행하는 수행이 달라이라마의 말과 행동에 어떻게 연관되는지에 대해 살펴보자. 불교에서는 모든 생명 있는 것에 대해서 자비의 마음을 품으며 우리의 몸을 던져 타자를 위해서 진력하는 것을 중요한 수행의 하나로 간주하며, 그런 수행을 행하는 자를 보살이라고 부른다. 알려진 대로 달라이라마는 관세음보살의 화신으로 사람들의 존경을 받으며 또한 자신도 그렇게 자임하며 살아왔다. 관세음보살은 많은 보살들 중에서도 특히 부처의 자비심(사랑과 측은지심)의 권화(權化, 부처가 신통력에 의해 임시로 나타난 모습)이며, 사람들의 구원을 바라는 목소리에 가장 자상하게 응답해주는 보살로 알려져 있다. 달라이라마 14세가 몇 차례나 환생을 하여 티베트 사람들을 이끌고 있는 것도, 현재 세계의 고통받는 사람들이나 티베트 난민을 위해 한 곳에 가만히 앉아 있는 일없이 전 세계를 돌아다니며 부처의 가르침을 설파하고 있는 것도, 모두 이런 관세음보살의 화신으로서의 실존에 바탕을 둔 일이다. 아울러, 달라이라마의 애독서 『깨달음에 이르는 길』도 보살로서의 삶의 방식을 보여준 책이라 할 수 있다. 이상에서 살펴본 바와 같이 달라이라마의 사상은 모두 불교사상에 근거하고 있는 것이며 그 행동 또한 모두 부처가 되기 위한 수행으로써 이루어지고 있는 것이다.

비폭력사상은 중국의 횡포를 간과하기 때문에 티베트 문제 해결을 지연시킨다고 비판하는 사람도 있다. 그러나 티베트인이 무력투쟁의 길을 선택하는 것은 불교도로서의 정체성을 잃어버리는 것을 의미하며, 그것은 나라를 잃는 것보다도 더 나쁠 것이다. 또한 달라이라마의 비폭력사상은 세상 사람들에게 티베트 불교의 가치를 알게 하여, 그 결과 50년이 지난 지금도 아직 티베트 문제가 풍화되어 사라지지 않은 것을 생각하면, 비폭력이 티베트 문제 해결에 있어서 마이너스로 작용하고 있다고는 말하기 어렵다. 무엇보다 '일개 수행승'이 지금도 티베트인의 지도자이며, 전 세계 사람들에게 사랑과 존경을 받고 있다는 사실이야말로 이 사상이 진실임을 가리킨다고 말할 수 있으리라.

▲이시하마 유미코

용어해설

1. 범천권청

붓다가 보리수나무 아래서 깨달음을 얻었을 때, 그 내용이 매우 심오했기 때문에, 다른 사람들에게 설명해도 이해하지 못할 것이라고 생각하여 가르침을 설파하지 않았다. 그런데 인도의 신인 범천(梵天, 즉 브라흐만)이 깨닫지 못하고 괴로워하는 모든 사람을 위해 그 가르침을 설파해달라고 붓다에게 권하며 요청하니, 그것에 응하여 붓다는 처음 설법을 행했다. 이것을 '범천권청'(梵天勸請)이라고 한다. 붓다의 설법은 모두 제자가 붓다에게 가르침을 설파해줄 것을 간절히 바라는 데서부터 시작한다.

2. 대승·소승

불교수행을 하는 사람들의 동기나 자질, 결의에 따라 자기 한 사람의 깨달음을 목표로 하는 수행자가 있는가 하면, 모든 생명 있는 존재를 구하기 위해 불교를 수행하는 이가 있다. 전자를 소승(小乘)의 수행자, 후자를 대승(大乘)의 수행자라고 한다. 이 경우 '대'와 '소'는 의지의 차이를 의미한다. 소승의 수행자에게는 '성문'(聲聞)과 '독각'(獨覺)이 있다. 성문이란 부처의 가르침을 듣는 것으로 깨달음을 얻은 사람을 가리키며, 독각은 스스로 깨달음을 얻은 사람이다. 대승의 수행자는 '보살'(菩薩)이라고 불린다. 보살이 불교수행에 뜻을 두는 결의를 '보리심'(菩提心)이라고 하며, 보리심을 처음 생겨나게 하는 것을 '발보리심'(發菩提心) 혹은 줄여서 '발심'(發心)이라고 한다.

3. 중관·유식

대승불교철학의 양대 지파. 중관사상은 『반야경』에 설명된 '공'(空)사상을 나가르주나가 철학적으로 고찰한 데서 시작한다. 중관(中觀)의 근본적인 주장은 "모든 존재가 공·무자성(無自性)이다"라고 하는 것이다. 공은, 존재와 무(無) 그 어느 것에도 치우치지 않는 중간적인 존재방식이기 때문에 '중'관이라 한다. 유식(唯識)은 『해심밀경』(解深密經)을 기본경전으로 하며, 대승불교의 여러 개념들을 집대성하고 체계화한 유파이다. 하늘에 있는 미륵보살로부터 가르침을 받은 아상가와 그 동생 바수반두가 대표적인 사상가이다. 이 세상의 모든 현상은 의식 안에서 생겨나는 것에 지나지 않는다고 주장하며, 외계의 존재를 부인하기 때문에 '유식'이라는 명칭이 사용되었다. 모든 행위는 의식 안에 잠재적으로 결과를 남기고, 나중에 그런 결과가 성숙하여 새로운 현상을 만들어낸다고 하는 내재적인 인과설을 주장하며, 그 잠재적인 결과의 저장고로서 프로이드의 무의식과 유사한 '아라야식'(阿賴耶識)의 존재를 주장했다.

관련 용어

方便―色身―如量智―緣起―世俗諦―廣大行―唯識―彌勒菩薩―樂

智慧―法身―如實智―空性―勝義諦―甚深見―中觀―文殊菩薩―空

4. 인도 불교의 계통도

```
┌현교―소승불교┬설일체유부 ···· 바수반두(『아비달마구사론』)
│              └경량부 ········ 바수반두
│        대승불교┬유식파 ···· 『해심밀교』, 아상가, 바수반두
│                ├논리학 ···· 달마끼르띠
│                └중관파 ···· 『반야경』, 나가르주나(『중론』), 아랴데바
│                    ├중관자립논증파 ··· 바비베까, 샨따라끄시따
│                    └중관귀류논증파 ··· 붓다빨리따, 찬드라끼르띠, 샨띠데바
└밀교―소작(所作)딴뜨라 ·· 의식작법 등을 설명한 초기 밀교경전
      ├행(行)딴뜨라 ····· 『대일경』 등
      ├요가딴뜨라 ······ 『금강경정』, 『이취경』 등
      ├무상요가딴뜨라 ··· 『짜끄라산바라 딴뜨라』, 『헤바즈라 딴뜨라』,
      └『비밀집회(구히야사마자) 딴뜨라』, 『깔라짜끄라 딴뜨라』 등
```

5. 방편·지혜

부처나 보살은 모든 생명 있는 존재를 교묘한 방법을 통해 깨달음으로 이끌어가는데, 그 방법을 '방편'(方便)이라고 한다. 존재의 진상을 깨달은 부처의 인식을 '지혜'(智慧, 般若)라고 한다.

6. 연기·공성

'연기'(緣起)란, 그 어떤 존재하는 것도 모두 어떤 원인에 의해(緣) 생겨났다는(起) 것이다. 이렇게 모든 것은 연기하고 있는, 즉 반드시 어떤 원인에 의해 생겨난 것이기 때문에 상대적·일시적인 존재이며, 확고한 본질이나 변하지 않는 실체는 존재하지 않는다는 것을 '공성'(空性)이라고 한다.

7. 자성·무자성

모든 것은 어떤 원인에 의해 일시적이며 가짜로 존재하고 있는 것에 지나지 않지만, 확고한 실체를 지닌 채 존재하고 있다고 우리는 믿고 있다. 존재하고 있지 않지만 존재하고 있다고 믿게 하는, 각각의 사물의 확고한 본질을 '자성'(自性)이라고 한다. 그런 자성이 실제로는 존재하지 않는다는 것을 '무자성'(無自性)이라고 한다. 무자성과 공성은 같은 의미이다.

8. 세속제·승의제

'제'는 '진실'이라는 뜻이다. '세속'이란 우리같이 미혹한 것이 태어나서 살아가는 세계를 가리키며, 그런 생활의 세계에서 진실하다고 생각되는 사물을 '세속제'(世俗諦)라고 한다. '승의제'(勝義諦)란 '진정한 의미로서의 진실'이라는 뜻인데, 진정한 의미로서의 진실은 모든 것이 '공'인 것, 즉 확고한 실체가 없다는 것뿐이다. 세속제와 연기하고 있는 것은 같은 뜻이며, 승의제와 공성 또한 같은 뜻이다.

9. 광대행·심심견

미륵보살로부터 아상가를 거쳐 유식파에 전해진, 반야경의 실천적 측면을 강조한 가르침의 전통을 '광대행'(廣大行)이라고 한다. 문수보살로부터 나가르주나를 거쳐 중관파에 전해진, 반야경의 철학적 측면을 밝히고 있는 가르침의 전통을 '심심견'(甚深見)이라고 한다. 반야경의 실천적 측면에서는 교묘한 방편을 실현하기 위한 수행이 설명되며, 철학적 측면에서는 사물의 진상인 공성에 대해 설명한다.

10. 색신·법신

여러 방편으로 미혹된 범부들을 깨달음으로 인도하기 위해 사람들의 눈에 보이는 모습으로 나타난 부처를 '색신'(色身)이라고 한다. 부처란 존재의 진상을 깨달은 지혜 그 자체이며, 원래 색깔도 형태도 없다. 그 진실을 깨달은 지혜 그 자체라는 부처의 존재양식을 가리켜 '법신'(法身)이라고 한다.

11. 여량지·여실지

부처는 모든 생명 있는 것을 깨달음으로 인도하기 위해, 세상의 모든 사물의 모든 측면에 대해서 무한한 인식을 지니고 있어야 한다. 이를 '여량지'(如量智)라고 한다. '여량'이란 '존재하고 있는 한의 모든 것'이라는 뜻이다. 여량지는 부처나 보살의 방편이 작용하는 바탕이 된다. 존재의 진상인 공성을 완전히 이해하고 있는 지혜를 '여실지'(如實智)라고 한다. 이것은 반야의 지혜와 같은 것이다.

12. 낙공무별

방편과 지혜의 밀교적인 해석. '낙'(樂)이라는 것은 모든 생명이 있는 것을 구제하기 위해 여러 방편을 강구하는 의식(意識)이다. 그 구제를 애써서 행하는 것이 아니라, 한없는 기쁨을 느끼면서 행하기 때문에 '낙'이라고 한다. '공'은 그런 낙의 상태에 있는 지혜에 의해 인식되는 사물의 진정한 존재방식이다. '낙'이라는 지혜와 그 대상인 '공'은, 현교에서는 별개의 것이지만, 밀교에서는 수행의 결과 일체화된 경지를 실현시킨다. 이를 '낙공무별'(樂空無別)이라고 한다.

13. 십선계

초기 대승불교의 계. 살생(殺生, 살아 있는 것을 해치는 행위), 투도(偸盜, 주어지지 않은 것을 취하는 행위), 사음(邪淫, 부정한 성행위에 빠져드는 것), 망언(妄言, 거짓말을 하는 행위), 양설(兩舌, 한 입으로 두 말 하는 것), 악구(惡口), 기어(綺語, 말을 꾸며대는 것), 탐욕(貪慾), 진에(瞋恚, 화냄), 사견(邪見, 잘못된 철학을 믿는 것)을 조심하는 것. 처음 세 가지는 신체를 통해 행하는 악한 행위, 다음의 네 가지는 말을 통해 행하는 악한 행위, 마지막 세 가지는 마음을 통해 행하는 악한 행위를 삼가는 것이다.

14. 육바라밀

대승불교의 근본적인 수행방법, 바라밀(波羅蜜)이라는 것은 산스크리트어 빠라미따(pāramitā)의 음역으로, 뜻은 도피안(到彼岸, 건너편 물가, 즉 깨달음으로 옮겨가는 것)이다. 보시(布施), 지계(持戒), 인욕(忍辱), 정진(精進), 명상(瞑想), 지혜(智慧)의 여섯 가지가 있으며, 이 중 앞의 다섯 가지 바라밀을 실천하는 것에 의해 방편을 구사하는 힘을 얻게 되면 지혜바라밀을 실천하게 되어 공성을 이해하는 반야의 지혜를 얻는다.

15. 사성제(四聖諦)

붓다가 첫 설법에서 설파했다고 하는 네 가지 진리에 대한 성스러운 가르침. 불교의 가장 기본적인 사상이다. 첫 번째는, '이 세상은 고통을 그 본질로 한다'는 진리(苦諦). 두 번째는, '이런 고통의 원인은 집착이다'라는 진리(集諦). 세 번째는, '고통의 원인을 없애면 결과인 고통도 소멸된다'는 진리(滅諦). 네 번째는, '고통의 원인을 없애기 위한 올바른 수행방법은 팔정도(八正道)이다'라는 진리(聖諦). 이것은 의사가 환자를 치료하는 것에 비유할 수 있다. 의사는 병을 진단하고, 그 원인을 찾아내어, 그 원인을 제거하면 좋다는 것을 이해하고 치료를 행한다. 이것과 동일하게 붓다는 미혹한 사람들의 상태를 '고통을 본질로 하고 있다'고 진단하고, 그 고통의 원인을 특정하고, 그것을 제거하면 좋다는 것을 가르치고, 그 방법을 제시한 것이다.

16. 팔정도(八正道)

붓다가 첫 설법에서 가르친, 고통의 원인을 제거하기 위한 여덟 가지 올바른 행위. ①사성제에 대한 올바른 이해(正見), ②올바른 의지·의욕을 지니는 것(正思), ③사람에게 상처를 주지 않는 등의 올바른 언어행위(正語), ④올바른 신체적 행동(正業), ⑤올바른 생활태도(正命), ⑥바른 노력을 하는 것(正精進), ⑦올바른 이해를 항상 염두에 두어 잊지 않는 것(正念), ⑧올바른 명상수행(正定)의 여덟 가지.

17. 다끼니(Dakini)

힌두교에서 깔리(Kālī) 여신의 시녀였던 존재가 밀교에 흡수되어 밀교 수행자나 매장교설을 보호하는 여성수호신이 된 것.

18. 금강살타(金剛薩埵)

붓다가 무상요가딴뜨라를 설명할 때의 자세이며, 또한 무상요가딴뜨라수행을 완성한 후에 얻게 되는 경지를 나타내기도 한다. 오른손에 방편을 상징하는 금강저(金剛杵)를, 왼손에는 지혜를 상징하는 금강령(金剛鈴)을 쥐고 있으며, 지혜를 상징하는 명비(明妃, 즉 여성 파트너)를 껴안은 자세를 취하고 있는 경우도 있다.

19. 샴발라(Shambhala)

불교왕 깔끼(Kalki)가 다스리는 유토피아. 『깔라짜끄라 딴뜨라』에 설명되어 있다.

20. 중유(中有)

죽은 후부터 다음 생으로 전생하기까지의 중간상태. 바르도라고도 함.

용어해설

21. 밀교의 법구

금강령과 금강저(촬영: 이시하마 유미코)

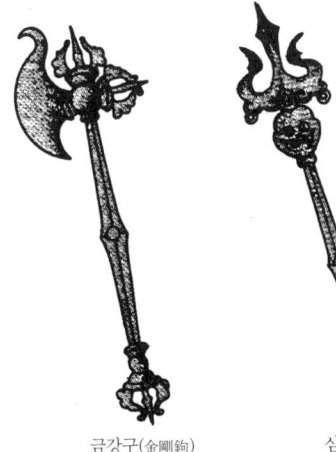

금강구(金剛鉤)

삼차극(三叉戟)

금강색(金剛索)

22. 육도윤회도(六道輪廻圖)

용어해설

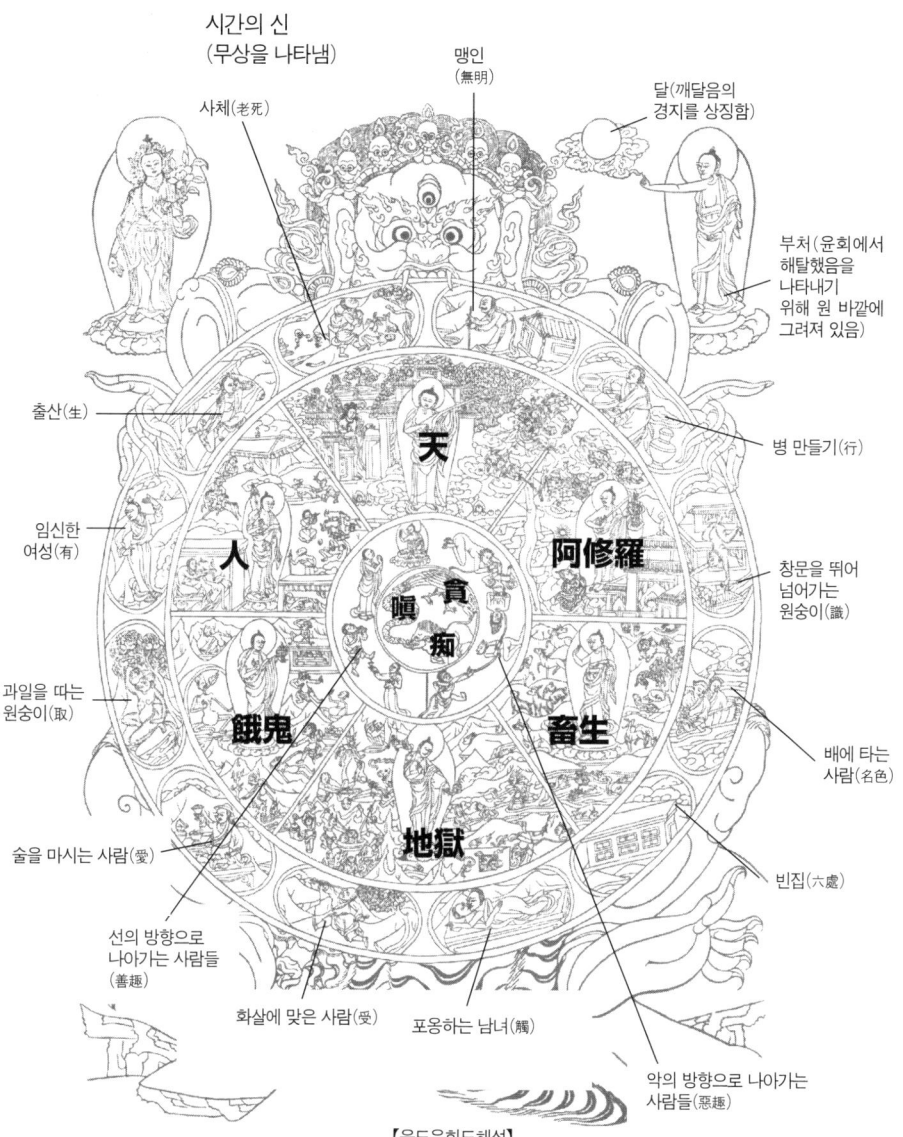

【육도윤회도해설】
가운데 차축부분의 세 마리 짐승은 삼대번뇌(탐·진·치)를,
바퀴살 사이는 육도윤회의 세계를,
수레바퀴 부분은 12연기를,
바퀴를 쥐고 있는 것은 무상을, 달은 깨달음의 경지를 나타낸다.
그것을 가리키고 있는 것이 부처이다.

참고문헌

1부 성자들의 티베트

石濱裕美子,『チベット佛教世界の歷史的研究』, 東方書店, 2001.
佐藤長,『古代チベット史研究』, 同朋舍, 1977.
立川武藏, 福田洋一, 石濱裕美子 譯註,『西藏佛教宗義研究第七卷 ゲルク派の章』,
　　東洋文庫, 1985.
藥師義美,『雲の中のチベット トレッキングと探檢史』, 小學館, 1989.
渡邊一枝,『わたしのチベット紀行』, 集英社, 2003.
『佛教 特集チベット』26號, 法藏館, 1994.

2부 설국의 불교

エヴァンス・ヴェンツ,『パドマサンバヴァの生涯』, 春秋社, 2000.
伊藤健司,『ネーコル』, MYCOM, 1997.
クンチョック・シタル, ソナム・ギャルツェン・ゴンタ(齋藤保高 譯),『實踐チベット佛
　　教入門』, 春秋社, 1995.
田中公明,『チベット密教』, 春秋社, 1993.
十四世ダライラマ・テンジンギャツォ(福田洋一 譯),『ダライラマの佛教哲學講義』, 大
　　東出版社, 1996.
ツォンカパ(北村太道, ツルティム・ケサン 共譯),『吉祥秘密集會成就法淸淨瑜伽次
　　第―チベット密教實踐入門―』, 永田文昌堂, 1995.
平岡宏一,「第四章幻身」, 立川武藏・賴富本宏 編,『チベット密教』, 春秋社, 1999.
森雅秀,「第八章マンダラの形と機能」, 立川武藏・賴富本宏 編,『チベット密教』, 春秋
　　社, 1999.
森雅秀,「密教儀禮の成立に關する一考察―アビシェーカとプラティシュター」, 松長有
　　慶,『インド密教の形成と展開』, 法藏館, 1998.
ラマ・ロサン・ガンワン講義(平岡宏一 譯),『チベット死者の書』, 學習研究社, 1994.

웹사이트

福田洋一의 티베트 관련 연구 사이트 http://tibet.que.ne.jp/

3부 삶의 문화

大岩昭之, 『チベットの建築―知られざる建築を訪れて(CD-ROM)』, AALab, 1995.

龜井孝他 編, 『言語學大辭典第二卷』, 三省堂, 1989 (「チベット語の歷史」〔西田龍雄〕;
「チベット語〈文語〉」「チベット語〈口語〉」〔長野泰彥〕)

友田正彥, 『INAX ALBUM33 チベット/天界の建築』, INAX出版, 1995.

イェシェ・ドゥンデン, 『チベット醫學 身體のとらえ方と診斷・治療』, 地湧社, 2001.

ゲシェー・ラブテン, アラン・ウォレス, 『チベット佛敎の僧院生活』, 平河出版社, 1984.

Yuri Parfionovitch, Gyurme Dorje and Fernand Meyer(ed.), *Tibetan Medical Paintings*, London: Serinda Publications, 1992, 2 vols.

William Semple, "Symbolism and Ritual in Tibetan Architecture" in *Chö-Yang*, No. 5, 1992.

비디오

『天地樂舞―中國五十五小數民族民間傳統藝能大系―第二十六卷(チベット族一)』, 日本ビクター株式會社, 1997.

A Tribute to Gyalwang Karmapa, Kawachen Video Library #3, Kawachen, 2000.

웹 사이트

데뿡 고망학당 일본 웹사이트 http://www.mmba.jp/gomang/
Tibetan Heritage Fund: http://www.tibetheritagefund.org/

4부 티베트와 오리엔탈리즘

エリザベズ・キューブラー・ロス(鈴木晶 譯), 『死ぬ瞬間 死とその過程について(完全新譯改定版)』, 讀賣新聞社, 1998.

ラドヤード・キプリング, 『少年キム』, 晶文社, 1997.

イアン・スティーブンソン(笠原敏雄 譯), 『チベット生と死の書』, 講談社, 1995.

レイモンド・Aムーディ(中山善之 譯), 『かいまみた死後の世界(新裝版)』, 評論社, 1995.

Peter Hopkirk, *Trespassers in the Roof of the World: The Race for Lhasa*, Oxford University Press, 1982.

James Hilton, *Lost Horizon*, Pan Books, 1947.

Donald S. Lopez, Jr., *Prisoners of Shangri-La*, University of Chicago Press, 1998.
Jamyang Norbu(ed.), *The Mandala of Sherlock Holmes*, John Murray Pub. Ltd., 2002(ジャムヤン・ノルブ著[東山あかね 譯],『シャーロック・ホームズの失われた冒險』, 河出書房新社, 2004).

5부 티베트의 현재

英國議會人權擁護グループ(チベット問題を考える會 譯),『チベット白書』, 日中出版社, 2000.
パルダン・ギャムツォ(檜垣嗣子 譯),『雪の下の炎』, 新潮社, 1998.
ペマ・ギャルポ,『チベットはどうなっているのか』, 日中出版社, 1990.
曹長青 編,『中國民主活動家 チベットを語る』, 日中出版, 1999.
アデ・タポンツアン,『チベットの女戰士アデ』, 總合法令出版, 1999.
ダライ・ラマ(山際素男 譯),『ダライ・ラマ自傳』, 文芸春秋, 1992.
チベット國際キャンペーン(ペマ・ギャルポ 監譯),『チベットの核』, 日中出版, 2000.
ピエール・A・ドネ(山本一郎 譯),『チベット希望と受難』, サイマル出版會, 1991.
渡邊貞夫,『バニシング・チベット』, 立風書房, 1998.
曉浩,『轉生靈童 當代西藏活佛生活紀實』, 團結出版社, 1994.
西藏人民出版社,『十世班禪轉生靈童尋訪定座』, 西藏人民出版社, 1996.

웹사이트

까르마빠 울겐틴레의 사이트 http://www.kagyuoffice.org/index.html
까르마빠 틴레타예도르제의 사이트 http://www.karmapa.org/
달라이라마 법왕 일본대표부사무소 http://www.tibethouse.jp/home.html
티베트 관련 뉴스 사이트 http://tibetinfo.net/
티베트망명정부 공식 사이트 http://www.tibet.com/
티베트 뉴스 사이트(중국) http://www.tibetinfor.com/

찾아보기

간덴 진착링(དགའ་ལྡན་བྱིན་ཆགས་གླིང་, 雍和宮) 69
간덴(དགའ་ལྡན) 사원 67, 69, 69
간쩨(རྒྱལ་རྩེ) 187
게사르(གེ་སར) 207~11
게셰(དགེ་བཤེས) 66, 180~81, 236
겔룩(དགེ་ལུགས)파 48~50, 65~70
겔와 까르마빠(རྒྱལ་བ་ཀརྨ་པ) 62, 269, 305
　—1세 까르마빠 뒤숨켄빠(གུས་པ་དུས་གསུམ་མཁྱེན་པ) 62
　—5세 데쉰 섹빠(དེ་བཞིན་གཤེགས་པ) 304
　—16세 랑중 릭뻬 도르제(རང་བྱུང་རིག་པའི་རྡོ་རྗེ) 305
　—17세 우르겐 틴레(ཨོ་རྒྱན་འཕྲིན་ལས)/틴레 타예 도르제(འཕྲིན་ལས་མཐའ་ཡས་རྡོ་རྗེ) 304, 307, 308
고망(སྒོ་མང) 177, 181, 182, 309, 310, 311, 313
구게(གུ་གེ) 164
구루 린뽀체(གུ་རུ་རིན་པོ་ཆེ), 빠드마삼바바를 보라
구햐사마자(Guhyasamāja, 秘密集會) 64
귀망(རྒྱུད་སྨད) 191, 192, 194
『귀쉬』(རྒྱུད་བཞི, 네 가지 딴뜨라, 四部醫典) 33, 212~17, 223
까귀(བཀའ་བརྒྱུད)파 50, 60~64

까담(བཀའ་གདམས)파 49, 117, 174
까르마(ཀརྨ)파 62, 158, 269, 305, 306, 308
까말라쉴라(Kamalaśīla) 91
까샥(བཀའ་ཤག, 내각) 294
『깔라짜끄라 딴뜨라』(Kālacakra Tantra) 96, 224, 225, 230, 252, 253
깡규르(བཀའ་འགྱུར) 93, 95, 97, 238
꾼둔(སྐུ་མདུན=쿤둔) 264
꿈붐(སྐུ་འབུམ, 塔爾寺, 암도 지역 소재) 69
꿈붐(སྐུ་འབུམ, 짱 지역 간쩨 소재) 187
꿈붐쵀뙨(སྐུ་འབུམ་ཆོས་སྟོན) 187
나로빠(ནཱ་རོ་པ) 60~62, 108, 164
나르탕(སྣར་ཐང) 사원 96
남타르(རྣམ་ཐར) 196
닝마(རྙིང་མ) 190~94
냐티 쩬뽀(གཉའ་ཁྲི་བཙན་པོ) 22, 23
네충(གནས་ཆུང) 235~36
노르부링카(ནོར་བུ་གླིང་ཁ) 44, 281
닝마귀붐(རྙིང་མ་རྒྱུད་འབུམ) 36, 96
닝마(རྙིང་མ)파 35~39, 96~97, 257, 269
다뎬(ཟླ་སྨན) 191, 192, 193
다람살라(Dharamsala) 39, 43, 199~200, 224, 285, 293~97, 304
다드쏘(དར་མདོག, 기모 깃빌) 219, 230, 204, 205
닥뽀하제(དྭགས་པོ་ལྷ་རྗེ) 62, 63, 64, 110

달라이라마(ཏཱ་ལའི་བླ་མ།)
—1세(겐뒨둡 དགེ་འདུན་གྲུབ།) 67, 298
—3세(쇠남갸초 བསོད་ནམས་རྒྱ་མཚོ།) 69
—4세(왼땐갸초 ཡོན་ཏན་རྒྱ་མཚོ།) 69
—5세(아왕로상갸초 ངག་དབང་བློ་བཟང་རྒྱ་མཚོ།)
  30, 36, 38, 40, 43, 50, 58, 65, 69, 71~
  77, 97, 191, 298, 309, 313
—6세(창양갸초 ཚངས་དབྱངས་རྒྱ་མཚོ།) 191
—7세(껠상갸초 སྐལ་བཟང་རྒྱ་མཚོ།) 80
—13세(툽땐갸초 ཐུབ་བསྟན་རྒྱ་མཚོ།) 43, 80, 97,
  224, 248, 255, 299, 310
—14세(땐진갸초 བསྟན་འཛིན་རྒྱ་མཚོ།) 14, 15,
  19, 34, 51, 52, 62, 68, 77, 97, 115, 129,
  130, 157, 159, 160, 235, 255, 264, 266,
  268, 277, 281, 283, 286, 300, 301, 302,
  305, 306, 310, 315, 318
데게(སྡེ་དགེ།) 사원 97
데뿡(འབྲས་སྤུངས།) 사원 67, 181, 310
동모(དོང་མོ།) 171
둥(དུང་།) 209
둥빠(དུང་པ།) 209~11
될마(སྒྲོལ་མ།, 타라보살) 57, 58, 165
될첸꾈코르(དུལ་ཚོན་དཀྱིལ་འཁོར།, 모래그림 만다라)
  152
따쉬따게(བཀྲ་ཤིས་རྟགས་བརྒྱད།, 길상문양) 188
따쉬륀뽀(བཀྲ་ཤིས་ལྷུན་པོ།) 사원 67, 82, 156, 158,
  299, 301, 302
딱셀(རྟགས་གསལ།, 논거와 귀결) 179
떼르뙨(གཏེར་སྟོན།) 36, 38, 39, 96
떼르마(གཏེར་མ།, 埋藏敎說) 36, 96, 97
땐규르(བསྟན་འགྱུར།) 93, 95, 97, 173, 238
『땐델 뙤빠』(རྟེན་འབྲེལ་བསྟོད་པ།, 緣起讚) 113
땐슉(བརྟན་བཞུགས།, 장수기원의식) 160
또르마(གཏོར་མ།) 46, 115, 232, 289

뙤셰(སྟོད་གཞས།) 191, 192
뙬꾸(སྤྲུལ་སྐུ།) 68, 155~60
띨로빠(ཏི་ལོ་པ།) 60, 61, 63, 313
라닥(ལ་དྭགས།) 8, 26, 191, 192, 255,
라모체(ར་མོ་ཆེ།) 사원 31, 40, 42, 114, 308
라싸(ལྷ་ས།) 9, 24, 33, 40~47, 67, 80, 82, 97,
  114, 115, 162, 169, 171~73, 175
람데(ལམ་འབྲས།, 道果說) 54, 55
『람뙨』(ལམ་སྒྲོན།, 깨달음의 길을 비추는 등) 49,
  62, 117
『람림』(ལམ་རིམ།), 『람림첸모』를 보라
『람림첸모』(ལམ་རིམ་ཆེན་མོ།, 깨달음을 향한 길의
  단계에 대한 큰 논의) 113, 116~21
『람림타르겐』(ལམ་རིམ་མཐར་རྒྱན།, 깨달음의 길을 수
  놓는 보석) 62
랍중(རབ་བྱུང་།) 225, 227, 230
랑다르마(གླང་དར་མ།) 34, 35, 48
랑쩬랍뎁(རང་བཙན་ལག་དེབ།, 망명티베트인 등록증)
  295
렐빠쩬(རལ་པ་ཅན།) 30, 33, 34
룽따(རླུང་རྟ།) 222, 238, 271
린첸상뽀(རིན་ཆེན་བཟང་པོ།) 48, 68, 94
링부(གླིང་བུ།) 191~94
마르빠(མར་པ།) 61, 63, 105, 107, 108
마르뽀리(དམར་པོ་རི།) 24, 30, 40~42, 44, 50, 71
만다라(Maṇḍala) 61, 75~77, 82, 96, 101,
  140, 145, 148, 149, 150~54, 187, 188, 216
메왼남쑴(མེས་དབོན་རྣམ་གསུམ།, 조부손 3왕) 30, 33
멘찌캉(སྨན་རྩིས་ཁང་།), 티베트 의학·역법학연구
  소를 보라
모모(མོག་མོག) 201, 275
뫤람(སྨོན་ལམ།) 46, 115, 181, 289
문성공주(文成公主) 30~32, 199
미쵀짱마쭈둑(མི་ཆོས་གཙང་མ་བཅུ་དྲུག, 16조 도덕규

찾아보기

범) 30
민될링(སྨིན་གྲོལ་གླིང་།) 사원 38, 39, 271
밀라레빠(མི་ལ་རས་པ།) 61~63, 105~10, 165, 166, 260
바르꼬르(བར་སྐོར།) 45, 46, 62, 114, 115, 284
『바르도 퇴 될』(བར་དོ་ཐོས་གྲོལ།)=『티베트 사자의 서』 257~61
베월(བླས་ཡུལ།) 253
뇌(བོད།) 25
뵌(བོན།)교 14, 25, 34, 35, 162, 212, 238~43, 294
부뙨(བུ་སྟོན།) 204, 241
빠드마삼바바(Padmasambhava, 구루 린뽀체) 32, 33, 35~37, 96, 99~104, 207, 212, 253, 260
빤첸라마(པཎ་ཆེན་བླ་མ།) 14, 32, 68, 152, 156~58, 254, 298~303, 306
빤첸라마 1세(로상최기겔첸 བློ་བཟང་ཆོས་ཀྱི་རྒྱལ་མཚན།) 152, 298
빤첸라마 4세(뗀삐니마 བསྟན་པའི་ཉི་མ།) 157, 254, 298, 301
빤첸라마 6세(튭뗀최기니마 ཐུབ་བསྟན་ཆོས་ཀྱི་ཉི་མ།) 299, 300
빤첸라마 7세(틴레휜둡최기겔첸 ཕྲིན་ལས་ལྷུན་གྲུབ་ཆོས་ཀྱི་རྒྱལ་མཚན།) 156, 299, 300, 301
빤첸라마 8세(겐된최기니마 དགེ་འདུན་ཆོས་ཀྱི་ཉི་མ།)/겔첸 노르부(རྒྱལ་མཚན་ནོར་བུ།) 301
뻬마까탕(པད་མ་བཀའ་ཐང་།) 99, 253
뻬체 게겐(དཔེ་ཆའི་དགེ་རྒན།) 178
뻬코르최데(དཔལ་འཁོར་ཆོས་སྡེ།) 187
뺄덴라모(དཔལ་ལྡན་ལྷ་མོ།)=뺄덴라모레마띠 དཔལ་ལྡན་ལྷ་མོ་རེ་མ་ཏི།=막소르게모 དམག་ཟོར་རྒྱལ་མོ།) 234, 235
『쁘라마나바르띠까』(Pramāṇavarttika, 논리학

주해) 126
삐왕(པི་ཝང་།) 191, 193
사가다와(ས་ག་ཟླ་བ།) 46
사꺄 빤디따(ས་སྐྱ་པཎྜི་ཏ།) 55, 57, 58
사꺄(ས་སྐྱ།)파 48, 49, 50, 54~59, 126, 240, 241, 270
삼예(བསམ་ཡས།) 사원 32, 33, 37, 38, 82, 102, 103, 186, 213
상게 갸초(སངས་རྒྱས་རྒྱ་མཚོ།) 213
샨따라끄시따(Śāntarakṣita) 320
샹슝(ཞང་ཞུང་།) 212, 239
셴랍(གཤེན་རབ།) 239, 241
송쩬감뽀(སྲོང་བཙན་སྒམ་པོ།) 14, 19, 23, 24, 30~34, 36, 40~44, 50, 71~73, 76, 93, 94, 162, 199
쇠뙨(ཞོ་སྟོན།) 199, 274
숭붐(གསུང་འབུམ།) 93
쉬까쩨(གཞིས་ཀ་རྩེ།) 9, 65
아다르(ཨ་དར, 전전불교) 48, 94
아띠샤(Atiśa) 49, 62, 65, 92, 113, 117, 129
아리(མངའ་རིས།) 8, 25, 26, 68, 196
아체라모(ཨ་ལྕེ་ལྷ་མོ།) 195~98
『악림첸모』(སྔགས་རིམ་ཆེན་མོ།, 비밀진언에 의한 깨달음에 이르는 길의 단계에 대한 큰 논의) 120
암도(ཨ་མདོ།) 8, 25, 26, 65, 69, 171, 174, 202, 209, 240, 241, 243, 288, 294, 300
야르룽(ཡར་ཀླུངས།) 22, 23, 112
야크(གཡག) 165, 170, 202, 209
오체투지(五體投地) 45, 161, 162, 287
옴 마니 팟메 훔 (ཨོཾ་མ་ཎི་པདྨེ་ཧཱུྃ།, 관세음보살 육자진언〔六字眞言〕) 19, 20, 266, 313
옹꼬르(འོང་སྐོར།) 172, 173
옹화궁(雍和宮, 간덴 진착링) 81, 83
『왕들의 역사를 밝힌 거울』(རྒྱལ་རབས་གསལ་བའི་

쵤갸셀왜이쎌롱(ཆོས་རྒྱལ་བལ་བའི་མེ་ལོང་, 王統明示鏡) 19, 23
왕꾸르(དབང་བསྐུར, 灌頂) 135
우메(དབུ་མེད) 94, 204, 206
우쩬(དབུ་ཅན) 94, 203, 204
위(དབུས) 8, 25, 112, 145, 171, 202, 243, 288, 294
장섕(བྱང་སེམས) 203, 204, 205
장탕(བྱང་ཐང) 209, 236
제낭(རྗེས་གནང, 許可灌頂) 135
제쮠담빠(རྗེ་བཙུན་དམ་པ) 69, 309, 313
제쮠담빠 1세 69, 313
제쮠담빠 8세 309
조몰랑마(ཇོ་མོ་གླང་མ, 에베레스트 산) 28
조장(鳥葬) 156, 165, 210
조캉(ཇོ་ཁང) 사원 31, 33, 40~46, 72, 114, 115, 236, 272, 283, 302
종(རྫོང) 183, 184, 253
짝뽀리(ལྕགས་པོ་རི) 40, 41, 44, 72
짬빠(བྱམས་པ) 170~72, 275
짱(གཙང) 8, 25, 50, 54, 67, 112, 171, 202, 243, 288, 294
쫑카빠(ཙོང་ཁ་པ) 65, 67, 69, 97, 111~15, 116, 129
참도(ཆབ་མདོ) 68
창(ཆང, 티베트 막걸리) 185, 275
쵀다(ཆོས་ཁྲི)=법좌(法座) 180, 181
추르푸(མཚུར་ཕུ) 사원 62, 63, 304, 307
추빠(སླ་པ) 173, 174

추신(ཆུ་སྲིན) 188
추쉬강둑(ཆུ་བཞི་སྒང་དྲུག) 282
치다르(ཕྱི་དར, 후전불교) 48, 94
카따(ཁ་བཏགས) 210, 297
카일라스 9, 161~66
캄(ཁམས) 8, 25, 26, 38, 58, 68, 69, 171, 174, 186, 202, 209, 243, 271, 282, 288
쾬 쾬촉겔뽀(འཁོན་དཀོན་མཆོག་རྒྱལ་པོ) 54
탕똥겔뽀(ཐང་སྟོང་རྒྱལ་པོ) 197
퇸미 삼보따(ཐོན་མི་སམྦྷོ་ཊ) 94, 204
툭빠(ཐུག་པ) 275
티베트 의학·역법학연구소 33, 97, 212~17, 223, 296
티송데쩬(ཁྲི་སྲོང་ལྡེ་བཙན) 30~35, 38, 93, 102, 103, 212, 213, 239
티쮠(ཁྲི་བཙུན) 30, 31, 40
틴쬘(འཕྲིན་འཛིན) 233, 234
팍빠(འཕགས་པ) 55, 56, 57, 78, 79, 82
뽀딸라(པོ་ཏ་ལ) 20, 31, 40, 44, 46, 47, 50, 71~77, 82, 183, 184, 187, 190, 191, 272, 304
푸메(ཕུ་མེད) 174
하인리히 하러(Heinrich Harrer) 263, 264
헤바즈라(Hevajra) 58
활불(活佛) 155, 315